浙江财经大学省级实验教学示范中心实验教材

SPSS 17.0(中文版)
统计分析及应用实验教程

主　编　沈　渊

副主编　吴丽民　许胜江

ZHEJIANG UNIVERSITY PRESS
浙江大学出版社

内容简介

本书以 SPSS 17.0 中文版为写作平台,通过实验项目的形式介绍了相关统计原理、SPSS 软件操作与应用。全书分为 9 章 24 个实验,每一个实验设计了实验目的、准备知识、实验内容、实验步骤、实验结果与分析、实验总结和实验作业。

本书的主要特点:一是结构清晰、易学易用;二是由浅入深、循序渐进;三是图文并茂,直观形象;四是兼顾统计原理与 SPSS 操作应用两者内容衔接,在具体介绍其操作之前,对其原理和适用条件做了详细介绍;五是每种类型的统计分析给出具体例子以及 SPSS 软件操作应用,并对输出结果做了详细的分析,每个实验后配备了实验作业。

本书既可以作为高等院校学生学习 SPSS 软件的实验教材,也可以作为应用 SPSS 软件进行数据统计分析的一本参考手册,而且特别适用从事统计分析、社会学、市场分析、金融统计分析的专业人员和管理人员。

本书中涉及的所有输入数据文件,读者可到浙江财经大学网络课堂下载,网站为 http://skyclass. zufe. edu. cn/ec-webpage-show/checkCourseNumber. do? courseNumber=34452218. 。

图书在版编目 (CIP) 数据

SPSS 17.0(中文版)统计分析及应用实验教程 / 沈渊主编. —杭州:浙江大学出版社,2013.8(2021.7重印)

ISBN 978-7-308-11793-7

Ⅰ.①S… Ⅱ.①沈… Ⅲ.①统计分析－软件包－高等学校－教材 Ⅳ.①C819

中国版本图书馆 CIP 数据核字 (2013) 第 161176 号

SPSS 17.0(中文版)统计分析及应用实验教程

主　编　沈　渊

副主编　吴丽民　许胜江

责任编辑	周卫群
封面设计	刘依群
出版发行	浙江大学出版社
	(杭州市天目山路 148 号　邮政编码 310007)
	(网址:http://www.zjupress.com)
排　　版	杭州青翊图文设计有限公司
印　　刷	杭州杭新印务有限公司
开　　本	787mm×1092mm　1/16
印　　张	17.75
字　　数	432 千
版 印 次	2013 年 8 月第 1 版　2021 年 7 月第 7 次印刷
书　　号	ISBN 978-7-308-11793-7
定　　价	39.00 元(含光盘)

前　言

SPSS 软件是美国 SPSS 公司推出的一款非常优秀、强大的数据统计分析大型软件,是世界上公认的标准统计软件,由于其功能强大、操作简单、易学易用,深受广大用户、尤其是学生的青睐。

本书以 SPSS 17.0 中文版为写作平台,通过实验项目的形式介绍了相关统计原理、SPSS 软件操作与应用。每一个实验设计了实验目的、准备知识、实验内容、实验步骤、实验结果与分析、实验总结和实验作业。

本书结构共分为 9 章 24 个实验,分别是 SPSS 统计分析软件概述、数据的基本操作、基本统计分析、参数检验、方差分析、相关和回归分析、聚类分析和判断分析、主成分分析和因子分析、结构方程模型。

本书中涉及的所有输入数据文件,按照图书的章节顺序归类,方便读者查找。配套数据文件的格式为.sav 格式,适用于 SPSS 10.0~SPSS 19.0 的各个软件版本。

本书的主要特点:一是结构清晰、易学易用;二是由浅入深、循序渐进;三是图文并茂,直观形象;四是兼顾统计原理与 SPSS 操作应用两者内容的衔接,在具体介绍其操作之前,对其原理和适用条件做了详细说明;五是每类统计分析给出具体例子以及 SPSS 软件操作应用,并对输出结果做了详细的分析,每个实验后配备了实验作业。

本书由沈渊任主编,吴丽民、许胜江任副主编。沈渊编写第 4、5、8 章;吴丽民编写第 7、9 章;许胜江编写第 1、3 章;赵昶编写第 6 章;漆世雄编写第 2 章。沈渊负责本书的统稿和最后定稿工作。

由于统计分析原理和 SPSS 软件涉及很多基本原理、方法、SPSS 软件操作等,因此在本书的编写过程中参阅较多国内外已经出版的相关著作(详见参考文献)。在此,谨向这些著作的作者表示衷心的感谢。

浙江财经大学省级实验教学示范中心、浙江大学出版社对本书立项和出版给予支持和帮助,在此表示衷心的感谢!

由于编者水平有限,书中错误、疏漏之处难免,敬请广大读者、同仁批评指正。欢迎读者通过电子邮箱 SPSSpub@126.com 与我们联系。

编　者
2013 年 5 月

目　　录

第 1 章　SPSS for Windows 概述 ·· 1

本章学习目标 ·· 1

  1.1　SPSS for Windows 简介 ·· 1

  1.2　SPSS for Windows 的功能模块 ······························ 2

  1.3　SPSS for Windows 的界面 ····································· 2

  1.4　SPSS 的数据编辑窗口 ·· 3

  1.5　SPSS 的结果输出窗口 ·· 7

第 2 章　数据的基本操作 ··· 10

本章学习目标 ·· 10

实验一　建立与编辑数据文件 ·· 10

  【实验目的】 ·· 10

  【准备知识】 ·· 10

  【实验内容】 ·· 11

  【实验步骤与实验结果】 ·· 12

  【实验总结】 ·· 30

  【实验作业】 ·· 30

实验二　数据加工 ·· 31

  【实验目的】 ·· 31

  【准备知识】 ·· 31

  【实验内容】 ·· 34

  【实验步骤与实验结果】 ·· 35

  【实验总结】 ·· 45

  【实验作业】 ·· 45

第 3 章　基本统计分析 ··· 48

本章学习目标 ·· 48

实验一　描述性统计 ··· 48

  【实验目的】 ·· 48

      【准备知识】 ……………………………………………………………………… 48
      【实验内容】 ……………………………………………………………………… 50
      【实验步骤】 ……………………………………………………………………… 50
      【实验结果与分析】 ……………………………………………………………… 55
      【实验总结】 ……………………………………………………………………… 55
      【实验作业】 ……………………………………………………………………… 55
  实验二　频数分析 ……………………………………………………………………… 56
      【实验目的】 ……………………………………………………………………… 56
      【知识准备】 ……………………………………………………………………… 56
      【实验内容】 ……………………………………………………………………… 56
      【实验步骤】 ……………………………………………………………………… 56
      【实验结果与分析】 ……………………………………………………………… 57
      【实验总结】 ……………………………………………………………………… 59
      【实验作业】 ……………………………………………………………………… 59
  实验三　数据探索 ……………………………………………………………………… 59
      【实验目的】 ……………………………………………………………………… 59
      【知识准备】 ……………………………………………………………………… 59
      【实验内容】 ……………………………………………………………………… 59
      【实验步骤】 ……………………………………………………………………… 59
      【实验结果与分析】 ……………………………………………………………… 61
      【实验总结】 ……………………………………………………………………… 64
      【实验作业】 ……………………………………………………………………… 64
  实验四　交叉表 ………………………………………………………………………… 64
      【实验目的】 ……………………………………………………………………… 64
      【知识准备】 ……………………………………………………………………… 64
      【实验内容】 ……………………………………………………………………… 65
      【实验步骤】 ……………………………………………………………………… 65
      【实验结果与分析】 ……………………………………………………………… 69
      【实验总结】 ……………………………………………………………………… 69
      【实验作业】 ……………………………………………………………………… 69

第 4 章　参数检验 ……………………………………………………………………… 70

本章学习目标 ………………………………………………………………………………… 70
实验一　单一样本 t 检验 …………………………………………………………………… 70
      【实验目的】 ……………………………………………………………………… 70
      【准备知识】 ……………………………………………………………………… 71
      【实验内容】 ……………………………………………………………………… 71
      【实验步骤】 ……………………………………………………………………… 72

【实验结果与分析】 ……………………………………………………… 75
【实验总结】 …………………………………………………………… 75
【实验作业】 …………………………………………………………… 75
实验二　两独立样本 t 检验 …………………………………………… 76
【实验目的】 …………………………………………………………… 76
【准备知识】 …………………………………………………………… 76
【实验内容】 …………………………………………………………… 77
【实验步骤】 …………………………………………………………… 77
【实验结果与分析】 ……………………………………………………… 79
【实验总结】 …………………………………………………………… 80
【实验作业】 …………………………………………………………… 80
实验三　两配对样本 t 检验 …………………………………………… 81
【实验目的】 …………………………………………………………… 81
【准备知识】 …………………………………………………………… 81
【实验内容】 …………………………………………………………… 82
【实验步骤】 …………………………………………………………… 82
【实验结果与分析】 ……………………………………………………… 84
【实验总结】 …………………………………………………………… 85
【实验作业】 …………………………………………………………… 85

第 5 章　方差分析 …………………………………………………………… 86

本章学习目标 ………………………………………………………………… 86
实验一　单因素方差分析 …………………………………………………… 86
【实验目的】 …………………………………………………………… 86
【准备知识】 …………………………………………………………… 87
【实验内容】 …………………………………………………………… 88
【实验步骤】 …………………………………………………………… 89
【实验结果与分析】 ……………………………………………………… 93
【实验总结】 …………………………………………………………… 96
【实验作业】 …………………………………………………………… 96
实验二　多因素方差分析 …………………………………………………… 96
【实验目的】 …………………………………………………………… 96
【准备知识】 …………………………………………………………… 96
【实验内容】 …………………………………………………………… 98
【实验步骤】 …………………………………………………………… 98
【实验结果与分析】 ……………………………………………………… 102
【实验总结】 …………………………………………………………… 104
【实验作业】 …………………………………………………………… 104

实验三 协方差分析·· 105
　　【实验目的】··· 105
　　【准备知识】··· 105
　　【实验内容】··· 106
　　【实验结果与分析】··· 109
　　【实验总结】··· 111
　　【实验作业】··· 111

第 6 章　相关和回归分析··· 112

本章学习目标··· 112
实验一 相关分析·· 112
　　【实验目的】··· 112
　　【准备知识】··· 113
　　【实验内容】··· 114
　　【实验步骤】··· 114
　　【实验结果与分析】··· 115
　　【实验作业】··· 116
实验二 偏相关分析·· 117
　　【实验目的】··· 117
　　【准备知识】··· 117
　　【实验内容】··· 118
　　【实验步骤】··· 118
　　【实验结果与分析】··· 119
　　【实验作业】··· 120
实验三 简单线性回归分析··· 121
　　【实验目的】··· 121
　　【准备知识】··· 122
　　【实验内容】··· 124
　　【实验步骤】··· 124
　　【实验结果与分析】··· 130
　　【实验作业】··· 131
实验四 多元线性回归分析··· 132
　　【实验目的】··· 132
　　【准备知识】··· 132
　　【实验内容】··· 133
　　【实验步骤】··· 134
　　【实验结果与分析】··· 138
　　【实验作业】··· 147

实验五　曲线估计……………………………………………………………… 149
　　【实验目的】…………………………………………………………… 149
　　【准备知识】…………………………………………………………… 149
　　【实验内容】…………………………………………………………… 150
　　【实验步骤】…………………………………………………………… 150
　　【实验结果与分析】…………………………………………………… 152
　　【实验作业】…………………………………………………………… 155

实验六　二项 logistic 回归分析……………………………………………… 156
　　【实验目的】…………………………………………………………… 156
　　【准备知识】…………………………………………………………… 156
　　【实验内容】…………………………………………………………… 158
　　【实验步骤】…………………………………………………………… 159
　　【实验结果与分析】…………………………………………………… 162
　　【实验作业】…………………………………………………………… 165

第 7 章　聚类分析与判断分析………………………………………………… 166

本章学习目标…………………………………………………………………… 166
实验一　系统聚类分析………………………………………………………… 166
　　【实验目的】…………………………………………………………… 166
　　【准备知识】…………………………………………………………… 167
　　【实验内容】…………………………………………………………… 168
　　【实验步骤】…………………………………………………………… 170
　　【实验结果与分析】…………………………………………………… 176
　　【实验总结】…………………………………………………………… 180
　　【实验作业】…………………………………………………………… 181

实验二　快速聚类分析………………………………………………………… 182
　　【实验目的】…………………………………………………………… 182
　　【准备知识】…………………………………………………………… 182
　　【实验内容】…………………………………………………………… 183
　　【实验步骤】…………………………………………………………… 183
　　【实验结果与分析】…………………………………………………… 187
　　【实验总结】…………………………………………………………… 190
　　【实验作业】…………………………………………………………… 190

实验三　判别分析……………………………………………………………… 191
　　【实验目的】…………………………………………………………… 191
　　【准备知识】…………………………………………………………… 191
　　【实验内容】…………………………………………………………… 195
　　【实验步骤】…………………………………………………………… 195

　　【实验结果与分析】…………………………………………………………… 201

　　【实验总结】………………………………………………………………… 206

　　【练习与作业】……………………………………………………………… 207

第 8 章　主成分分析和因子分析…………………………………………… 210

本章学习目标……………………………………………………………………… 210

实验一　主成分分析……………………………………………………………… 210

　　【实验目的】………………………………………………………………… 210

　　【准备知识】………………………………………………………………… 210

　　【实验内容】………………………………………………………………… 212

　　【实验步骤】………………………………………………………………… 212

　　【实验结果与分析】………………………………………………………… 215

　　【实验总结】………………………………………………………………… 221

　　【实验作业】………………………………………………………………… 222

实验二　因子分析………………………………………………………………… 222

　　【实验目的】………………………………………………………………… 222

　　【准备知识】………………………………………………………………… 222

　　【实验内容】………………………………………………………………… 226

　　【实验步骤】………………………………………………………………… 226

　　【实验结果与分析】………………………………………………………… 232

　　【实验总结】………………………………………………………………… 242

　　【实验作业】………………………………………………………………… 242

第 9 章　结构方程模型…………………………………………………………… 244

本章学习目标……………………………………………………………………… 244

实验一　结构方程模型…………………………………………………………… 244

　　【实验目的】………………………………………………………………… 244

　　【准备知识】………………………………………………………………… 244

　　【实验内容】………………………………………………………………… 248

　　【实验步骤】………………………………………………………………… 249

　　【实验结果与分析】………………………………………………………… 263

　　【实验总结】………………………………………………………………… 272

　　【实验作业】………………………………………………………………… 273

参考文献……………………………………………………………………………… 274

第 1 章

SPSS for Windows 概述

 本章学习目标

☛了解 SPSS 软件发展历程；

☛掌握 SPSS 数据编辑界面；

☛掌握 SPSS 结果输出界面；

☛了解 SPSS 的启动和退出。

1.1 SPSS for Windows 简介

SPSS 软件是 SPSS 公司在 1968 年自行开发的统计分析软件系统。SPSS 公司由斯坦福大学的研究生 Norman H. Nie、C. Hadlai(Tex) Hull 和 Dale H. Bent，于 1975 年合伙组建。SPSS 原是 Statistical Package for Social Science 的缩写，2000 年为适应软件应用范围的扩大和服务的深度开发，SPSS 公司将该软件更名为 Statistical Product and Service Solution。2009 年，SPSS 公司再次更新产品系列名称，试图用 PASW(Predictive Analytics Software)这个名称将各项产品集成到统一的产品线中。1994 至 1998 年间，SPSS 公司陆续购并了 SYSTAT 公司、BMDP 软件公司、Quantum 公司、ISL 公司等，将这些公司的主打产品收纳到自己旗下。SPSS 公司 1992 年在纳斯达克上市，2009 年被 IBM 公司用 12 亿美元收购。

SPSS 是世界上公认的历史最悠久的统计分析软件。早期主要应用于企事业单位，1984 年推出第一个 PC 版本后，产品在个人用户市场中迅速发展。1992 年，SPSS 发布了 PC 操作系统 Windows 版本。SPSS 不仅具有强大的统计分析功能和相应的绘图功能，而且为用户提供了编程能力和二次开发支持，已经广泛应用于社会科学、自然科学、工程技术和医学等几乎一切领域的统计分析工作。SPSS 已经成为全球最通用的统计分析软件之一，有适合于 DOS、Windows、UNIX 等多种操作系统，以及针对不同语言开发的产品。SPSS for Windows 采用 Windows 的视窗结构，系统地建构数据统计分析功能模块与操作方法，具有兼容性好、功能强大、使用方便和容易学习的特点。

SPSS 自开发以来，功能不断增强，服务日益深化，版本不断更新。本教材以 SPSS for

Windows 17.0 中文版为基础,按完全窗口菜单运行方式编写[①]。

1.2　SPSS for Windows 的功能模块

SPSS for Windows 17.0 分为基础工具、高级工具、分类数据、分类树、复杂抽样数据、联合分析、数据检查、精确检验、地图分析、缺失值分析、程序设定、回归模型、统计表格和预测工具 14 个功能模块,供用户选择安装。

基础工具的主要功能包括:变量定义与数据录入(Date);原始数据显示(List);显示 SPSS 格式的系统文件信息(Sysfile Info);定义程序运行条件(Fit);数据排序(Sort)。

数据行列转换(Flip);数据的汇总(Aggregate);变量自动赋值(Autorecode);等级排序、计算正态分数百分比等分析(Rank);数据的矩阵处理(Matrix Data);矩阵转化(Mconvert);频数表分析(Frequencies);均数、标准差等描述性统计及 Z-分数转换(Descriptives);数值分布形式探究(Examine);列联表(Crosstabs);多变量数据的处理(Mult Response);均值及均值差别的显著性检验(Means);t-检验(T-Test);单因素方差分析(Oneway);方差分析(Anova);参数检验(Npar Tests);相关分析(Correlations);偏相关分析(Partial Corr);回归分析(Regression);曲线模型的拟合(Curvefit);时间序列研究中的自动相关分析(ACF);非参数资料的相关分析(Nonpar Corr);结果输出(Report);统计图制作(Graph);曲线绘制(Plot);高分辨率的统计制图(SP Chart);时间序列资料的统计制图(TS Plot)。

高级工具的主要功能包括:高级矩阵转换(Matrix);协方差分析(Manova);Logistic 模型(Logistic);依照所需概率做拟合最优化分析(Probit);对数线性模型及最优化检验(Loglinear);多因子系统模式的对数线性模型(Hiloglinear);非线性分析(Nonlinear);寿命表方式的生存分析(Survival);Kaplan-Meier 生存时间模型(Kaplan-Meier);Cox 回归模型(Cox Regression)。

本教材中的实验涉及基础工具中最常用的基础内容和高级工具中的少数内容,包括:描述统计;均值比较与样本 t 检验;方差分析;相关分析;回归分析;非参数检验;主成分分析、因子分析和信度分析;聚类分析与判别分析。鉴于结构方程模型的应用日益广泛,本教材加入了基于 AMOS 软件的结构方程分析一章。

1.3　SPSS for Windows 的界面

SPSS for Windows(以下简称 SPSS)的启动界面有 6 个单选项和一个复选项,主要功能窗口是数据编辑窗口和结果输出窗口。启动 SPSS,出现如图 1-1-1 的对话框。"您希望做什么?"和"以后不再显示此对话框(D)"分别是单选项和复选项。用户在"您希望做什么?"单选项下的 6 个候选项中选择一个项目,并在"以后不再显示此对话框(D)"前的方框中做出勾选(☑)与不勾选(□)的选择。如果在"以后不再显示此对话框(D)"前的方框中做出勾选(☑),SPSS 启动后不再显示图 1-1-1 的对话框,直接进入数据编辑窗口;否则,首先出现

---

①　SPSS 有完全窗口菜单、程序和批处理三种运行方式。完全窗口菜单运行方式通过对菜单、对话框和图标按钮的操作进行,不需要编写程序。程序和批处理两种运行方式需要编写 SPSS 程序,使用者需要掌握 SPSS 程序编写方法。

图 1-1-1 所示的对话框。建议初学者对"以后不再显示些对话框(D)"不做勾选。

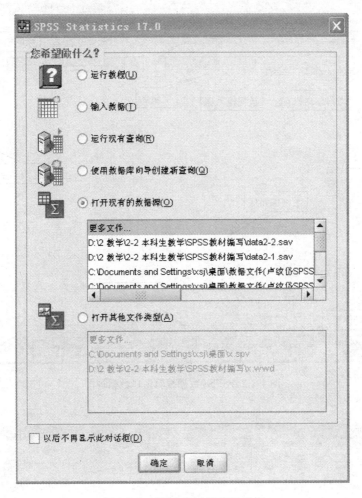

图 1-1-1　SPSS 启动操作对话框

1.4　SPSS 的数据编辑窗口

SPSS 的数据编辑窗口有数据视图和变量视图两个可切换的视图。数据视图和变量视图分别如图 1-1-2 和图 1-1-3 所示。

1. 数据视图

(1)标题栏:显示文件名。文件未保存时,标题栏上显示为"未标题 n"(n 为数字,表示第 n 个未标题的文件)。

(2)菜单栏:显示文件(F)、编辑(E)、视图(V)、数据(D)、转换(T)、分析(A)、图形(G)、实用程序(U)、附加内容(O)、窗口(W)和帮助 11 个下拉式主菜单的名称。

文件(F)菜单:实现文件的调入、存储、显示和打印等功能;

编辑(E)菜单:实现文本内容的选择、复制、剪贴、寻找和替换等功能;

视图(V)菜单:实现对数据编辑窗口的各栏目是否显示的选择功能;

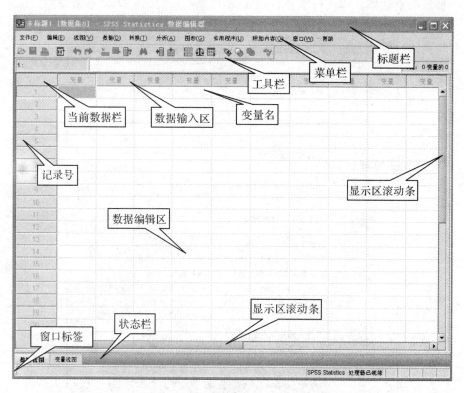

图 1-1-2　SPSS 数据编辑窗口数据视图

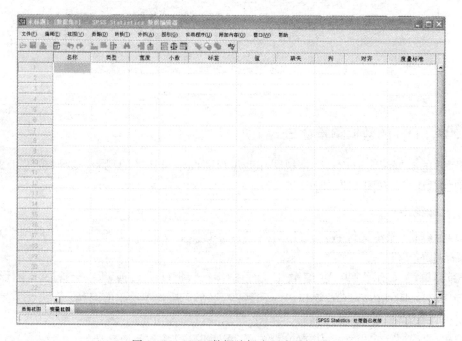

图 1-1-3　SPSS 数据编辑窗口变量视图

数据(D)菜单：实现数据变量定义，数据格式选择，观测量选择、排序、加权，数据文件转换、连接，数据汇总的功能；

转换(T)菜单：实现数值计算、重新赋值、缺失值替代等功能；

分析(A)菜单：运用统计方法分析和输出数据、图表等；

图形(G)菜单：制作统计图；

实用程序(U)菜单：供用户进行命令解释、字体选择、获取文件信息、定义输出标题、窗口设计；

附加内容(O)菜单：供用户应用 SPSS 辅助软件进行深入分析；

窗口(W)菜单：实现窗口管理的功能；

帮助菜单：实现调用、查询和显示文件等功能。

(3)工具栏：列出的是 SPSS 常用工具的图标(图 1-1-4)。单击工具选项的图标，可激活相应工具的功能。

图 1-1-4　SPSS 数据编辑窗口工具栏

图 1-1-4 中，从左向右的工具图标依次为：

打开：打开数据文件、语句文件和其他类型文件；

保存：对编辑修改后的内容进行保存；

打印：打印输出数据编辑区的报表；

恢复对话框：单击显示最近打开的对话框，可重新对对话框进行编辑；

撤销：撤销上一步或几步的操作；

恢复：还原撤销的操作结果；

到达记录：单击打开"到达记录"对话框，在对话框中输入数字，即可到达当前单元格所在变量(列)的记录(行)；

到达变量：单击后转换至变量编辑窗口；

变量：单击打开"变量"对话框，对话框显示全部数据变量的名称、标签、类型等特性；

查找：单击打开"查找"对话框，在对话框中输入要查找的内容，即可打开该内容所在单元格；

插入个案：单击后将在光标所在的单元格的上方插入一行，供输入新的个案；

插入变量：单击后将在光标所在单元格左侧插入一列，供输入新的变量；

拆分文件：单击后打开"拆分文件"对话框，可在该对话框中对文件进行分组(拆分)；

加权个案：单击后打开"加权个案"对话框，可在该对话框中选择频数变量对个案进行加权求和；

　　▦ 选择个案:单击后打开"选择个案"对话框,可在该对话框中对设定条件、范围及样本的随机性,进而筛选出所有满足条件的个案;

　　▨ 数值标签:单击后,已经设定标签的变量将被所对应的数值标签替代。再次单击该按钮,可恢复显示;

　　◓ 使用集合:将变量分组定义为集合后,可单击该按钮,在打开的"使用集合"对话框中,选择在数据编辑区显示的变量集合;

　　◉ 显示所有变量:单击后将在数据编辑区内显示所有变量;

　　abc 拼写检查:用以检查拼写错误。

　　了解各工具的功能,只需将鼠标箭头指向特定工具图标,即可显示该工具的功能释义。

　　(4)当前数据栏:显示"记录名:变量名",表示当前单元格的位置。

　　(5)数据输入区:显示当前单元格的数据内容,用户可在此区直接修改数据。

　　(6)变量名栏:列出的是数据文件中变量的名称。

　　(7)记录号:显示数据的顺序号。

　　(8)数据编辑区:用于数据的各种编辑。

　　(9)显示区滚动条:用于调节数据左右和上下的显示区域。

　　(10)窗口标签:用于切换数据视图和变量视图。数据视图用来输入、编辑和保存数据,变量视图用来定义和修改变量特性。

　　(11)状态栏:显示 SPSS 的状态。显示"SPSS Professor is ready",SPSS 可正常使用,等待用户操作。

　　2. 变量视图

　　在变量视图(图 1-1-3)中,从左向右描述变量的 10 个特性,分别为名称、类型、宽度、小数、标签、值、缺失、列、对齐、度量标准。

　　(1)变量名称:总长度不超过 8 个字符,必须以字母、汉字或@开头,最后一个字符不能为句点;英文字母不区分大小写;

　　(2)变量类型:变量类型有数值、逗号、点、科学计数法、日期、美元、设定货币和字符串 8种,常用的是数值型、字符型、日期型和逗号型;

　　(3)变量宽度:变量取值所占的宽度(位数),系统默认为 8;

　　(4)变量的小数:小数点后的位数,默认为小数点后 2 位;

　　(5)变量标签:附加说明变量名称的含义;

　　(6)变量值标签:通过变量标签设定变量取值的具体含义;

　　(7)缺失值:选择缺失值的处理方式,包括不处理、离散缺失值等;

　　(8)列宽:变量在数据视图中所显示的列宽,默认为 8;

　　(9)对齐格式:设定数据的对齐格式,默认为右对齐;

　　(10)度量标准:设定数据的测度方式,默认为等间距尺度。

1.5　SPSS 的结果输出窗口

SPSS 的结果输出窗口如图 1-1-5,用于显示统计分析结果、图表和信息说明等内容。该窗口的内容以 Output(.spo)的形式保存。

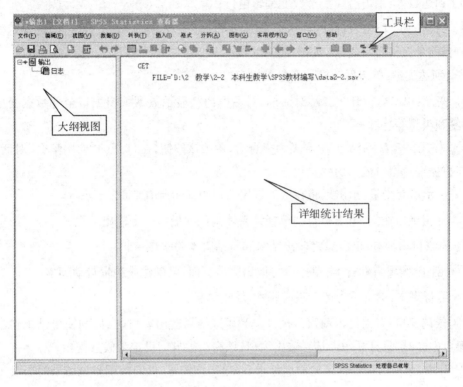

图 1-1-5　SPSS 数据编辑窗口工具栏

1. 工具栏

结果输出窗口的工具栏如图 1-1-6。点击工具栏上的图标选项,可激活相应工具的功能。

图 1-1-6　SPSS 结果输出窗口工具栏

图 1-1-6 中,从左向右依次为:

打开:可打开结果文件(* .spo);

保存:保存输出结果;

打印:打印输出区的报表和图形;

打印浏览:打印前预览结果输出区的报表、图形和页面;

导出:将结果输出区的报表、图形导出到 html 文件、文本文件、Excel 文件、Word 文件、PowerPoint 文件中;

恢复对话框:单击后可显示最近打开的对话框,重新对对话框进行编辑;

撤销:撤销上一步或几步的操作;

恢复:恢复撤销的操作结果;

到达数据:单击后转换至数据编辑窗口;

到达记录:单击后打开"到达记录"对话框,在该对话框中输入数字,即可到达数据编辑窗口当前单元格所在变量(列)的记录(行);

到达变量:单击后转换致变量编辑窗口;

变量:单击后打开"变量"对话框,对话框内将显示数据编辑窗口全部数据变量的名称、标签和类型等特性;

使用集合:将变量分组定义为集合后,单击该按钮,在打开的"使用集合"对话框中,选择在数据编辑窗口显示的变量集合;

显示所有变量:单击后将在数据编辑窗口内显示所有变量;

选定最后输出:单击后自动选择结果输出区的最后一个输出结果;

关联自动脚本:单击后将输出结果和自动脚本关联在一起;

创建/编辑自动脚本:单击后将调出脚本页面,可创建或编辑自动脚本;

运行脚本:单击后将运行现有脚本,输出结果;

候选窗口:单击后当前窗口被设定为候选结果输出窗口,以后的输出结果将出现在当前窗口中;如果只打开一个结果输出窗口,该窗口被自动设定为候选窗口;

升级:选中结果输出区的输出结果后,单击该按钮,可向前调整该结果的层级[①];

降级:选中结果输出区的输出结果后,单击该按钮,可向后调整该结果的层级;

展开:在大纲视图中选定非最低层级的结果输出后,单击该按钮将展开该层级下所有低层级的图标;

折叠:在大纲视图中选定非最低层级的结果输出后,单击该按钮将不显示该层级下所有低层级的图标;

显示:在大纲视图中选定非最低层级的结果输出后,单击该按钮将显示该层级下被隐藏的输出结果;

隐藏:在大纲视图中选定非最低层级的结果输出后,单击该按钮可将该输出结果隐藏;

插入新题目:在结果输出区选定输出结果后,单击该按钮,可在该结果下方插入新题目;新题目将在大纲中显示,并可进行编辑修改;

插入新标题:在结果输出区选定输出结果后,单击该按钮,可在该结果下方插入新标题;新标题可直接在结果输出区中编辑修改;

———————————

① 层级关系在大纲视图的树形结构中展现。

插入文本：在结果输出区选定输出结果后，单击该按钮，可在该结果下方插入新文本；新文本可直接在结果输出区编辑修改，用于补充说明上方输出图表。

了解各工具的功能，只需将鼠标箭头指向特定工具图标，即可显示该工具的功能释义。

2. 结果浏览区

工具栏下面的窗口区域，左侧为大纲视图（结构视图），右侧显示详细的统计结果（表、图和文本）。左右两侧一一对应，选中一侧的元素，另一侧的相应元素即被选中。

在 SPSS for Windows 17.0 中文版的结果输出窗口中，大纲视图的图标均有中文标注，本教材不再叙述。

第 2 章

数据的基本操作

 本章学习目标

- ☛掌握建立数据文件方法与操作;
- ☛掌握编辑数据文件方法与操作;
- ☛掌握数据加工方法与操作。

在应用 SPSS 进行数理统计分析前,首先要建立数据文件,并对所建立的数据文件进行简单的编辑和整理,在此基础上,后续的统计分析才是有效的。SPSS 能够与各种数据库或数据文件进行连接,在很大程度上为建立数据文件提供了方便。同时,SPSS 所提供的强大的数据编辑功能,能够统一地对数据进行分组、转换等操作,简化了复杂的数据处理流程。

SPSS 数据文件管理的主要功能都在"文件"菜单下,即在"文件"菜单下可以实现新建文件、保存文件等功能,而对于数据编辑,SPSS 则提供了"编辑"菜单,"数据"菜单和"转换"菜单。

实验一　建立与编辑数据文件

【实验目的】

1. 理解建立数据文件的原理和方法;
2. 掌握编辑数据文件的菜单功能;
3. 熟练应用 SPSS 软件编辑数据文件。

【准备知识】

1. 测度的含义

所谓测度(Measurement)是指按照某种法则给现象、事物或事件分派一定的数字或符号、通过测度来刻划事物的特征或属性。一般来说,任何事物或事件都具有直接的或者潜在的可测性,但是可测的程度或者水平是不同的。统计学中,通常将测度分为:Scale(定比测度,或比率测度)、Ordinal(定序测度,或顺序测度)、Nominal(定类测度,或名义测度)。这 3 种测度水平以 Scale 测度的测度水平最高,Ordinal 测度次之,Nominal 测度的测度水平最低。

2. 测度选择的原则

（1）取值于一个区间，或者取值为比率的连续型变量应设置为 Scale 测度，如职工收入、身高、体重、价格等。

（2）无论是数值型变量还是字符型变量，只要资料具有某种内在的顺序分类，如可明显地区分为大、中、小；高、中、低等，则应设置为 Ordinal 测度。

（3）如果资料不具有某种内在顺序分类的字符型变量，如公司的部门、地理区域划分等，可以设置为 Nominal 测度。

【实验内容】

某单位将进行薪酬改革，2012 年员工的工资与绩效评分等资料如表 2-1-1 所示。为了了解不同性别、不同工作性质的员工收入状况、绩效评分等，以便为决策者制定合理的薪酬体系提供科学依据，请进行以下实验：

表 2-1-1 某单位员工的工资及绩效评分

员工序号	性别	年收入	工作性质	绩效评分
1	男	27300	一般员工	82
2	女	40800	一般员工	76
3	男	46000	管理人员	60
4	女	103750	经理	90
5	女	42300	一般员工	66
6	女	26250	管理人员	72
7	女	38850	一般员工	80
8	男	21750	管理人员	65
9	女	24000	一般员工	90
10	女	16950	一般员工	84
11	女	21150	一般员工	60
12	男	31050	一般员工	70
13	男	60375	经理	80
14	男	32550	一般员工	85
15	男	135000	经理	80
16	男	31200	管理人员	85
17	女	36150	一般员工	87
18	男	110625	经理	70
19	女	42000	管理人员	75
20	女	92000	经理	80

实验 1.1— 建立数据文件；

实验 1.2 —变量排序；

实验 1.3 —选择个案；

实验 1.4 —合并数据文件；

实验 1.5 —数据分类汇总。

【实验步骤与实验结果】

实验 1.1 建立数据文件

(1)准备工作。在 SPSS 17.0 中单击"文件"菜单下的"新建-文件"命令，如图 2-1-1 所示。同样，如果在"文件"菜单下的"新建-文件"选项中，选择"语法"、"输出"、"脚本"，则可分别打开对应窗口，进而分别建立新的.sps 、.spo、.rtf、.sbs 文件。

图 2-1-1 "文件"菜单下的"新建"选项

(2)打开 SPSS 左下方的"变量视图"，如图 2-1-2 所示。

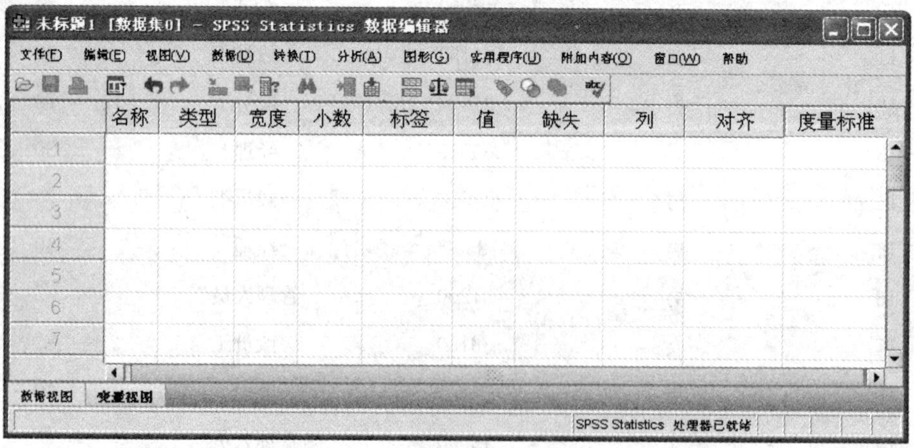

图 2-1-2 "变量视图"对话框

变量视图

● 名称(变量名,Name):变量名是变量存取的唯一标志。单击"名称"列项的单元格,即可直接输入变量名。

● 变量类型(Variable Type):SPSS 中数据变量的类型有 8 种,其中有 3 种为基本的变量类型,即:数值型(Numeric)、字符型(String)和日期型(Date)。

单击"变量类型"该列的单元格,选择变量类型,对应宽度(Width)单元格将显示默认的宽度和样式,如图 2-1-3 所示。

图 2-1-3　"变量类型"对话框

➤数值型(Numeric):数值型是 SPSS 最常用的变量类型,数值型的数据是由 0－9 的阿拉伯数字和其他数字符号(如美元符号、逗号、圆点等)组成的。本例中"员工序号"、"年收入"、"绩效评分"为数值型变量。

➤字符型(String):字符型数据类型也是 SPSS 中较常用的数据类型,它是由字符串组成的。字符型变量的默认最大显示宽度是 8 个字符位,它不能够进行算术运算,并区别应为大小写字母。本例中"性别"、"工作性质"为字符型变量。

➤日期型(Date):日期型数据主要用来表示日期或者时间,日期型数据有很多显示格式,SPSS 以菜单的方式显示供用户选择。例如,dd-mmm-yyyy,dd 表示 2 个字符位的日期,-为数据分隔符,mmm 表示英文月份的缩写,yyyy 表示 4 个字符位的年份。

● 变量宽度(Width):选择变量类型时,可以在"变量类型(Variable Type)"对话框中调整对应的宽度,默认的变量宽度为 8。用户也可以单击"变量宽度(Width)"该列的单元格,然后即可在单元格重新输入数值或者单击上下箭头调节变量宽度。

● 小数点后位数(Decimals):小数点后位数限制数值型、逗号型等变量类型的数值的小数点后的位数。选择变量类型时,可以在"变量类型(Variable Type)"对话框中调整对应的小数点后位数,默认的小数点后位数为 2。用户也可以单击"小数点后位数(Decimals)"该列的单元格,然后即可在单元格重新输入数值或者单击上下箭头调节小数点后位数。字符型不能限制小数点后位数。

• 变量标签(Label)：通过变量标签，可以对变量含义进行详细的说明，添加变量名的可视性和分析结果的可读性。例如，在输入调查问卷数据时，由于变量名对于长度有一定的限制，因此变量名就可以用调查问卷的题目号表示，在变量标签中输入完整的问题来进一步解释变量含义。但变量名标签也有长度的限制，其总长度限制在 120 个字符内，并且在统计分析结果显示时，一般不能显示太长的变量标签信息。"变量标签"属性可以省略定义。

• 数值标签(Value Labels)：通过变量标签，可以对变量数值进行详细的说明。例如，表示性别数据时，用数值"1"表示"男"，数值"2"表示"女"。数值标签对于有一定实际含义的数值变量来说是必不可少的。数值标签在明确数值含义的同时，也增强了统计分析结果的可读性。单击"数值标签(ValueLabels)"该列的单元格，单元格右端将出现按钮，单击该按钮，将弹出"值标签(ValueL abels)"对话框。

在"值标签(Value Labels)"对话框中，可以在"值(Value)"后输入变量中出现的数值，如"1"，然后在标签(Label)中输入对应的数值("男")含义，单击"添加(Add)"按钮，即可将上述数值标签的定义添加到数值标签的主窗口中。如果需要进行"更改(Change)"或者"删除(Remove)"，可以在主窗口中选择需要更改或移除的数值标签，然后单击对应的按钮。数值标签编辑完成后，单击"确定"按钮，即可返回到数据编辑窗口的变量视图中。本例中性别的数字标签为："1"表示"男"，"2"表示"女"；工作性质数字标签为："1"表示"一般员工"、"2"表示"管理人员"、"3"表示"经理"。如图 2-1-4 所示。

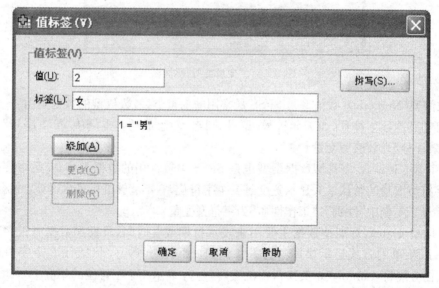

图 2-1-4 "值标签"对话框

• 缺失值(Missing Values)：在数据处理过程中，常常会出现空数据或无效数据的情况，即有些数据项漏填了，或者有些数据明显是错误的。这些数据一般都应在数据处理初期时，标示为缺失值数据。

为了在统计分析时，区别对待缺失值和正常值，可以将缺失值填充或更换为特定的标记数据。单击"缺失值(Missing Values)"该列的单元格，单元格右端将出现按钮，单击该按钮,将弹出"缺失值(MissingValues)"对话框,如图 2-1-5 所示。

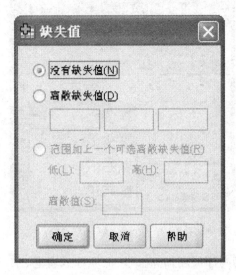

图 2-1-5　"缺失值(Missing)"对话框

SPSS 中,缺失值的指定方法主要有两种:

➤字符型或数值型变量:缺失值可以是 1 至 3 个特定的离散值(Discrete missing values)。

➤数值型变量:缺失值可以在 1 个连续的闭区间内(Range of missing values)或者在 2 个连续的开区间内,并可同时指定 1 个离散值(Range plus one optional discrete missing value)。

SPSS 系统默认的缺失值选项为"没有缺失值(No missing values)",此时,空数据用一个小圆点表示,但系统默认的缺失值一般只出现在数值型变量数据中。字符型变量中的空格不是系统缺失值。

• 列宽(Column Width):变量的列宽和数据的对齐格式(Text Alignment)都属于数据的列格式。显示在数据视图(Date View)中的数据,其变量列宽即是变量类型所对应的变量宽度(Width),默认的列宽为 8。变量的列宽随着变量显示宽度的改变而自动改变。

当变量的显示宽度小于变量的列宽时,需要对变量的列宽进行修改,否则,变量就无法完整地在数据视图中实现。此时,用户可以单击"列宽(Column Width)"该列的单元格,然后即可在单元格中重新输入数值或者单击上下箭头调节变量宽度。

• 对齐格式(Align):数据的对齐格式也属于数据的列格式。显示在数据视图(Date View)中的数据,主要有三种对齐方式:左对齐(Left)、右对齐(Right)、中间对齐(Center)。用户可以单击"对齐(Align)"该列的单元格,然后单击单元格右方的小箭头,如图 2-1-6 所示,用户即可通过单击,选择需要的对齐方式。

字符型数据默认为左对齐显示,数值型数据默认的对齐格式为右对齐显示。

• 度量标准(Measure):统计分析数据的测度方法大致可分为定距度量和非定距度量对应的数据,即为定距数据和非定距数据。定距数据(Scale)是指连续性数据(如年收入,绩效评分等)。非定距数据包括顺序尺度(Ordinal)和名义尺度(Nominal)的数据。有内在大

图 2-1-6 "对齐(Align)"选项

小或高低的数据度量,即为有序尺度,如高、中、低职称或者老、中、青三代;不存在内在大小或高低顺序的数据,只包含名义上指代的度量方式即为名义尺度,如男、女性别或者职业等。

系统给出的数据的测度方式包括名义尺度、有序尺度和度量尺度三种。用户可以单击"度量标准(Measure)"该列的单元格,然后单击单元格右方的小箭头,单元格将显示"度量标准(Measure)"选项,如图 2-1-7 所示。用户即可通过单击,选择需要的测度方式。默认的测度方式为度量(Scale)。

图 2-1-7 "度量标准(Measure)"选项

定义了变量的各种属性后,如图 2-1-8 所示。单击"Date View"按钮,回到数据视图中,就可以直接在表中输入数据,如图 2-1-9 所示。

图 2-1-8　"变量视图"对话框

单击"数据视图",录入数据文件,如图 2-1-9 所示。

图 2-1-9　年收入与绩效评分数据文件

实验 1.2　排序

按照性别分类，对年收入进行升序排列。

（1）准备工作。在 SPSS 17.0 中打开数据文件 2-1.sav，执行"文件—打开"命令将数据调入 SPSS 17.0 的工作文件窗口，如图 2-1-9 所示。

（2）选择"数据—排序个案"命令，打开"排序个案（Sort Cases）"对话框，如图 2-1-10 所示。

图 2-1-10　"数据：排序个案"对话框

（3）选择排序变量。从源变量列表中选择一个或几个分类变量，单击中间的箭头按钮将它们移入排序依据框中。本例排序变量为"性别"和"年收入"。

（4）确定排序顺序。在"排列顺序"栏中选择一种排序方式。本例选择升序排列，如图 2-1-11 所示。

● 排序顺序

➤升序（Ascending）：排序顺序值由小到大升序排列；

➤降序（Descending）：排序顺序值由大到小降序排列。

图 2-1-11　排列顺序选项

（5）单击"确定"按钮，返回数据窗口，分类排序结果显示数据窗口内，实验结果如图 2-1-12 所示。

	员工序号	性别	工作性	年收入	绩效评分	
1	8 1		2	21750	65	
2	1 1		1	27300	82	
3	12 1		1	31050	70	
4	14 1		1	32550	85	
5	3 1		2	46000	56	
6	13 1		3	60375	80	
7	15 1		3	135000	80	
8	10 2		1	16950	84	
9	11 2		1	21150	60	
10	9 2		1	24000	90	
11	6 2		1	26250	72	
12	7 2		1	38850	80	
13	2 2		1	40800	76	
14	5 2		1	42300	66	
15	4 2		3	103750	90	

图 2-1-12　性别分类后的年收入升序排序

实验 1.3　选择个案

在数据处理过程中，有时需要从数据文件中选取一部分个案，将筛选出的个案进行统计分析的操作、处理和分析，而未被选取到的个案将不参与之后的操作。

（1）准备工作。在 SPSS 17.0 中打开数据文件 2-1.sav，执行"文件—打开"命令将数据调入 SPSS 17.0 的工作文件窗口，如图 2-1-9 所示。

（2）依次选择"数据—选择个案"命令，打开"选择个案（Select Cases）"对话框，如图 2-1-13 所示。

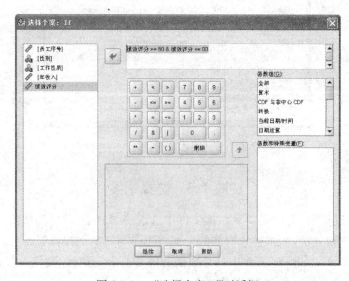

图 2-1-13 "数据：选择个案"对话框

（3）在"选择"栏中选择挑选数据子集的方式，栏内选项意义为：

- 全部个案：系统默认选项，选此项相当于不执行选择个案命令。
- 如果条件满足：选择满足条件的个案，选择此项，单击 if 按钮打开条件设置对话框。

本例在表达式栏里输入选择个案的条件表达式，如输入表达式"绩效评分 $>=80$ & 绩效评分 $<=90$"，即选择"绩效评分大于等于 80 且绩效评分小于等于 90 分的个案"。单击"继续"按钮返回主对话框，单击"确定"执行选择个案，如图 2-1-14 所示。

图 2-1-14 "选择个案：if"对话框

● 随机个案样本:随机抽取个案样本。如果选此项,单击"随机个案样本"按钮。

➢大约(Apprroximately)。随机选取占全部个案接近的__％的个案)选择此项并输入一个数值,系统将自动产生伪随机数随机地选取接近于指定数目的个案作为样本。本例选择 60％的随机个案,如图 2-1-15 所示。

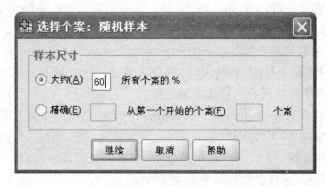

图 2-1-15　"选择个案:随机样本"大约选项

➢精确。选择"精确"选项,在前后两个文本框中输入两个整数(前一个数字小,例如 5,后一个数值大,例如 10),表示从前 10 个个案中随机选取 5 个个案作为样本,如图 2-1-16 所示。

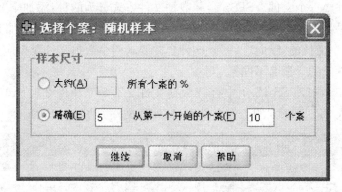

图 2-1-16　"选择个案:随机样本"精确选项

● 基于时间或个案全距:按时间或个案范围选择。如果选择此项,单击"范围(Range)"打开选择个案对话框,在"观测值"栏中输入选取样本的范围,例如,输入"第一个个案":5,"最后一个个案":15,点击"继续"按钮返回对话框,如图 2-1-17 所示。单击"确定"执行选择个案,系统将第 5 号到第 15 号的个案选取为样本。

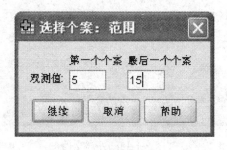

图 2-1-17　"选择个案:范围"选项

● 使用筛选器变量(Use filter variable):选择此项,从变量列表框中选择一个数值型变量作为过滤器变量移至矩形框中,单击"确定"执行选择。

(4)输出(Output)。在"输出"栏中制定未选中的个案的处理方式。

● 输出(Output)

➢过滤未选定的个案(Filter out unselected cases):将未被选中的个案的个案号码前标记为"/",以表示与已选中个案的区别。

➢将选定个案复制到新数据集(Copy selected cases to a new dataset):单击该按钮后,在窗口中输入新的数据文件的名字,SPSS 将自动打开一个以新的数据文件的名字命名的数据编辑窗口,窗口中包括所有已被选中的数据。

➢删除未选定个案(Delete un selected cases):将未被选中的个案直接从数据文件中删除,此处理方法风险较大,不可恢复。

(5)在"选择个案(Select Case)"主对话框中,单击"确定"按钮,即可在数据编辑窗口根据不同的输出方式得到选择个案的结果数据文件。

实验 1.4　合并数据文件

SPSS 中合并数据文件指的是将一个外部数据文件的个案或变量增加到当前工作文件中去,将它们合并成一个文件。SPSS 合并数据文件方式分为两种:添加个案和添加变量。

添加个案:是指把一个外部文件与工作文件具有相同变量的个案增加到当前工作文件中。这相当于两个文件的"纵向合并"。这种合并要求两个数据文件至少应具有一对属于相同的变量,即使它们的变量名不同。

(1)准备工作。在 SPSS 17.0 中打开数据文件 2-1. Sav 和件 2-2. Sav,执行"文件—打开"命令将数调入 SPSS 17.0 的工作文件窗口,外部文件如图 2-1-18 所示。

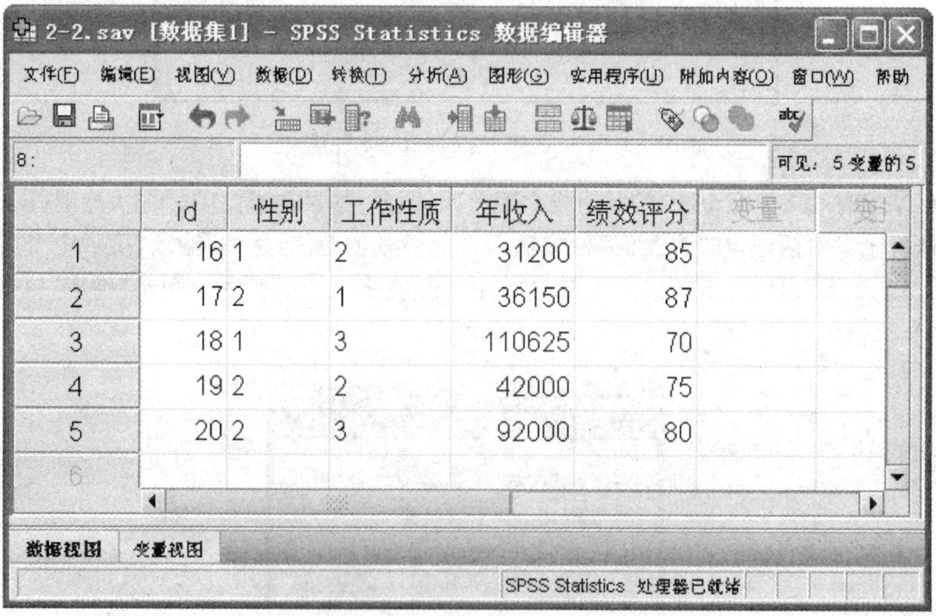

图 2-1-18　外部文件

　　(2)执行"数据(Data)—合并文件(Merge Files)—添加个案(Add Cases)"命令,打开将"个案添加到"对话框,如图 2-1-19 所示。

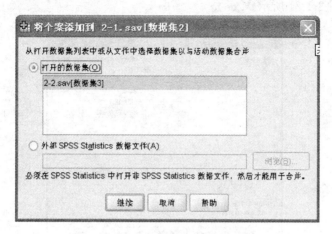

图 2-1-19　"添加个案"对话框

　　(3)选择添加个案的合并方式,SPSS 提供了两种方式:

　　打开的数据文件:直接从打开的数据文件合并。本例选择直接从打开的数据文件合并。

　　外部 SPSS Statistics 数据文件:选中"外部 SPSS 数据文件"后,单击"浏览"按钮,SPSS将弹出"添加个案:读取数据文件"对话框。

　　(4)选定需要合并的数据文件,单击"继续"按钮,SPSS 将弹出"添加个案从……"对话框,如图 2-1-20 所示。

图 2-1-20　"添加个案"变量选项

　　在"添加个案"对话框中,左侧的变量框显示的是新、老数据文件中不配对的变量名,分别用[*]和[＋]来标记。右侧的变量框显示的 SPSS 自动配对的变量名,即新工作文件中的变量。

　　(5)非成对变量配对。选中非成对变量框中欲配对的变量名,单击" ➡ "按钮进入"新的获得数据集中的变量"对话框中,表示题目具有相同的数据含义。用户也可以选择某个变量名,单击"更名"按钮修改变量名称后,再进行指定配对。本例中"员工序号"变量与"ID"变量进行配对,如图 2-1-21 所示。

图 2-1-21　非成对变量配对

(6)单击"确定"按钮,即可实现"添加个案"的数据文件。实验结果如图 2-1-22 所示。

	员工序	性别	工作性质	年收入	绩效评	
1	1 1	1		27300	82	
2	2 2	1		40800	76	
3	3 1	2		46000	56	
4	4 2	3		103750	90	
5	5 2	1		42300	66	
6	6 2	2		26250	72	
7	7 2	1		38850	80	
8	8 1	2		21750	65	
9	9 2	1		24000	90	
10	10 2	1		16950	84	
11	11 2	1		21150	60	
12	12 1	1		31050	70	
13	13 1	3		60375	80	
14	14 1	1		32550	85	
15	15 1	3		135000	80	
16	16 1	2		31200	85	
17	17 2	1		36150	87	
18	18 1	3		110625	70	
19	19 2	2		42000	75	
20	20 2	3		92000	80	

图 2-1-22　"添加个案"的数据文件

　　添加变量：是指把一个外部文件中的若干变量添加到当前工作文件中。这相当于两个文件的"横向合并"。这种合并要求两个数据文件至少应具有一个共同的关键变量（key Variable），而且这两个文件中的关键变量还具有一定数量的相等的个案数值。

　　实现 SPSS 数据文件的横向合并应满足以下三个条件：

　　（1）两个数据文件必须至少有一个变量名相同的关键变量，如姓名、序号等，这个关键变量将作为两个数据文件横向对应拼接的依据，因此又被称为关键变量（Key Variables）；

　　（2）两个数据文件必须事先按照关键变量进行升序排序或者多重升序排序；

　　（3）为了方便 SPSS 数据文件的横向合并，在不同数据文件中，数据含义不同的列、变量名也应以不同的名称命名。

　　横向合并的操作步骤如下。

　　（1）准备工作。在 SPSS 17.0 中打开数据文件 2-1.Sav 和数据文件 2-2.Sav，执行"文件—打开"命令将数调入 SPSS 17.0 的工作文件窗口，并按照"年收入"升序排列，数据文件另存为 2-11.Sav 和 2-21.Sav。

　　（2）选择"数据（Data）"菜单下的"合并文件（Merge Files）"命令，单击"添加变量（Add Variables）"按钮，打开"将变量添加到...（Add Variables to）"对话框，如图 2-1-23 所示。

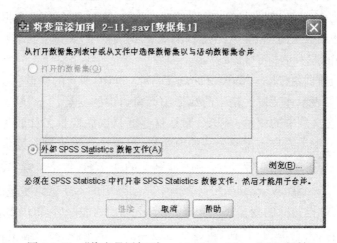

图 2-1-23　"将变量添加到...（Add Variables to）"对话框

　　（3）选择横向合并数据文件的方式。同样地，SPSS 提供了两种方式供用户选择。

　　一种是直接从已打开的数据文件中合并，这样就无须将欲合并的数据文件的数据编辑窗口关闭。用户选中"打开的数据集（An open dataset）"单选框，然后在下方的窗口中单击已打开数据文件的文件名即可。

　　另一种是从外部的 SPSS 数据文件中合并，即选中"外部 SPSSStatistics 数据文件（Anexternal SPSS datafile）"后，单击"浏览（Browse）"按钮，SPSS 将弹出"添加变量：读取文件（Add Variables：Read File）"对话框。"添加变量：读取文件（Add Variables：Read File）"对话框与打开数据文件的对话框相同。用户选中需要合并的数据文件，并单击"打开"按钮，即可返回"将变量添加到...（Add Variablesto）"对话框中。

　　（4）选定需要合并的数据文件后，单击"继续"按钮，SPSS 将弹出"添加变量从...（Variables from）"对话框，如图 2-1-24 所示。

图 2-1-24   "添加变量从…(Variables from)"对话框

"添加变量从...(Add Variables from)"对话框中,两个待合并的数据文件的所有变量将出现在"新的活动数据集(Ncw Active Dataset)"列表框中,关键变量名将出现排除的变量(Excluded Variables)列表框中。

在"新的活动数据集(New Active Dataset)"列表框中,所有的变量名后面会出现"＊"号或"＋"号。"＊"号表示该变量名是当前数据编辑窗口中的变量,"＋"号表示该变量名是用户指定合并的磁盘文件中的变量。SPSS默认这些变量以原变量名称成为合并后新工作数据文件中的变量。如果用户不需要全部的原变量,可以进行手工剔除变量:选中"新工作数据文件(New Active Dataset)"列表框中的欲剔除的变量名,单击"   ＊   "按钮,变量将进入"已排除的变量(Excluded Variables)"列表框中。如果用户不满意原变量的名称,也可以选择某个变量名进入"已排除的变量(ExcludedVariables)"列表框后,单击"重命名(Rename)"按钮修改变量名称,再单击   按钮,将原变量以新的名字重新返回"新的活动数据集(New Active Dataset)"列表框中。

选中"按照排序文件中的关键变量匹配个案(Match cases on key variables in sorted files)"选项,用户可以在"已排除的变量(Excluded Variables)"列表框中选择一个或多个变量作为关键变量,单击   按钮添加到"关键变量(KeyVariables)"列表框中。SPSS将根据关键变量中相同的个案值——配对进行左右连接。

同时,选中"按照排序文件中的关键变量匹配个案(Match cases on key variables in sorted files)"选项后,SPSS提供了以下三种指定合并后数据文件中的数据来源方式。

①两个文件都提供个案(Both file sprovide cases):SPSS的默认选项,直到合并后数据文件中的数据由两个数据文件中的个案共同组成,即对于关键变量中数据不同的个案,SPSS也将其合并到新的数据文件中,缺失的数据以缺失值的形式显示。

②非活动数据集为基于关键字的表(Non-active dataset is keyed table):在外部数据文件中的数据基础之上,合并当前数据编辑窗口中的数据变量,即对于关键变量中数据不同的个

案,SPSS 仅添加与外部数据文件中的数据的关键变量数值相同的个案,其他变量予以放弃。

③活动数据集为基于关键字的表(Active dataset is keye dtable):与外部文件为关键表相反,在当前数据编辑窗口中的数据的基础之上,合并外部数据文件中的数据变量,即对于关键变量中数据不同的个案,SPSS 仅添加与当前数据编辑窗口中的数据的关键变量数值相同的个案,其他变量予以放弃。最下方的"将个案源表示为变量(1ndicate case source as variable)"复选框用于定义一个新变量,以区分个案来自原数据编辑窗口还是添加的数据文件。选中该选项,合并后的数据文件中将自动出现一列变量名为 source01 的变量,变量的取值为 0 或 1。0 表示该个案来自原数据编辑窗口,1 表示该个案来自添加的数据文件。

(5) 选择完毕后,单击"确定"按钮,即可实现横向合并。

实验 1.5　数据分类汇总

数据分类汇总是按照用户指定的分类变量对个案进行分组,并对每组个案的各变量值计算指定的描述统计量(如求和、平均值等)。通过分类汇总,用户可以针对不同的组别了解每组的大致情况,并可以做出比较。

(1)准备工作。在 SPSS 17.0 中打开数据文件 2-1. Sav ,执行"文件—打开"命令将数据调入 SPSS 17.0 的工作文件窗口,如图 2-1-9 所示。

(2)执行" 数据(Data)—分类汇总(Aggregate)"命令,打开将"汇总数据(Aggregate data) "对话框,如图 2-1-25 所示。

对话框左边为源变量列表栏,右边为"分组变量(Break Variable)",它接纳从源变量列表框选择的分组变量,分组变量可以是数值型变量也可以是字符型变量。"变量摘要"栏对进入此栏的变量值按分组变量进行汇总。

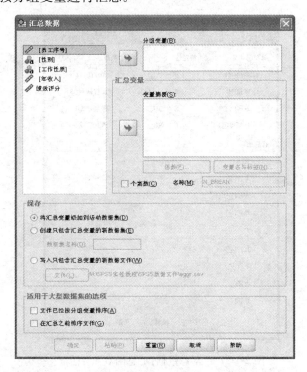

图 2-1-25　"汇总数据(Aggregate data) "对话框

（3）选择"分组变量"与"变量摘要"。本例中将"工作性质"移入分组变量，"年收入"移入变量摘要。

如果要改变系统默认的变量名，可以单击"名称"按钮，如图 2-1-26 所示。用户可以在对话框内输入汇总变量的名称和标签，定义完毕后，单击"继续"按钮，即可返回"汇总数据"对话框。

图 2-1-26 "汇总数据：变量名称和标签"对话框

（4）选择函数。函数（Function）用于定义汇总函数，计算指定的描述统计量。单击"函数（Function）"按钮，弹出汇总数据：汇总函数（Aggregate Data：Aggregate Function）"对话框，如图 2-1-27 所示。SPSS 提供了三组函数，但每个汇总变量只能选择一个描述统计量进行汇总。一般来说，第一组函数（摘要统计量、特定值、个案数）最为常用，用户直接选中描述统计量对应的函数按钮即可。但用户如果选择第二组函数（百分比）或第三组函数（分数），用户除需选中选项外，还需在小窗口中输入需要统计的值、下限或上限的数值。进行汇总方式的选择后，单击"继续"按钮，即可返回"汇总数据"对话框。本例选择"年收入"均值选项，如图 2-1-27 所示。

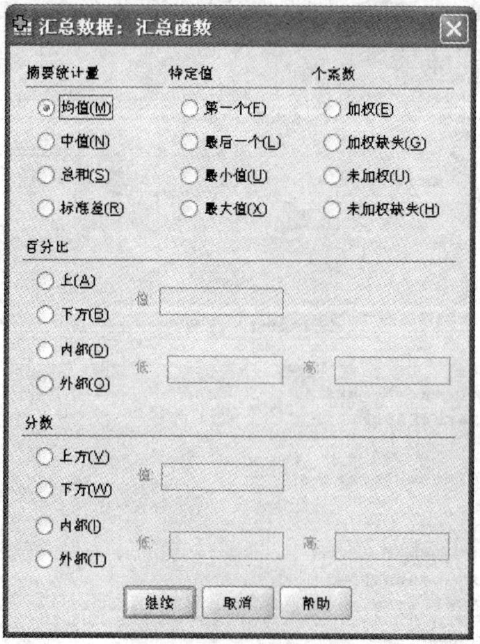

图 2-1-27 "汇总数据：汇总函数"对话框

(5)选择保存分类汇总的方式。分类汇总的结果既可以存入新数据文件,也可以替换当前数据文件。"汇总数据"对话框提供三种保存分类汇总结果方式。

● 保存

➤将汇总变量添加到活动数据集(Add aggregated variables to active dataset):SPSS 将自动定义一个新变量,用以储存分类汇总的结果,新变量将自动添加到当前数据文件中;

➤创建只包含汇总变量的新数据集(Create a new dataset comaining only the aggregated variables):选中该选项,可以单击"文件(File)"按钮,指定汇总文件的保存路径和文件名,SPSS 将创建只包含汇总结果的新数据文件;

➤写入只包含汇总变量的新数据文件(Write a new data file containing only the aggregated variables):选中该选项,分类汇总的结果将覆盖当前数据编辑窗口中的数据,原数据将丢失。

本例选择"写入只包含汇总变量的新数据文件"选项,"文件"命名为"2-111. sav"。

针对个案个数较多的数据文件,SPSS 提供了"适用于大型数据集选项(Options for Vary Large Datasets)"栏(复选项),方便此类数据文件的分类汇总。

● 适用于大型数据集选项

➤文件已经按分组变量排序(File is already sorted on break variable(s))

一般情况下,特别是个案个数较多的数据文件,在进行分类汇总前,用户需要将个案数据根据中断变量(即分组变量)进行排序:否则,分类汇总无法进行。如果用户已经手动完成排序,即可选择该选项,SPSS 将忽略排序的步骤,自动开始分类汇总。

➤在汇总之前排序文件(Sort file before aggregating)

如果用户选择"分类汇总"前,并未对数据文件中的数据按照中断变量进行排序,也没有关系。SPSS 提供了汇总之前先对文件进行排序的功能。选择该选项,SPSS 将先对数据进行排序,然后再进行分类汇总。

(6)选择完毕后,单击"确定"按钮,即可实现分类汇总。实验结果如图 2-1-28 所示。

图 2-1-28　工作性质分组的年收入平均值

【实验总结】

本部分"建立与编辑数据文件"的实验，主要是 SPSS 软件中的"文件"与"数据"菜单部分功能的操作与应用，例如：建立数据文件、变量排序、选择个案、合并数据文件和数据分类汇总。因此，需要理解数字型变量与字符型变量的区别与应用，例如，数据分类汇总中的字符型变量只能作分类变量而不能成为汇总变量。合并数据文件中添加个案时，有时需要对变量进行配对处理等。

【实验作业】

2.1.1　建立一个数据文件记录你所在班级学生下列情况：学号、姓名、年龄、籍贯、民族、家庭电话号码、出生年月日、评定成绩等级（优、良、中、可、差）等，给出正确的变量名、变量类型、标签及值标签、测度水平。

2.1.2　某地区农科所为了研究该地区种植的两个小麦品种"中麦 9 号"、"豫展 1 号"产量的差异，从该地区的两个村庄各选 10 块田地，分别种植两个品种小麦，使用相同的田间管理，收获后，测得各个地块生产的小麦的千粒重（g）数据资料如表 2-1-2 所示。

表 2-1-2　某地区小麦种植

id	甲村		id	乙村	
	中麦 9 号	豫展 1 号		中麦 9 号	豫展 1 号
1	43.11	48.91	6	43.87	44.75
2	42.15	45.63	7	36.71	45.67
3	37.59	41.59	8	43.59	43.15
4	38.23	44.23	9	40.83	46.71
5	40.19	37.43	10	42.51	39.55

为了使用数据-分类汇总（Data-Aggregate）命令，分别按照"小麦品种"和"村"对小麦的千粒重（g）进行分类汇总，试定义有关变量，并建立数据文件，完成分类汇总工作。

2.1.3　某地 20 家企业的情况如表 2-1-3 所示。

表 2-1-3　企业年产值与年工资总额

编号	部门	所有制类型	年产值（万元）	职工人数（人）	年工资总额（万元）
1	工业	国有	2805.58	1235	812.63
2	交通	国有	1265.40	605	435.60
3	商业	集体	256.50	105	68.58
4	交通	个体	26.88	20	14.00
5	工业	集体	560.00	223	156.07
6	工业	国有	800.50	568	256.74
7	邮电通讯	国有	2580.98	890	854.40

续表

编号	部门	所有制类型	年产值(万元)	职工人数(人)	年工资总额(万元)
8	商业	个体	125.45	65	65.16
9	交通	个体	590.60	148	130.24
10	工业	国有	950.00	325	268.13
11	工业	集体	1556.00	485	394.20
12	交通	个体	950.00	354	257.90
13	工业	国有	335.00	105	82.43
14	工业	集体	2455.08	680	639.20
15	商业	股份制	1780.58	646	471.25
16	邮电通讯	国有	2500.00	485	486.98
17	工业	国有	775.00	354	272.58
18	工业	股份制	3305.00	1015	912.00
19	商业	国有	498.08	202	139.20
20	交通	国有	965.58	246	159.95

根据上述资料建立数据文件,完成下列统计整理工作,并回答有关问题:

(1)调用个案排序(Sort Cases)命令分别对年产值、职工人数和年工资总额进行排序。许多 SPSS 文件中都定义一个表示观测量序号的 id 变量,按照自己的体会指出这个 id 变量的作用。

(2)调用分类汇总(Aggregate)命令分别按部门和所有制类型作分类汇总。

2.1.4 根据习题 2.1.3 的数据文件进行"选择个案"实验练习,并回答下列问题:

(1)选择随机抽样方法,抽取约 30% 的个案作为样本,将此执行两次,所得到的样本是否相同?

(2)选择随机抽样方法,满足职工人数 300 人以上,观测值在 5～15 之间的样本。

实验二 数据加工

【实验目的】

1. 理解 SPSS 内部函数的原理和应用;

2. 掌握数据转换菜单主要功能的操作与应用;

3. 熟练应用 SPSS 软件进行数据加工。

【准备知识】

1. SPSS 基本运算

SPSS 基本运算有:算术运算(即数学运算)、关系运算、逻辑运算。这些运算是通过相应的操作运算符号来实现的。运算符合及其意义列于表 2-2-1 中。

表 2-2-1　运算符号及其意义

算术运算符号及意义		关系运算符号及意义		逻辑运算符号及意义	
＋	加法	＝(EQ)	等于	&.(AND)	与
－	减法	＞(GT)	大于	｜(OR)	或
*	乘法	＜(LT)	小于	～(NOT)	非
/	除法	＞＝(GE)	大于等于		
＊＊	乘幂	＜＝(LE)	小于等于		
（　）	括号	～＝(NE)	不等于		

2. SPSS 表达式

利用运算符将常量、变量、函数连接在一起而形成的式子称为表达式。根据表达式中连接运算符的不同分成算术表达式、关系表达式、逻辑表达式。

（1）算术表达式

算术表达式。即数学中的数学表达式,例如,$LG10(ABS(X*Y))+EXP(X+Y)/2$。算术表达式的结果为数值型变量,算术表达式运算的优先顺序依次为"括号、函数、幂(乘方)、乘或除、加或减"。运算中乘除法属于一级运算,加减法属同一级运算,在同一优先级中计算从左至右的顺序执行。

（2）关系表达式

关系表达式,也称比较表达式,它用关系运算符将两个量(或表达式)连接起来,建立起它们之间的比较关系。例如,"$X≥0$"。如果比较关系成立,比较表达式的值为"True(真),否则为"False"(假)。参与比较的两个量必须是同类型的量,无论这两个量是数值型还是字符型,比较结果都是逻辑常量。例如,如果 $x=5,y=3$,则表达式 $x≥y=1$;如果 $x=3,y=5$,则表达式 $x≥y=0$。

（3）逻辑表达式

逻辑表达式,即布尔(Boolean)运算符。逻辑运算符与逻辑型的变量或其值为逻辑型的比较表达式构成逻辑表达式。逻辑表达式的值为逻辑型常量。在逻辑表达式中,运用逻辑运算符时,括号内外的算符等价,例如"A/B"等价于"A OR B"。逻辑运算真值表如表 2-2-2 所示。

表 2-2-2　逻辑运算真值表

逻辑运算	逻辑值			
A	1	1	0	0
B	1	0	0	0
A&B	1	0	0	0
A/B	1	1	1	0
～A	0	0	1	1

　　由表 2-2-2 可知,只有当 A、B 的逻辑值均为 True(真)时,逻辑表达式 "A&B"的值为才为 True。例如,逻辑表达式"A>=B&C>0",如果 A＝8,B＝5,而且 C>0.6,则其逻辑表达式为为 True,表达式的值为 1。

　　逻辑表达式"～A"(非 A)是取逻辑值的反值,如 A 为 True,则"～A"的逻辑值为 False。例如,逻辑表达式"～A＝0",即 A 不等于 0。如果 A＝0,表达式的逻辑值为 False,而若 A 不等于 0,则其值为 True。

　　与算术表达式一样,可以使用几个逻辑运算符及括号构成较复杂的逻辑表达式,在逻辑运算中优先级的规定如下:

　　①最高级为 NOT,其次为 AND 最后为 OR;

　　②同一级运算中,按照从左至右的顺序执行;

　　③表达式中有括号,括号内最优先。

3. SPSS 内部函数

　　SPSS 17.0 有约 190 多个内部函数,其中包括数学函数、逻辑函数、缺失值函数、字符串函数、日期函数等。函数表达方法是在函数名(即函数的几个关键字)后的括号中列出自变量和参数,不同的函数对自变量和参数要求不同,调用之前必须明确对自变量和参数的要求,要给参数赋予恰当的数值。

　　SPSS 的数学函数均为数值型函数,各函数的自变量可以是符合取值范围要求的数值表达式。数学函数(设 arg 表示自变量)中包括:

　　(1)算术函数,如三角函数、指数函数和对数函数、四舍五入函数 RND(arg)、截尾函数 TRUNC(arg)等。设自变量 arg＝－5.6,则四舍五入函数 RND(－5.6)＝－6。

　　(2)统计函数,即数理统计中的统计量,SPSS 有 7 个统计函数,用于计算变量的均值 Mean(arg1,arg2,…)、标准差 Sd(arg1,arg2,…)、变异函数 CFVAR(arg1,arg2,…)等。

　　(3)概率函数,SPSS 17.0 中给出了概率统计中几乎所有常见的随机变量的分布函数、密度函数、逆分别函数、随机数生成函数、非中心分布函数等。SPSS 提供了数量约 80 个概率函数,它们以函数名的前缀来区分,各种前缀如表 2-2-3 所示。

表 2-2-3　概率函数中的前缀

前缀	概率函数
CDF. rv_name(q,a,…)	随机变量的累积分布函数
IDF. rv_name(q,a,…)	连续型随机变量的逆分布函数
PDF. rv_name(q,a,…)	随机变量的概率(或密度)函数
RV. rv_name(q,a,…)	随机数生成函数
NCDF. rv_name(q,a,…)	非中心分布函数
NPDF. rv_name(q,a,…)	非中心概率密度函数

　　表中 rv_name 代表随机变量名,CDF. rv_name(q,a,…)＝P($\xi<q$)＝p,即对指定的自变量值 q,它返回服从相应概率分别的随机变量 $\xi<q$ 的概率 p。前缀为"IDF"的称为逆分布函数,即分布函数的反函数。前缀为"PDF"的称为概率函数(离散型随机变量)或概率

密度函数。同名分布函数和概率密度函数的关系是：

$$CDF.rv\_name(q,a,\cdots) = \sum_{k<q} PDF.rv\_name(k,a,\cdots) \text{（离散型随机变量情况下）}$$

$$CDF.rv\_name(q,a,\cdots) = \int_{-\infty}^{q} PDF.rv\_name(x,a,\cdots)dx \text{（连续型随机变量情况下）}$$

同名逆分布函数与累计分别函数的关系是：

如果 $CDF.rv\_name(q,a,\cdots) = p$，那么 $IDF.rv\_name(q,a\cdots) = q$。

例如，函数

$$PDF.NORMAL(q,a,b) = \frac{1}{\sqrt{2\pi b^2}} \exp\left\{-\frac{(x-a)^2}{2b^2}\right\}$$

$$CDF.NORMAL(q,a,b) = \frac{1}{\sqrt{2\pi b^2}} \int_{-\infty}^{q} \exp\left\{-\frac{(x-a)^2}{2b^2}\right\}dx$$

分别是均值为 a，标准差为 b 的正态分布的概率函数和累计分布函数。

前缀为"NCDF"的分布函数，称为非中心函数，它返回到服从非中心概率分布的随机变量 $\xi < q$ 的概率 p。非中心分布是多元统计分析中研究的课题，非中心分布只有非中心的贝塔分布，χ^2 分布，Student t 分布和 F 分布。

各种概率函数中都依赖于数目不等的分布参数，不同分布的参数有不同的取值范围。因此，在调用分布函数时，必须给它们赋予恰当的数值。而且同名的累计分布函数、函数密度函数、逆函数的参数取值是完全一致的。

【实验内容】

2000—2011 年浙江省生产总值与年末从业人数如表 2-2-4 所示，请进行以下实验。（数据文件 2-3. sav）

表 2-2-4   2000—2011 年浙江省生产总值与年末从业人数

年份	生产总值（亿元）	年末从业人数（万人）
2000	6141.03	2726.09
2001	6898.34	2796.65
2002	8003.67	2858.56
2003	9705.02	2918.74
2004	11648.70	2991.95
2005	13417.70	3100.76
2006	15718.47	3172.38
2007	18753.73	3405.01
2008	21462.69	3486.53
2009	22990.35	3591.98
2010	27722.31	3636.02
2011	32318.85	3674.11

实验 2.1 —应用"计算变量"菜单，计算平均值；

实验 2.2— 环比发展速度、环比增长速度；

实验 2.3— 变量重新编码；

实验 2.4 —个案排秩。

【实验步骤与实验结果】

实验 2.1　应用"计算变量"菜单,计算平均值

应用"计算变量"菜单,计算人均生产总值,并计算从业人员人数大于 3000 万人的人均生产总值。

(1)准备工作。在 SPSS 17.0 中单击"文件"菜单下的"新建-文件"命令,如图 2-2-1所示。

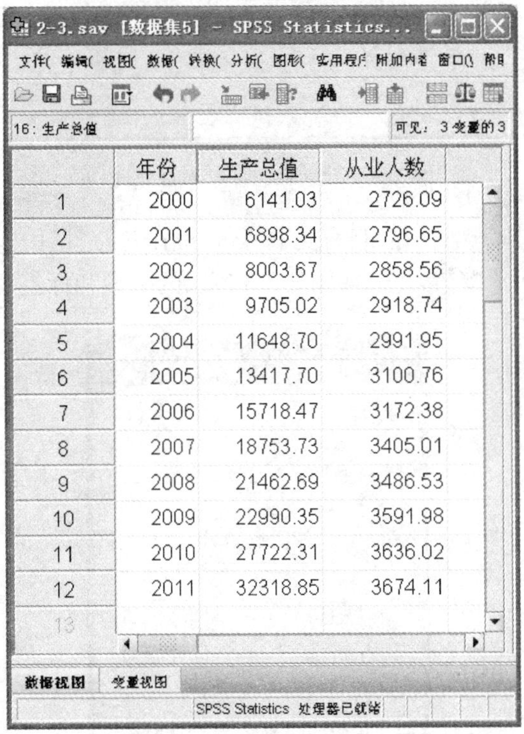

图 2-2-1　生产总值数据文件

(2)执行"转换(Transform)—计算变量(Computer Variable)"命令,打开"计算变量"对话框,如图 2-2-2 所示。

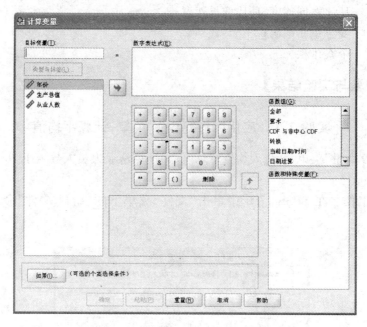

图 2-2-2 "转换—计算变量"对话框

(3)定义新变量及其类型。在"目标(Target Variable)"栏中定义目标变量。单击"类型与标签(Type&Label)"按钮,打开如图 2-2-3 所示的类型和标签对话框。

图 2-2-3 "计算变量:类型与标签"对话框

● "计算变量:类型和标签",提供了两种定义新变量标签的方法。

➢标签(L):在框中给目标变量加注标签。

➢将表达式用作标签(U):使用计算目标变量的表达式作为标签。

选择确定后,单击"继续"按钮,返回主对话框。

(4)输入计算表达式,使用计算器板或键盘将计算表达式输入到"数字表达式(Numeric Expression)"栏中,表达式中需要的 SPSS 函数可从"函数(Function)"栏中选择,通过双击鼠标左键或单击该栏上方的箭头按钮将选中者移入表达式栏。

本例将"生产总值 / 从业人数"输入到"数字表达式"。实验结果如图 2-2-4 所示。

	年份	生产总值	从业人数	averange
1	2000	6141.03	2726.09	2.25
2	2001	6898.34	2796.65	2.47
3	2002	8003.67	2858.56	2.80
4	2003	9705.02	2918.74	3.33
5	2004	11648.70	2991.95	3.89
6	2005	13417.70	3100.76	4.33
7	2006	15718.47	3172.38	4.95
8	2007	18753.73	3405.01	5.51
9	2008	21462.69	3486.53	6.16
10	2009	22990.35	3591.98	6.40
11	2010	27722.31	3636.02	7.62
12	2011	32318.85	3674.11	8.80

图 2-2-4　人均生产总值

(5)条件表达式(if…)及其对话框的使用。在"计算变量(Compute Variable)"对话框的左下方还有一个"如果(If)"按钮,单击该按钮,SPSS 将弹出"计算变量:If 个案(Compute Variable:If Cases)"对话框。在该对话框中,用户可以设定个案的条件,只有一部分满足某种条件的个案才能进行运算,而不满足条件的个案,其新变量值将显示为缺失。

本例中设定"从业人数≥3000"条件,单击"继续"按钮,即可返回"计算变量(Compute Variable)"对话框。如图 2-2-5 所示。

图 2-2-5　"计算变量:if 个案"对话框

在"计算变量(Compute Variable)"对话框中定义新变量和运算表达式后,单击"确定"按钮,即可生成新变量,完成数据转换。

(6)单击"确定"按钮,即可生成新变量,实验结果如图 2-2-6 所示。

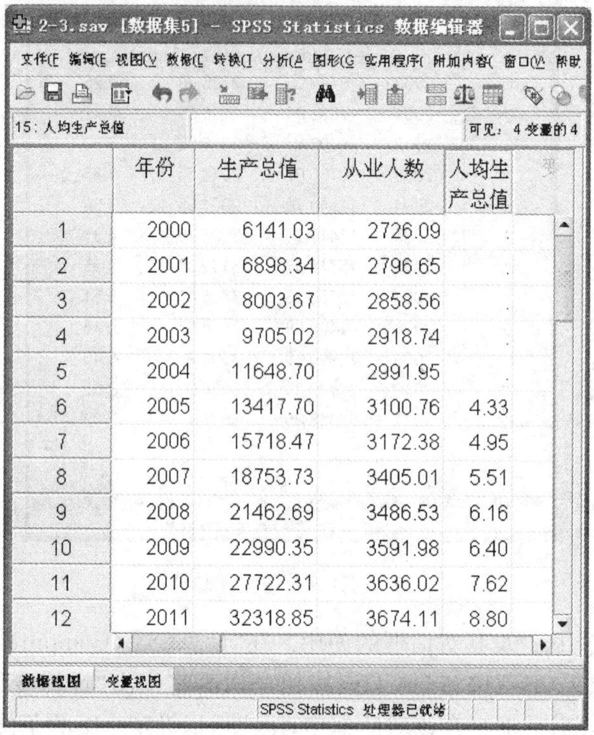

图 2-2-6 "从业人数>=3000"的人均生产总值

实验 2.2 环比发展速度、环比增长速度

应用"计算变量"菜单功能,计算"生产总值"的环比发展速度和环比增长速度。

(1)准备工作。在 SPSS 17.0 中单击"文件"菜单下的"打开-数据"命令,如图 2-2-1 所示。

(2)执行"转换(Transform)—计算变量(Computer Variable)"命令,打开"计算变量"对话框。"目标变量"栏中定义"cir_生产总值";

(3)计算变量的速度指标。

统计学中定义的现象发展速度有环比发展速度和定基发展速度,如果 $X_i(i=0,1,2,\cdots,n)$,代表某指标在第 i 期的发展水平,即第 i 期的变量值,那么各环比发展速度和定基发展速度的计算公式分别为:

第 i 期环比发展速度 $=\dfrac{X_{i+1}}{X_i}$,$i=0,1,2,\cdots$;第 i 期定基发展速度 $=\dfrac{X_i}{X_0}$,$i=0,1,2,\cdots$;

此外,第 i 期环比(定基)增长速度 $=$ 第 i 期环比(定基)发展速度 -1。

根据这些公式,在 SPSS 中可以按以下方法计算发展速度及增长速度。

在计算"生产总值"环比发展速度时,输入表达式:(生产总值 / LAG(生产总值)) * 100。

表达式中使用了滞后函数 LAG(arg)，这个函数的作用实际上是将各个案的数据按时间延迟一个时段，从显示屏显示相当于顺次向下移动一个单元格。因此，表达式（生产总值 / LAG(生产总值)） * 100 正好符合环比发展速度计算公式。表达式中乘 100 是因为统计学的要求速度指标需用百分比表示。

同理，"生产总值"环比增长速度时，输入表达式：（生产总值 / LAG(生产总值)） * 100－100 。

（4）单击"确定"按钮，即可生成新变量。实验结果如图 2-2-7 所示。

	年份	生产总值	从业人数	环比发展速度	环比增长速度
1	2000	6141.03	2726.09		
2	2001	6898.34	2796.65	112.33	12.33
3	2002	8003.67	2858.56	116.02	16.02
4	2003	9705.02	2918.74	121.26	21.26
5	2004	11648.70	2991.95	120.03	20.03
6	2005	13417.70	3100.76	115.19	15.19
7	2006	15718.47	3172.38	117.15	17.15
8	2007	18753.73	3405.01	119.31	19.31
9	2008	21462.69	3486.53	114.44	14.44
10	2009	22990.35	3591.98	107.12	7.12
11	2010	27722.31	3636.02	120.58	20.58
12	2011	32318.85	3674.11	116.58	16.58

图 2-2-7　生产总值环比发展速度与环比增长速度

实验 2.3　变量重新编码

在统计分析中，经常会遇到为变量重新赋值或重新编码的问题。例如统计分组中，将年龄进行分组。"25 岁以下"的年龄赋予编码 1，"26—35 岁" 的年龄赋予编码 2，"36—45 岁"年龄赋予编码 3，"45 岁以上"的年龄赋予编码 4，那么年龄即被分为了四个不同的组。从某种程度上来讲，编码可以看做是分组的过程，一个组对应一个号码。

本例将"生产总值"重新编码：10000 亿元以下—1；10001—15000 亿元—2；15001—20000 亿元—3；20001—25000 亿元—4，；25001—30000 亿元—5；30001 亿元以上—6。

(1)准备工作。在 SPSS 17.0 中单击"文件"菜单下的"打开-数据"命令,如图 2-2-1 所示。

(2)执行"转换(Transform)—重新编码为相同变量(Recode into Same Variables)"命令,另一个是重新编码为不同变量(Recode into Different Variables)命令。选择其中任意一个,打开"重新编码"对话框,如图 2-2-8 和图 2-2-9 所示。

图 2-2-8 "重新编码到相同的变量中"对话框

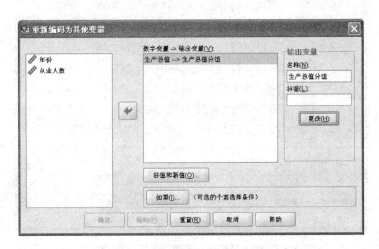

图 2-2-9 "重新编码为其他变量"对话框

这两个选项的对话框设置方法基本相同。不同点就是重新编码为相同变量对话框中没有输出变量(Output Variable)栏,从而不产生新变量,需要重新赋值的原变量的旧值将被指定的新值取代。本例仅以重新编码为不同变量对话框说明,它将产生一个新的变量接纳为原变量重新赋予的新值。

(3)输出变量确定新变量名和标签。选择源变量列表中的"生产总值"变量移入该框中,栏标题改为"数字变量—输出变量",同时,输出栏被激活,在这里输出变量"生产总值分组",确定新变量和标签。

(4)单击"如果"按钮,打开"如果"对话框,确定赋值条件。

(5)单击"旧值和新值(Old and New values)"按钮,打开如图 2-2-10 所示的新旧变量对话框。在"旧值"栏中选中一选项,将原变量的有效值或原值的范围输入被激活的矩形框,在"新值"栏中,可以对将要给新变量的新值作出如下选择:

● 新值

➢在"新值"框里键入新值,单击"添加:按钮到旧—新"显示框中,框里显示出"原值(原值的范围)——新值",如图 2-2-10 所示。

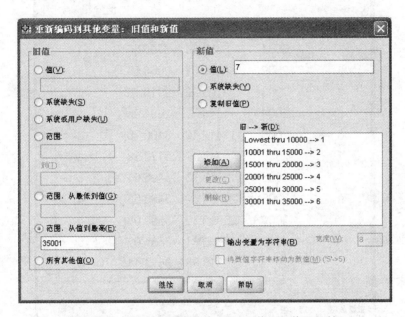

图 2-2-10 "重新编码为其他变量:旧值和新值"对话框

➢系统缺失(S):单击"添加"按钮移入"旧—新"栏,表明原变量的旧值被定义为新变量的系统缺失值。

➢复制旧值(P):表明在"旧值"栏中指定的原变量旧值仍作为新变量的值予以保留,而那些没有指定的值将不再包括在新变量的值之中,作为系统缺失值。

➢输出变量为字符串:选择此项,无论原变量是数值型或字符型,新变量都赋予值为字符型变量,并在"宽度(W)"框中指定新变量的宽度。

➢将数值字符串移动为数值(M)("5"—5):当主对话框选择要重新赋值的变量为字符型变量时,这个选项才会被激活,它可以将数值作为字符串的字符型变量转换为数值型变量。

(6)各选项确定后,单击"继续"按钮返回主对话框,单击"确定"执行原变量的重新赋值。实验结果如图 2-2-11 所示。

图 2-2-11　生产总值重新编码

实验 2.4　个案排秩

　　"秩(Rank)"是数理统计学中的一个重要概念,是非参数统计中常用的统计量。个案的秩是将个案 $X_1, X_2, \cdots, X_n$ 按从小到大的次序或者从大到小的次序排列后,第 i 个个案 X_i 排在第 R_i 位上,就称 R_i 为 X_i 在个案 $X_1, X_2, \cdots, X_n$ 中的秩。

　　(1)准备工作。在 SPSS 17.0 中单击"文件"菜单下的"打开-数据"命令,如图 2-2-1 所示。

　　(2)执行"转换(Transform)—个案排秩(Rank Cases)"命令,打开个案排秩对话框。

　　(3)从源变量清单中选择一个或几个变量至"变量(V)"框,选择"生产总值"移到"变量(V)"栏,系统将对选中变量产生一个新的秩变量,它是在该变量的前面添加"r"而成,如图 2-2-12 所示。

图 2-2-12　"个案排秩:变量(V)"对话框

(4)求秩顺序选择。将秩 1 指定给选项栏用于指定求秩顺序。

● 将秩 1 指定给

➤最小值:从最小值开始按升序对个案排序;

➤最大值:从最大值开始按降序对个案排序。

(5)秩类型选择。单击"秩的类型"按钮,打开"个案排秩:秩的类型"对话框,如图 2-2-13 所示。

图 2-2-13　"个案排秩:类型"对话框

● 秩的类型

➤秩(R):秩变量值为基本秩,系统默认选项;

➤Savage 得分(S):秩变量取值为根据指数分布得到的 Savage 得分;

➤分数秩(F)：小数秩，秩变量值为秩除以非缺失的个案权重之和的商；

➤％分数秩(F)：百分秩，秩变量值为秩除以非缺失的个案权重之和的商乘以 100 后的值；

➤个案权重之和(C)：权重和，秩变量值为各个案权重之和。对同一分组中的所有个案，秩变量取值为一个常数；

➤Ntiles：在矩形栏里填入一个大于 1 的整数，系统将按照输入的数值对个案做百分位数分组，新变量值为百分位数分组的组序号。例如，按系统默认的数 4 作百分位分组，一组大约包含了 25％的观测值，各组中观测值的秩分别为所在组的组序号。

如果同时选择其中几个选项，系统将产生几个新变量，分别保存相应于各选项的不同类型的秩。

● 比例估计(E)、正态得分(O)

比例估计选项栏，选择比例估计选项，并配合选择栏内的一种比例估计格式可以产生基于这些选项的相应秩。

➤Blom：公式为 $(r+3/8)/(n+1/4)$

➤Rankit：公式为 $(r+1/2)/n$

➤Tukey：公式为 $(r+1/3)/(n+1/3)$

➤Van der Waerden：公式为 $r/(n+1)$

以上各公式中的 n 为个案个数，r 为各个案从 1 到 n 排序后的秩。

(6) 结(T)处秩的确定。结(Ties)是指当两个或两个以上的数据相等时秩的处理方式。由于秩与数据排序是一一对应的，当数据相等时，它们对应的秩也相等。在"个案排秩：结点"对话框中，SPSS 提供了以下四中处理相同秩的方式，如图 2-2-14 所示。

图 2-2-14 "个案排秩：结"对话框

● 结(T)

➤均值(M)："结"处的秩确定为排序后结处各秩的均值，这是系统默认的"结"处的秩的处理方式；

➤低(L)：将"结"处的秩确定为排序后结处各秩次序的最小值；

➤高(L)：将"结"处的秩确定为排序后结处各秩次序的最大值；

➤顺序秩到唯一值(S)：指各个案的秩从 1 开始连续排列到不同的个案的个数 D，且"结"处的秩取第一个出现的秩次值。

(7)各选项确定之后，单击"确定"。系统对指定变量、分组变量按所选选项计算秩，并产生新变量保存它们。实验结果如图 2-2-15 所示。

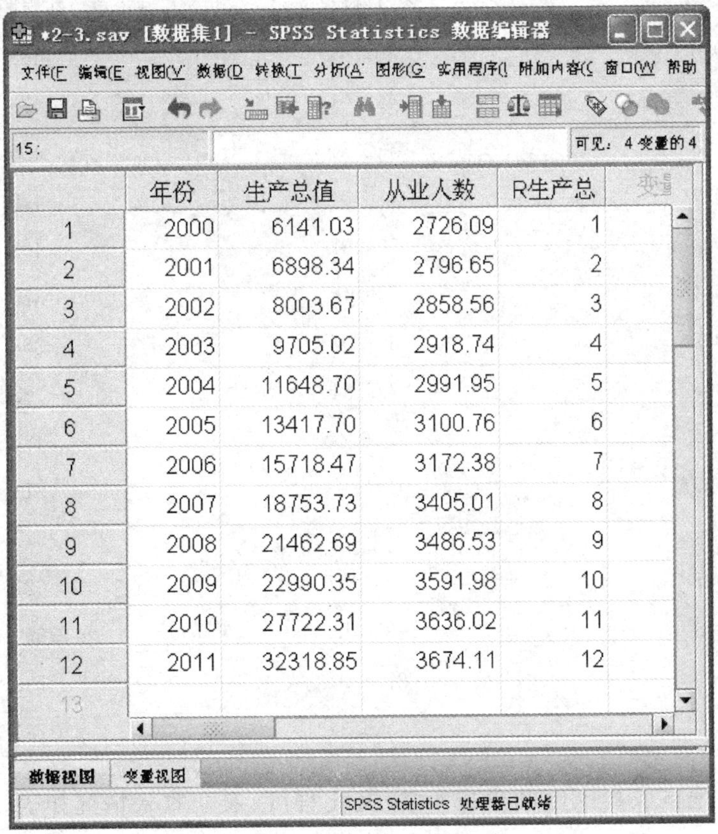

	年份	生产总值	从业人数	R生产总
1	2000	6141.03	2726.09	1
2	2001	6898.34	2796.65	2
3	2002	8003.67	2858.56	3
4	2003	9705.02	2918.74	4
5	2004	11648.70	2991.95	5
6	2005	13417.70	3100.76	6
7	2006	15718.47	3172.38	7
8	2007	18753.73	3405.01	8
9	2008	21462.69	3486.53	9
10	2009	22990.35	3591.98	10
11	2010	27722.31	3636.02	11
12	2011	32318.85	3674.11	12

图 2-2-15　生产总值排秩

【实验总结】

本部分"数据加工"的实验项目，主要是 SPSS 软件中的"转换"菜单部分功能的操作与应用，例如：计算变量、变量重新编码、个案排秩。因此，需要理解 SPSS 内部函数的含义，运用"计算变量"功能和调用 SPSS 内部函数计算算术函数、统计函数、概率函数值。其次，变量重新编码可以将连续型变量进行重新编码，以便变量分组或分类进行数据分析。最后，理解"if"条件式在"计算变量"和"变量重新编码"功能中的原理、操作与应用。

【实验作业】

2.2.1　1996—2011 年浙江省城镇单位在岗职工工资总额和在岗职工人数如表 2-2-5 所示，建立数据文件，并使用 SPSS 的"计算变量"命令计算：

(1)人均平均工资；

(2)工资总额的环比发展速度与环比增长速度。

表 2-2-5　城镇单位在岗职工工资总额和在岗职工人数

年份	工资总额(亿元)	城镇单位在岗职工人数(万人)
1996	361.84	488.12
1997	402.01	479.38
1998	422.51	456.32
1999	456.04	428.93
2000	501.07	403.63
2001	589.48	373.80
2002	664.01	364.30
2003	797.54	382.46
2004	1016.42	439.99
2005	1311.93	513.03
2006	1591.84	577.44
2007	1937.41	627.93
2008	2359.05	690.87
2009	2752.31	736.01
2010	3305.34	796.37

2.2.2　某地区农村家庭的户主年龄、文化程度、农业收入情况如表 2-2-6 所示,试分析:

表 2-2-6　家庭的户主年龄、文化程度与农业收入

序号	户主年龄	文化程度	农业收入(元/月)
1	49	小学	2500
2	65	小学	3000
3	60	高中及中专	5000
4	56	初中	2000
5	44	初中	3000
6	71	小学	1000
7	68	小学	3500
8	54	高中及中专	5000
9	48	初中	3000
10	32	高中及中专	8000
11	34	初中	7500
12	49	小学	1000

序号	户主年龄	文化程度	农业收入(元/月)
13	62	小学	1000
14	45	小学	2000
15	58	小学	1000
16	37	初中	2000
17	53	初中	1900
18	38	初中	1000
19	51	小学	1000
20	49	小学	2000

(1)建立相应的数据文件；

(2)对农业收入变量求秩,将秩值1赋给评分最高者,节的处理方式为Low；

(3)对文化程度为"初中"户主的农户,按户主年龄进行分组,分组标准为:25岁以下,26~35岁,36~45岁,46~55岁,56岁以上。

第 3 章

基本统计分析

 本章学习目标

- ☞掌握描述性统计分析、频数原理与实验；
- ☞理解探索分析的原理与实验；
- ☞掌握交叉列联表分析原理与实验；
- ☞掌握实验结果的统计分析；
- ☞了解基本统计分析在经济管理数据分析中的应用。

SPSS 处理数据后的基本输出结果是各种统计量和统计图表。研究者的许多分析与结论,建立在这些基本输出结果的基础上。对数据进行基本统计分析,是对其进行深入细致的统计分析的基础和前提。对基本统计量和基本统计图表的熟练掌握和运用,是 SPSS 软件使用者的基本功。本章介绍最基本的统计量、统计分析方法和统计图。

实验一 描述性统计

【实验目的】

1. 理解和掌握基本描述统计量的意义及其构造原理；
2. 熟悉基本描述统计量的类别及其对数据的描述功能；
3. 熟悉获得基本描述统计量的 SPSS 操作方法；
4. 学习运用基本描述统计量分析问题的一般规范。

【准备知识】

数理统计的基本统计量包括描述数据集中趋势的统计量(均值、中位数和众数)、描述数据离散趋势的统计量(标准差、方差和极差)和描述数据分布状况的统计量(峰度、偏度和分位数)。有了这些基本统计量,研究者就可掌握数据的基本特征。通过这些基本统计量对数据进行基础统计分析后,研究者可以确定对数据做进一步分析的方向。

1. 基本统计量

(1) 均值、中位数和众数

均值(Mean)是总体或样本数据的平均值,表示总体或样本某个统计特性值的平均水平。在统计研究中,由于样本的均值是总体均值的无偏估计,因此,人们通常用样本的均值代表(推测)总体的均值。

虽然样本是从总体中抽取出来的,但由于抽样的随机性,从总体中进行 n 次抽样,得到的 n 个样本事实上是不完全相同的,它们的均值是有差异的。样本数据是总体数据集的一个随机子集,样本数据的均值与总体数据的均值是有差异的。

描述样本均值与总体均值平均差异的统计量是均值标准误差(Standard Error of Mean,S. E. mean),简称标准误。

中位数(Median)是总体数据中大小处于中间位置的数值。中位数将总体数据分为个数相同的两个子集,一个子集中的数据的数值都比它大,另一个子集中数据的数值都比它小。它事实上是二分位数。总体数据个数(N)为奇数时,中位数是$(N+1)/2$ 位置上的那个数。总体数据个数为偶数时,中位数的值是第 $N/2$ 位置和第$(N+1)/2$ 位置上的两个数的值的平均值。

众数(Mode)是总体中出现频数最高的那个数。

均值、中位数和众数都是表示数据集中趋势的统计量。均值受到极端值的影响,中位数和众数不受极端数据的影响。总体数据呈对称的钟形分布时,均值、中位数和众数相等。总体数据呈偏态钟形分布时,中位数在均值和众数之间。呈右偏态时,均值>中位数>众数;呈左偏态时,均值<中位数<众数。

(2) 全距、方差和标准差

全距(Range)是数据中最大值与最小值之间的绝对差值,表示数据的分布范围。全距值是粗略地表示数据离散性的一个统计量。全距越大数据离散性越高,全距越小数据离散性越低。

设 R、X_{max} 和 X_{min} 分别为总体的全距、最大值和最小值,那么,

$$R = X_{max} - X_{min} \tag{3-1-1}$$

方差(Variance)是总体所有数据与其均值的差值的平方的平均值。标准差(Standard Deviation)是方差的平方根。方差和标准差是数据离散程度的平均测度。

设 N、μ 和 σ 分别为总体包含的个案数、均值和标准差,n、$\bar{x}$ 和 s 分别为样本的容量、均值和标准差,那么,

$$\text{总体方差}: \sigma^2 = \frac{\sum(x_i - \mu)^2}{N} \tag{3-1-2}$$

$$\text{总体标准差}: \sigma = \sqrt{\sigma^2} \tag{3-1-3}$$

$$\text{样本方差}: s^2 = \frac{\sum(x_i - \bar{x})^2}{n-1} \tag{3-1-4}$$

$$\text{样本标准差}: s = \sqrt{s^2} \tag{3-1-5}$$

(3) 峰度与偏度

峰度(Kurtosis)是描述总体数据分布形态与正态分布形态相比较的陡平程度的统计

量。峰度值等于 0 表明总体分布形态与正态分布形态陡平程度相同,大于 0 表明总体分布形态比正态分布形态更加陡峭,小于 0 表明总体分布形态比正态分布形态更加平缓。峰度的绝对值越大,表明总体分布形态的陡平性偏离正态分布形态越大。

$$\text{Kurtosis} = \frac{1}{n-1} \sum_{i=1}^{n} (x_i - \overline{x})^4 / sd^4 - 3 \qquad (3\text{-}1\text{-}6)$$

偏度(Skewness)是描述总体分布形态对称性的统计量。偏度值等于 0 表明总体分布形态与正态分布形态呈现同样的对称性,大于 0 表明总体分布形态向右偏离正态分布形态(正偏态),小于 0 表明总体分布形态向左偏离正态分布形态(左偏态)。偏度的绝对值越大,表明总体分布形态的对称性偏离正态分布形态越大。

$$\text{Skewness} = \frac{1}{n-1} \sum_{i=1}^{n} (x_i - \overline{x})^3 / sd^3 \qquad (3\text{-}1\text{-}7)$$

(4) 四分位数、十分位数和百分位数

四分位数(Quartiles)是将全部数据按升序或降序分为四等份的三个数:Q_1(第一四分位数)、Q_2(第二四分位数,中位数)和 Q_3(第三四分位数)。Q_1 到 Q_3 距离的一半,称作四分位差。四分位差越大表明中间部分数据的离散性越大,四分位差越小表明中间部分数据的集中性越好。

十分位数(Deciles)是将全部数据按升序或降序分为十等份的九个数:D_1,D_2,$\cdots$,D_9。

百分位数(Percentiles)是将全部数据按升序或降序分为一百等份的九十九个数:P_1,P_2,$\cdots$,P_{99}。

通过分位数可以判断数据在各区间内分布的情况。

2. 描述统计

数据描述统计是对数据进行基本分析,从总体上把握数据分布基本特征的统计方法。通常用均值(及标准误)、中位数和众数描述数据的集中趋势,用标准差、方差和全距(及最大值和最小值)描述数据的离散性,用峰度、偏度和分位数描述数据的分布情况。

【实验内容】

运用数据文件 3-1. sav[①],对机械厂职工的基本数据进行描述分析,计算男女全体职工、男职工和女职工的月基本工资的情况:

1. 均值(及标准误)、中位数和众数;

2. 全距(及最大值和最小值)、方差和标准差;

3. 峰度和偏度。

【实验步骤】

(1)打开数据文件 3-1. sav。

(2)执行"分析(A)→描述统计→描述(D)"命令,打开"描述性"对话框,如图 3-1-1 所示。

---

① 数据文件 3-1. sav 源自郝黎仁、樊元和郝哲欧等编著的《SPSS 实用统计分析》(中国水利水电出版社,2003)第 2 章。

图 3-1-1 "描述性"对话框

（3）在"描述性"对话框中，从左边源变量列表中选择"月基本工资"移入右边的"变量（V）"框中，如图 3-1-2 所示。

图 3-1-2 "变量（V）"框

（4）点击"选项（O）"按钮，在"描述：选项"对话框中选择"均值（M）"、"标准差（T）"、"方差"、"范围"、"最小值"、"最大值"和"均值的标准误（E）"、"峰度"和"偏度"，如图 3-1-3 所示。

图 3-1-3 "描述：选项"

单击"继续"按钮,返回"描述性"对话框。

(5)在"描述性"对话框中单击"确定"按钮,提交系统运行。得到男女全体职工月基本工资的情况。

(6)对数据文件 3-1.sav 执行"数据(D)→选择个案"命令,打开"选择个案"对话框,如图 3-1-4 所示。

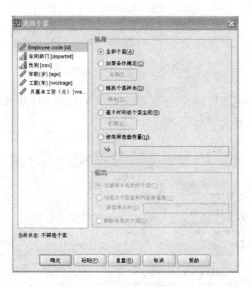

图 3-1-4 选择个案

在"选择个案"对话框的"选择"栏中,选择"如果条件满足(C)"项目(图 3-1-5),点击下面的"如果(I)"按钮,打开"选择个案:If"对话框,如图 3-1-6 所示。

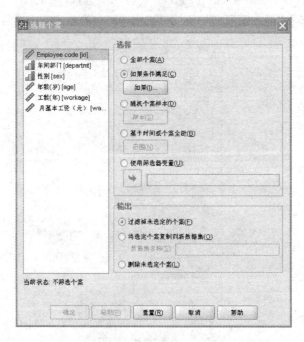

图 3-1-5 "选择个案:选择"

图 3-1-6　"选择个案:if"

在"选择个案:If"对话框右上的空白框中,输入"sex＝1"或"sex＝0",如图 3-1-7 所示。

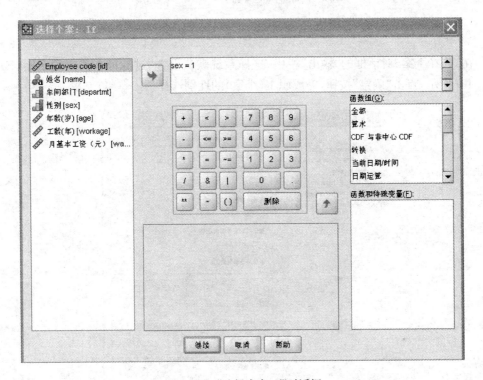

图 3-1-7　"选择个案:if"对话框

在"选择个案:If"对话框中,点击下方的"继续"按钮,返回"选择个案"对话框,如图 3-1-8 所示。

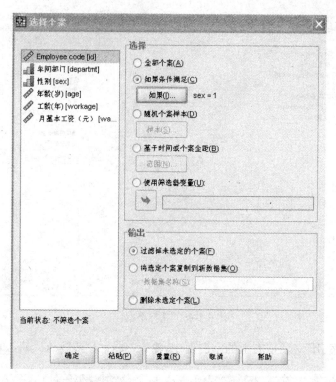

图 3-1-8 "选择个案:选择"对话框

　　在"选择个案"对话框的"输出"栏中,选择系统默认设置"过滤掉未选定的个案(F)"如图 3-1-9 所示,点击"确定"按钮,完成职工(个案)的性别选择。

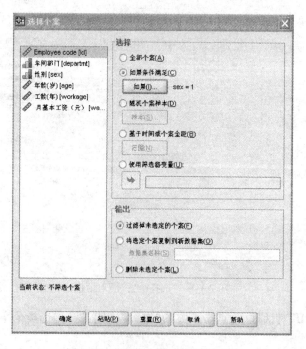

图 3-1-9 "选择个案:选择"对话框

执行上(1)～(6)的步骤。分别得到男职工和女职工的月基本工资情况。

【实验结果与分析】

男女职工、男职工和女职工的月基本工资的情况(均值(及标准误)、中位数和众数;全距(及最大值和最小值)、方差和标准差;峰度和偏度),分别列于表 3-1-1、表 3-1-2 和表 3-1-3。

表 3-1-1 职工月基本工资描述统计量

	N	全距	极小值	极大值	均值		标准差	方差	偏度		峰度	
	统计量	统计量	统计量	统计量	统计量	标准误	统计量	统计量	统计量	标准误	统计量	标准误
月基本工资 (元)	429	350.00	200.00	550.00	346.56	3.89	80.57	6491.97	0.38	0.12	−0.67	0.24
有效的 N (列表状态)	429											

表 3-1-2 男职工月基本工资描述统计量

	N	全距	极小值	极大值	均值		标准差	方差	偏度		峰度	
	统计量	统计量	统计量	统计量	统计量	标准误	统计量	统计量	统计量	标准误	统计量	标准误
月基本工资 (元)	301	350.00	200.00	550.00	361.23	4.70	81.46	6635	0.19	0.14	−0.71	0.28
有效的 N (列表状态)	301											

表 3-1-3 女职工月基本工资描述统计量

	N	全距	极小值	极大值	均值		标准差	方差	偏度		峰度	
	统计量	统计量	统计量	统计量	统计量	标准误	统计量	统计量	统计量	标准误	统计量	标准误
月基本工资 (元)	128	308.00	200.00	508.00	312.08	5.93	67.06	4497.13	0.79	0.21	−0.13	0.43
有效的 N (列表状态)	128											

【实验总结】

基本描述统计通过对样本数据的集中趋势(均值(及标准误)、中位数和众数)、离散趋势(全距(及最大值和最小值)、方差和标准差)和分布形态(峰度和偏度)的分析,可以使研究者清晰地把握数据的分布特点。

【实验作业】

3.1.1 根据实验结果的表 3-1-2 与表 3-1-3 对男女职工的月基本工资情况进行比较分析。

3.1.2 运用数据文件 3-1.sav,对不同部门男、女职工的月基本工资情况进行描述统计和比较分析。

实验二　频数分析

【实验目的】

1. 了解变量取值(数据)的分布情况;
2. 判断样本的代表性及抽样的系统偏差;
3. 学习运用频数分析方法解决实际问题。

【知识准备】

频数是同一数据或同一事件出现的次数。频数分析可以用来考察数据值的分布状况,即变量取值的分布情况,使研究者对所研究随机变量的变化特征有更加深入的了解。(1)频数的概念;(2)频数分布表和频数分布图的概念;(3)SPSS 频数分析的操作方法。

【实验内容】

运用数据文件 3-1. sav[①],对机械厂各部门职工人数进行统计,输出频数分布表和条形图。

【实验步骤】

(1)打开数据文件 3-1. sav。
(2)执行"分析(A)→描述统计→频率(F)"命令,打开"频率(F)"对话框(图 3-2-1)。

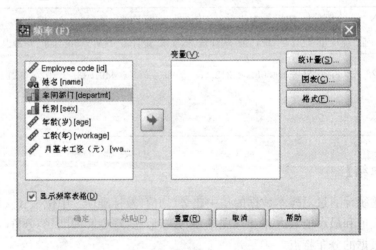

图 3-2-1　"频数(F)"对话框

(3)在"频率(F)"对话框中,从左边源变量列表中选择"车间部门"移入右边的"变量

---

①　数据文件 3-1. sav 源自郝黎仁、樊元和郝哲欧等编著的《SPSS 实用统计分析》(中国水利水电出版社,2003)第 2 章。

（V）"下面的空白框中；选择左下方的系统默认设置，在"显示频率表格（D）"前面的空框中打
"√"，如图 3-2-2 所示。

图 3-2-2　"频数（F）：变量"对话框

（4）在"频率（F）"对话框中点击"图表（C）"按钮，打开"频率：图表"对话框，在"图表类型"下的选项中选择"条形图（B）"，在"图表值"下面的选项中选择选择系统默认设置"频率（F）"，如图 3-2-3 所示。

图 3-2-3　"频数：图表"对话框

点击"继续"按钮，返回"频率（F）"对话框。

（5）在"频率（F）"对话框中，单击"确定"按钮，提交系统运行。得到各部门职工人数统计的频数表和条形图。

【实验结果与分析】

实验结果见表 3-2-1、表 3-2-2 和图 3-2-4。

表 3-2-1　车间部门统计量

N	有效	429
	缺失	0
百分位数	25	1.00
	50	2.00
	75	4.00

表 3-2-2　各车间部门统计量

		频数	百分比	有效百分比	累计百分比
有效	行政管理机关	44	10.3	10.3	10.3
	机加工车间	126	29.4	29.4	39.6
	维修车间	58	13.5	13.5	53.1
	铸造车间	47	11.0	11.0	64.1
	装配车间	72	16.8	16.8	80.9
	动力车间	28	6.5	6.5	87.4
	精密铸造车间	21	4.9	4.9	92.3
	汽车队	10	2.3	2.3	94.6
	后勤	23	5.4	5.4	100.0
	合计	429	100.0	100.0	

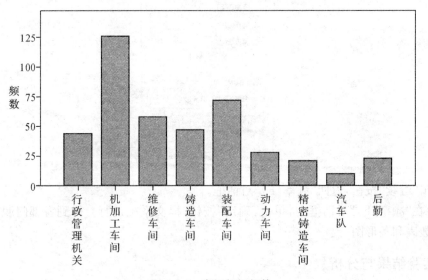

图 3-2-4　车间部门频数

【实验总结】

频数分析是对相同个案的数量或同一事件重复出现的次数,进行分类统计的基本统计方法。运用频数分析,可以使研究者从总体上把握总体或样本中个案的分类或分组分布情况。

【实验作业】

3.2.1　根据表 3-2-1、表 3-2-2 和图 3-2-4,对机械厂各部门职工人数进行统计分析。

3.2.2　运用数据文件 3-1. sav,先将职工月平均工资按[200,300]、[301,400]、[401,500]、[501,550]分为四等,再运用频数分析方法对各工资等级中职工总人数、男职工人数和女职工人数进行统计分析。

实验三　数据探索

【实验目的】

1. 了解数据探索的功能与统计原理;
2. 掌握 SPSS 数据探索的操作方法;
3. 学习通过数据探索,了解数据分布基本特征,识别数据中的界外值和极端值。

【知识准备】

SPSS 的数据探索通过绘制茎叶图和箱图,对数据的频数分布情况进行较为细致的考察,识别出极端值、界外值和奇异值,以及错误的数据,决定在对数据进行更为深入的分析前的处理方案;通过正态性检验,判断数据是否服从正态分布,以便决定是否使用只适用于服从正态分布的数据的分析方法;通过方差齐性检验,决定拒绝或不拒绝方差齐性假设,从而决定采用方差齐性或方差不齐性的假设条件下得出的数据处理结果。

【实验内容】

运用数据文件 3-1. sav[①],对机械厂男职工和女职工的工龄分布进行频数分析。人数进行统计,输出频数分布表和条形图。

【实验步骤】

(1)打开数据文件 3-1. sav。

(2)执行"分析(A)→描述统计→探索(E)"命令,打开"探索"对话框,如图 3-3-1 所示。

---

① 　数据文件 3-1. sav 源自郝黎仁、樊元和郝哲欧等编著的《SPSS 实用统计分析》(中国水利水电出版社,2003)第 2 章。

图 3-3-1 "探索"对话框

(3)在"探索"对话框中,从左边源变量列表中选择"工龄(年)"、"性别"和"Employee code(id)",分别移入右边的"因变量列表(D)"、"因子列表(F)"和"标注个案(C)"下面的空白框中;"输出"栏下选择"图"选项,如图 3-3-2 所示。

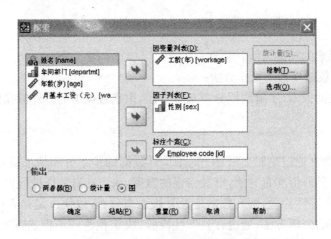

图 3-3-2 "探索:因变量列表"对话框

(4) 在"探索"对话框中点击"统计量(S)"按钮,选择"探索:统计量"对话框中的系统默认设置,如图 3-3-3 所示。

图 3-3-3 "探索:统计量"对话框

点击"继续"返回"探索"对话框。

（5）在"探索"对话框中点击"绘制(T)"按钮,选择"探索:图"对话框中的默认系统设置,如图 3-3-4 所示。

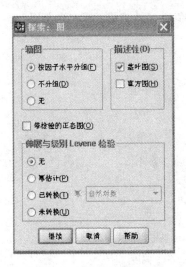

图 3-3-4 "探索:图"对话框

点击"继续"返回"探索"对话框。

（6）在"探索"对话框中点击"选项(O)"按钮,选择"探索:选项"对话框中的默认系统设置,如图 3-3-5 所示。

图 3-3-5 "探索:选项"对话框

点击"继续"返回"探索"对话框。

（7）在"探索"对话框中,点击"确定"按钮,提交系统运行。得到男职工和女职工龄分布的统计量和图（茎叶图和箱图）。

【实验结果与分析】

实验结果见表 3-3-1、图 3-3-6、图 3-3-7 和图 3-3-8。

（1）描述性统计

表 3-3-1　不同性别的工龄描述性统计

	性别			统计量	标准误
工龄(年)	女	均值		11.45	0.746
		均值的 95% 置信区间	下限	9.97	
			上限	12.92	
		5% 修整均值		10.82	
		中值		10.00	
		方差		71.273	
		标准差		8.442	
		极小值		1	
		极大值		52	
		范围			51
		四分位距		13	
		偏度		1.245	0.214
		峰度		3.154	0.425
	男	均值		16.74	0.600
		均值的 95% 置信区间	下限	15.56	
			上限	17.92	
		5% 修整均值		16.19	
		中值		17.00	
		方差		108.333	
		标准差		10.408	
		极小值		1	
		极大值		89	
		范围		88	
		四分位距		12	
		偏度		1.907	0.140
		峰度		10.857	0.280

(2) 茎叶图

工龄(年) Stem-and-Leaf Plot for
sex=女

Frequency　　　　　　　　Stem & Leaf

14.00　　　　　　　　　　0.11111111111111

9.00	0. 222233333
13.00	0. 4444455555555
13.00	0. 6666777777777
11.00	0. 88888888999
11.00	1. 00000000111
14.00	1. 22222222233333
5.00	1. 44555
5.00	1. 66667
12.00	1. 888899999999
7.00	2. 0001111
8.00	2. 22222333
0.00	2.
0.00	2.
2.00	2. 88
1.00	3. 0
2.00	3. 23
1.00 Extremes	（＞＝52）

Stem width：　　　10

Each leaf：　　　1 case(s)

图 3-3-6　女性工龄茎叶图

工龄（年）Stem-and-Leaf Plot for

sex＝男

Frequency	Stem & Leaf
31.00	0. 1111111111111111122222222222233334
37.00	0. 5566666666666777777777777788888888899999
60.00	1. 0000000000011111112222222222222222222222223333333333333333444
64.00	1 . 5555555555555555556666777777777777788888888888888899999999999999999999
58.00	2. 0000000000000000011111111222222222222222233333333333344444444
28.00	2. 5555566777777777777788888888999
12.00	3. 000001222344
7.00	3. 5566778
2.00	4. 00
2.00 Extremes	（＞＝80）

Stem width：　　　10

Each leaf：　　　1 case(s)

图 3-3-7　男性工龄茎叶图

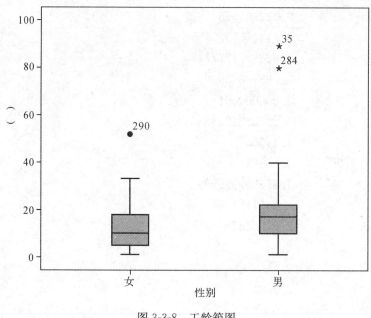

图 3-3-8 工龄箱图

【实验总结】

SPSS 的数据探索主要运用茎叶图和箱图,简明直观地表示总体或样本中种类别或分组中个案的分布频数。它能够帮助研究者把握数据的分布情况,发现数据的错误或异常情况。数据探索能够适用于个案数量不是很大的总体或样本的分析。

【实验作业】

3.3.1 根据表 3-3-1、图 3-3-6、图 3-3-7 和图 3-3-8,对机械厂男职工和女职工的工龄分布进行分析。

3.3.2 运用数据文件 3-1. sav,对机械厂各部门职工的工龄分布进行数据探索。

实验四 交叉表

【实验目的】

1. 了解交叉表的结构和用途,熟悉交叉表中行、列和层的意义和构造方法;
2. 熟练掌握 SPSS 交叉表分析的操作方法;
3. 学习运用交叉表进行联合频数分布分析。

【知识准备】

1. 交叉表(列联表)

考察数据在两个或两个以上的因素上的联合频数分布——二维交叉表或多维交叉表,

并可进一步对变量间的两两相关性进行分析。SPSS 交叉表分析相关性的方法是卡方统计检验、列联系数(Contingency coefficient)和 ψ 系数(Phi and Crame's V)。

2.卡方统计检验

用于检验行变量与列变量之间是否相关。

$$\chi^2 = \sum \frac{(f_0 - f_e)^2}{f_e} \tag{3-4-1}$$

f_0 和 f_e 分别为观测频数和期望频数。

列联系数用于名义变量之间的相关系数计算。

$$C = \sqrt{\frac{\chi^2}{\chi^2 + N}} \tag{3-4-2}$$

χ^2 和 N 分别为卡方统计量和总体中的个数。

ψ 系数用于名义变量之间的相关系数计算。

$$V = \sqrt{\frac{\chi^2}{N(K-1)}} \tag{3-4-3}$$

χ^2、N 和 K 分别为卡方统计量、总体中的个数和行数与列数中较小的数。

3.P-P 图与 Q-Q 图

P-P 图和 Q-Q 图都用于检验数据是否服从指定(假设)的分布,两者图形绘制的方法不同。

P-P 图是根据变量的累积比例与指定分布的累积比例之间的关系绘制的图形。它可以用于检验数据是否服从指定的分布。数据符合指定的分布时,P-P 图中的点近似构成直线。P-P 图中的点不构成直线但呈现规律性时,可以通过数据转换,使转换后的数据接近指定分布。

Q-Q 图是用变量数据分布的分位数与指定分布的分位数之间的关系曲线进行数据检验的。

【实验内容】

对数据文件 3-2.sav[①] 中的雇员薪金按 $\leqslant 30000$、$[30001, 50000]$、$[50001, 80000]$、$[80001, 100000]$ 和 >100000 的标准进行分为 1～5 级,用交叉表统计各薪级中不同性别和不同工作类别的雇员的数量。

【实验步骤】

(1)打开数据文件 3-2.sav。

(2)执行"转换(T)→重新编码为不同变量(R)"命令,打开"重新编码为其他变量"对话框,如图 3-4-1 所示。

---

① 数据文件 3-2.sav 源自卢纹岱主编的《SPSS for Windows 统计分析》第 3 版(电子工业出版社 2007)(数据文件 data05-04.sav)。

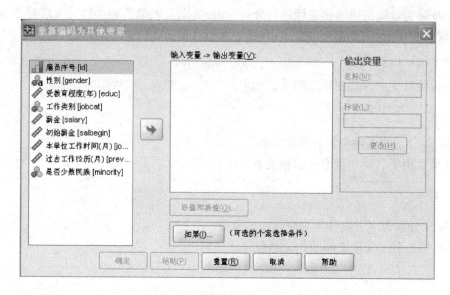

图 3-4-1 重新编码为其他变量

在"重新编码为其他变量"对话框的源变量列表中选择"薪金"移入"输入变量→输出变量(V)"下面的空白框中；在"输出变量"栏下的"名称(N)"框中输入新变量名(sgrade)，"标签(L)"框中输入新变量标签(薪金等级)，点击"更改(H)"按钮，如图 3-4-2 所示。

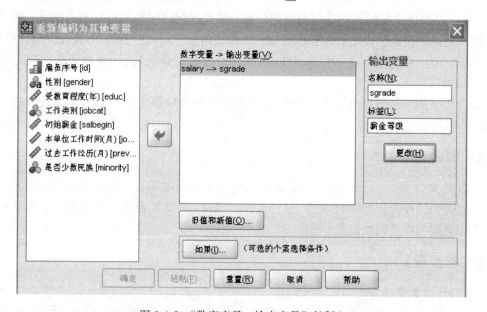

图 3-4-2 "数字变量—输出变量"对话框

点击"旧值和新值(O)"按钮，打开"重新编码到其他变量：旧值和新值"对话框，如图 3-4-3所示。

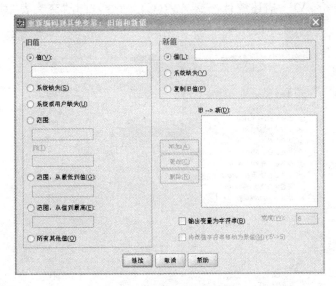

图 3-4-3 “旧值和新值”对话框

在“重新编码到其他变量:旧值和新值”对话框中,在左边“旧值”栏中选择相应的选项(如“范围,从最低到值(G)”),在下面的空白框中输入薪金五个等级区间(≤30000、[30001,50000]、[50001,80000]、[80001,100000] 和>100000)的相应数字(如“30000”),在右边“新值”栏下的“值(L)”后的空白框中输入对应的等级数字(如“1”)后,点击“添加(A)”。

在“重新编码到其他变量:旧值和新值”对话框中,点击“继续”按钮,返回“重新编码到其他变量”对话框。

在“重新编码到其他变量”对话框中,点击“确定”按钮,完成“薪金”变量向“薪金等级”变量的转换,如图 3-4-4 所示。

	id	gender	educ	jobcat	salary	salbegin	jobtime	prevexp	minority	sgrade
1	1	m	15	3	$57,000	$27,000	98	144	0	3.00
2	2	m	16	1	$40,200	$18,750	98	36	0	2.00
3	3	f	12	1	$21,450	$12,000	98	381	0	1.00
4	4	f	8	1	$21,900	$13,200	98	190	0	1.00
5	5	m	15	1	$45,000	$21,000	98	138	0	2.00
6	6	m	15	1	$32,100	$13,500	98	67	0	2.00
7	7	m	15	1	$36,000	$18,750	98	114	0	2.00
8	8	f	12	1	$21,900	$9,750	98	0	0	1.00
9	9	f	15	1	$27,900	$12,750	98	115	0	1.00
10	10	f	12	1	$24,000	$13,500	98	244	0	1.00
11	11	f	16	1	$30,300	$16,500	98	143	0	2.00
12	12	m	8	1	$28,350	$12,000	98	26	1	1.00
13	13	m	15	1	$27,750	$14,250	98	34	1	1.00
14	14	f	15	1	$35,100	$16,800	98	137	1	2.00
15	15	m	12	1	$27,300	$13,500	97	66	0	1.00
16	16	m	12	1	$40,800	$15,000	97	24	0	2.00
17	17	m	15	1	$46,000	$14,250	97	48	0	2.00
18	18	m	16	3	$103,750	$27,510	97	70	0	5.00
19	19	m	12	1	$42,300	$14,250	97	103	0	2.00
20	20	f	12	1	$26,250	$11,550	97	48	0	1.00
21	21	f	16	1	$38,850	$15,000	97	17	0	2.00
22	22	m	12	1	$21,750	$12,750	97	315	1	1.00
23	23	f	15	1	$24,000	$11,100	97	75	1	1.00
24	24	f	12	1	$16,950	$9,000	97	124	1	1.00

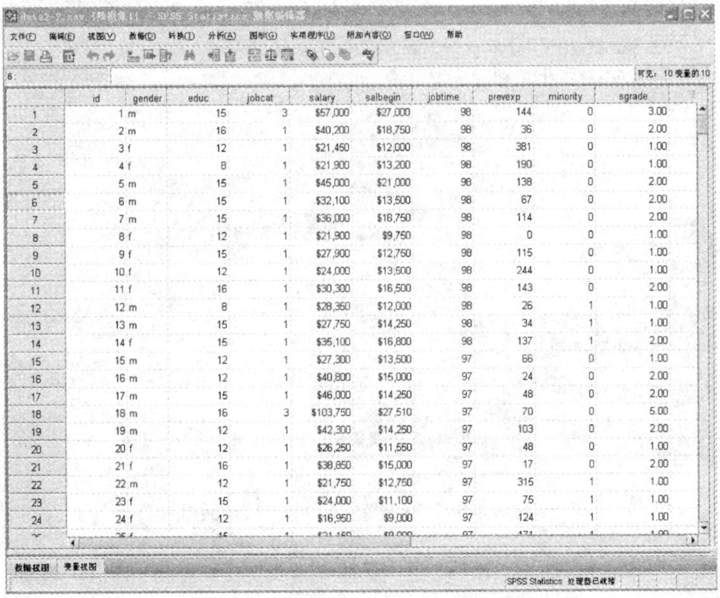

图 3-4-4 变量重新编码结果

（3）执行"分析(A)→描述统计→交叉表(C)"命令，打开"交叉表"对话框，如图 3-4-5 所示。

图 3-4-5　"交叉表"对话框

（4）在"交叉表"对话框中，从左边源变量列表中选择"性别"、"薪金等级"和"工作类别"，分别移入右边的"行(s)"、"列(C)"和"层 1 的 1"后面的空白框中，如图 3-4-6 所示。

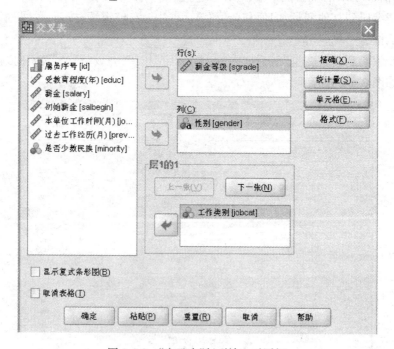

图 3-4-6　"交叉表"行列输入对话框

（5）在"交叉表"对话框中，点击"确定"按钮，提交系统运行，得出"**性别 ＊ 薪金等级 ＊ 工作类别**"三维交叉表。

【实验结果与分析】

运用交叉表统计不同薪金等级中不同工作类别和不同性别的职工人数,结果汇总于表 3-4-1 中。

表 3-4-1 性别 * 薪金等级 * 工作类别 交叉制表

工作类别			薪金等级					合计
			1.00	2.00	3.00	4.00	5.00	
职员	性别	女	176	28	2			206
		男	80	73	4			157
	合计		256	101	6			363
保管员	性别	男	7	20				27
	合计		7	20				27
经理	性别	女		6	4	0	0	10
		男		13	48	9	4	74
	合计			19	52	9	4	84

上面的交叉表是职工人数(频数)在薪金等级、性别和工作类别三个变量中的联合分布。它不仅给出了职工在三个变量上的联合频数分布,而且给出了职工在三个变量中任意两两的联合频数分布。

采用三个二维交叉表(性别 * 薪金等级、工作类别 * 薪金等级、薪金等级 * 工作类别)的方式也可以达到本实验的分析目的,但表达效果显然没有上面的三维交叉表好。

【实验总结】

交叉表分析是对总体或样本中的个案,满足或具备两个或两个以上的条件的联合频数分析。它可以用于考察个案在多个因素(条件)上的分布情况,便于进一步分析样本中数据的相关性或因素的交互效应。

【实验作业】

3.4.1 根据表 3-4-1,分析说明不同薪金等级中不同工作类别和不同性别的职工人数。

3.4.2 运用数据文件 3-2.sav,对不同受教育程度、不同薪金等级和不同性别的职工人数进行交叉表分析。

第 4 章

参数检验

 本章学习目标

- ☛理解参数检验的基本思想与原理；
- ☛掌握参数检验的实验目的、实验内容和实验步骤；
- ☛掌握实验结果的统计分析；
- ☛了解参数检验在经济管理数据分析中的应用。

当总体数据无法全部收集到，或者在某些情况下虽然总体数据可以收集到但很费时、费力而且花费很大时，人们就需要通过对样本数据的研究来推断总体的统计特征。对总体特征的推断一般包括参数估计和假设检验两大类，其核心原理基本类似。

假设检验是统计推断的重要组成部分之一，即利用样本信息来对总体特征进行某种推断。其基本原理是首先对总体参数值提出假设，然后从总体中随机抽取样本构造适当的统计量来检验提出的假设是否成立。如果样本数据不能充分证明和支持假设，则在一定的概率条件下，应拒绝该假设；相反，如果样本数据不能够充分证明和支持假设不成立，则不能推翻假设成立的合理性和真实性。假设检验推断过程所依据的基本原理是小概率事件，即发生概率很罕见的随机事件在某一次特定的试验中是几乎不可能发生的。假设检验包括一个总体参数的假设检验和两个总体的假设检验。

实验一　单一样本 t 检验

【实验目的】

1. 明确单一样本 t 检验有关的概念；
2. 理解单一样本 t 检验的基本思想与原理；
3. 熟练掌握单一样本 t 检验的方法；
4. 能用 SPSS 软件进行单一样本 t 检验；
5. 培养运用单一样本 t 检验解决身边实际问题的能力。

【准备知识】

1. 单一样本 t 检验定义

单一样本 t 检验是检验某个总体均值和某指定值之间在统计上是否存在显著性差异，它是对总体均值的假设检验。

2. 单一样本 t 检验基本原理和步骤

(1)提出原假设。单一样本 t 检验的原假设 H_0：总体均值与检验值之间不存在显著差异，即 $H_0: \mu = \mu_0$，μ 为总体均值，μ_0 为检验值。

(2)选择检验统计量。当总体分布为正态分布 $N(\mu, \sigma^2)$ 时，样本均值 $\overline{X}$ 的抽样分布仍是正态分布，该正态分布的均值为 μ，方差为 $\dfrac{\sigma^2}{n}$，其中 μ 为总体均值，σ^2 为总体方差，n 为样本容量。总体分布不服从正态分布时，当样本容量 n 较大时，由中心极限定理可知样本均值也近似服从正态分布。当总体方差已知时，可构造 Z 统计量：

$$Z = \frac{\overline{X} - \mu}{\sqrt{\dfrac{\sigma^2}{n}}} \tag{4-1-1}$$

Z 统计量服从标准正态分布。当总体方差未知时，用样本方差代替总体方差，可构造 t 统计量：

$$t = \frac{\overline{X} - \mu}{\sqrt{\dfrac{s^2}{n}}} \tag{4-1-2}$$

其中 s^2 为样本方差。

用 μ_0 代换上面公式中的 μ，t 统计量服从自由度为 $n-1$ 的 t 分布。单一样本 t 检验的检验统计量即为 t 统计量。

(3)计算检验统计量的观测值和伴随概率 p（SPSS 用 Sig. 表示）值。SPSS 会根据样本信息自动计算出 t 统计量的观测值，并根据 t 分布表给出相应的伴随概率 p 值。

(4)给出显著性水平 α，并做出判断。对给定的显著性水平 α，与检验统计量相对应的 p 值进行比较。如果 p 值小于显著性水平 α，则拒绝原假设，认为总体均值与检验值之间存在显著差异；反之，如果 p 值大于显著性水平 α，则不能拒绝原假设，认为总体均值与检验值之间无显著性差异。

【实验内容】

某省 2010 年 25 个旅游区的游客增长率、旅游投资、资金的投资来源、投资类型、经济增长率见表 4-1-1（基本数据 4-1.sav）。试分析该省 2010 年旅游投资与 2009 年旅游投资的均值 1480 万元是否有显著性差异？

表 4-1-1 某省游客增长率相关数据表

旅游区号	旅游投资(万元)	投资来源	投资类型	游客增长率(%)	经济增长率(%)
1	1636	东部	餐饮	4.62	2.75
2	1465	西部	餐饮	3.35	2.50
3	1562	中部	景区设施	3.71	2.75
4	1564	东部	景区设施	3.55	2.00
5	1655	东部	景区设施	4.95	3.00
6	1350	中部	餐饮	2.76	1.25
7	1530	中部	餐饮	4.10	2.75
8	1520	中部	餐饮	3.20	1.75
9	1605	西部	景区设施	4.72	2.25
10	1530	东部	景区设施	3.20	1.75
11	1476	中部	景区设施	4.05	2.00
12	1575	中部	景区设施	4.33	2.25
13	1430	西部	餐饮	3.15	1.75
14	1499	西部	餐饮	3.39	2.25
15	1608	东部	餐饮	4.04	2.75
16	1590	东部	餐饮	3.85	2.25
17	1582	东部	景区设施	3.75	2.00
18	1445	中部	景区设施	3.47	2.25
19	1546	中部	景区设施	3.95	2.50
20	1565	中部	餐饮	3.20	1.75
21	1351	中部	餐饮	3.20	1.75
22	1399	西部	餐饮	3.04	1.75
23	1497	西部	景区设施	3.10	1.50
24	1450	西部	景区设施	3.30	2.50
25	1485	中部	景区设施	3.72	2.25

【实验步骤】

单一样本 t 检验由 SPSS 17.0 的比较均值过程中的单样本 T 检验子过程实现。下面以案例说明单一样本 t 检验的单样本 T 检验子过程的基本操作步骤。

(1) 准备工作。在 SPSS 17.0 中打开数据文件 4-1.sav,通过选择"文件—打开"命令将数据调入 SPSS 17.0 的工作文件窗口,如图 4-1-1 所示。

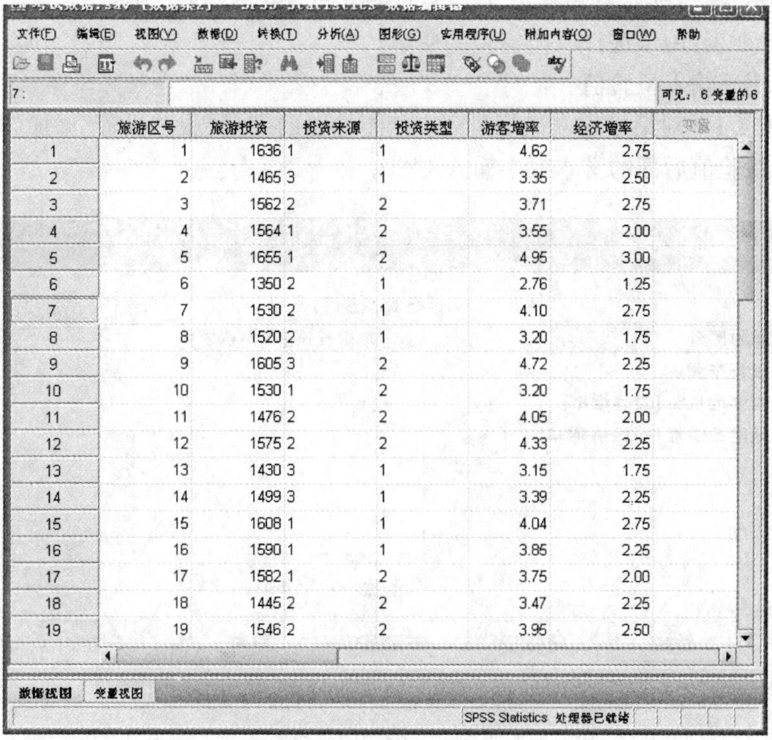

	旅游区号	旅游投资	投资来源	投资类型	游客增率	经济增率
1	1	1636	1	1	4.62	2.75
2	2	1465	3	1	3.35	2.50
3	3	1562	2	2	3.71	2.75
4	4	1564	1	2	3.55	2.00
5	5	1655	1	2	4.95	3.00
6	6	1350	2	1	2.76	1.25
7	7	1530	2	1	4.10	2.75
8	8	1520	2	1	3.20	1.75
9	9	1605	3	2	4.72	2.25
10	10	1530	1	2	3.20	1.75
11	11	1476	2	2	4.05	2.00
12	12	1575	2	2	4.33	2.25
13	13	1430	3	1	3.15	1.75
14	14	1499	3	1	3.39	2.25
15	15	1608	1	1	4.04	2.75
16	16	1590	1	1	3.85	2.25
17	17	1582	1	2	3.75	2.00
18	18	1445	2	2	3.47	2.25
19	19	1546	2	2	3.95	2.50

图 4-1-1　旅游投资数据文件

(2)依次选择“分析—比较均值—单样本 T 检验”命令，打开 t 检验对话框，如图 4-1-2 所示。

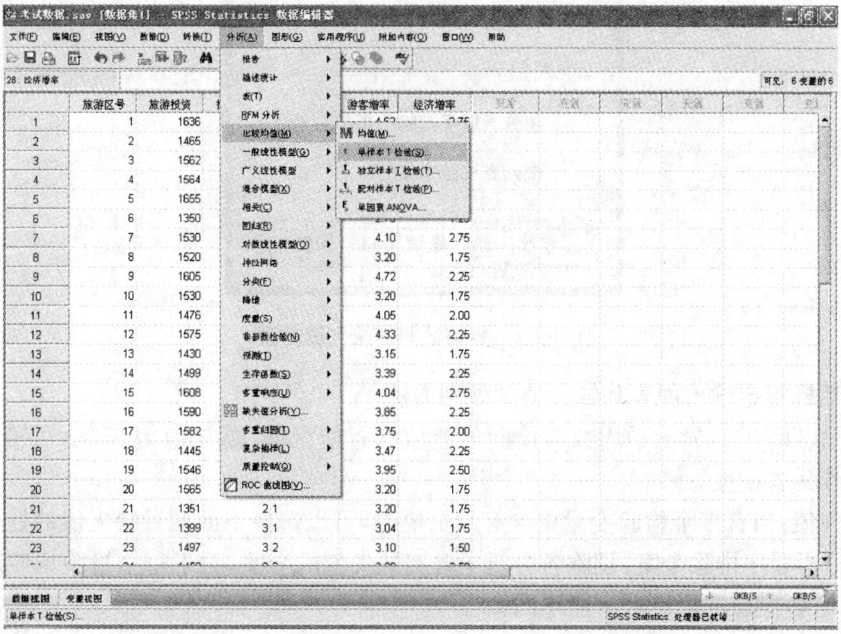

图 4-1-2　“均值比较:单个样本 T 检验(S)”对话框

(3)在如图 4-1-3 所示的单样本 T 检验对话框中,相关内容介绍如下:

检验变量列表:用于选择所需检验的变量。

检验值:用于输入检验值。

本例在图 4-1-3 对话框左端的变量列表将要检验的变量"旅游投资"添加到右边的检验变量列表中,检验值后面的文本框中输入 1480。

图 4-1-3   选入检验变量

(4)单击"选项"按钮定义其他选项,出现如图 4-1-4 所示对话框。

图 4-1-4   置信区间与缺失值处理

该对话框指定输出内容和缺失值的处理方法。

● 置信区间(C):显示平均数与检验值差值的置信区间,默认值为 95%,可输入 1～99 间的数值作为置信度。

● 缺失值:当有多个检验变量中含有缺失值时,可以选择下面两种缺失值的处理方法:

➢按分析顺序排除个案:剔除各分析中含有缺失值的个案,对于每个检验均使用所有有效个案(A),各检验的样本数可能不同。

➢按列表排除个案(L):剔除含有缺失值的全部个案,所有检验变量均为有效值的个案才参与分析,所有检验的样本数相等。

本例选择 SPSS 系统默认。

(5)单击"继续"按钮,返回单样本 T 检验对话框,单击"确定"按钮,SPSS 自动完成计算。SPSS 结果输出窗口查看器就会给出所需要的结果。

【实验结果与分析】

由结果 4-1-2 和结果 4-1-3 可以看出,25 个地区旅游投资的平均值为 1516.6 万元,标准差为 82.314,均值误差为 16.463;本例中的检验值为 1480 万元,样本均值和检验值差为 36.6,差分的 95％的置信区间为(2.62,70.58),表示 95％的样本差值在该区间。计算得到的 $t=2.223$,相应的伴随概率 Sig. $=0.036$,小于显著性水平 0.05,则拒绝原假设,可以认为该省 2010 年旅游投资与 2009 年旅游投资的均值 1480 万元相比较,有显著性差异。

表 4-1-2　单个样本统计量

	N	均值	标准差	均值的标准误
旅游投资	25	1516.60	82.314	16.463

表 4-1-3　单个样本检验

	检验值=1480					
	t	df	Sig.(双侧)	均值差值	差分的 95％置信区间 下限	置信区间 上限
旅游投资	2.223	24	0.036	36.600	2.62	70.58

【实验总结】

1. 假设检验是关于总体参数的统计推断方法,原假设和备择假设在假设检验中的地位是不对称的。假设检验所构造的检验统计量的分布是基于原假设的,备择假设对立于原假设而设置,一般直观上被数据所支持。最终判断需要看检验统计量所取得的观测值,或更有利于备择假设值的概率而定,这个概率称为伴随概率 p 值。p 值越小就越有理由拒绝原假设。依据小概率原理进行假设检验是合理的,但有时会出现错误。如果原假设成立但被拒绝,称为犯第一类错误;如果原假设不成立但被接受,称为犯第二类错误。

2. 单一样本 t 检验的前提是样本来自的总体应该服从或近似服从正态分布,如果总体分布未知的情况下,则通常采用非参数检验的方法。严格来说,单样本 t 检验都要对总体的正态性进行检验,判断总体是否服从正态分布。

【实验作业】

4.1.1　某品牌洗衣粉生产过程中的设计重量为 500 克,低于这一重量被认为是不合格产品。随机抽取了 10 袋洗衣粉,经过测量的洗衣粉重量数据。假定总体服从正态分布,显著性水平为 0.05,检验该样本结果能否表示该生产过程运作正常?(基本数据见 4-2.sav,洗衣粉重量)

4.1.2　我国 2011 年城镇单位就业人员年平均工资为 41047.1 元,浙江省 11 座城市城镇单位就业人员年平均工资如数据 4-3. sav 所示,假定总体服从正态分布,显著性水平为 0.05,检验浙江城镇单位就业人员年平均工资和全国年平均工资水平是否有显著性差异(基本数据见 4-3. sav)。

实验二　两独立样本 t 检验

【实验目的】

1. 明确两独立样本 t 检验有关的概念;
2. 理解两独立样本 t 检验的基本思想与原理;
3. 熟练掌握两独立样本 t 检验的方法;
4. 能用 SPSS 软件进行两独立样本 t 检验;
5. 培养运用两独立样本 t 检验解决实际问题的能力。

【准备知识】

1. 两独立样本 t 检验定义

所谓两独立样本是指两个样本之间彼此独立没有任何关联,两个独立样本各自接受相同的测量。两独立样本 t 检验是利用来自两个总体的独立样本,推断两个总体的均值是否存在显著差异。

2. 两独立样本 t 检验前提条件

(1)两个样本应该是互相独立的,即从一总体中抽取的样本对从另外一个总体中抽取的样本没有任何影响,两组样本个案数目可以不同,个案顺序可以随意调整。

(2)样本来自的两个总体应该服从正态分布。

3. 两独立样本 t 检验基本原理和步骤

(1)提出原假设。两独立样本 t 检验的原假设 H_0:两总体均值无显著性差异,即 H_0: $\mu_1 - \mu_2 = 0$,其中 μ_1、μ_2 分别为第一个和第二个总体的均值。

(2)选择检验统计量。当两总体分布为正态分布分别为 $N(\mu_1, \sigma_1^2)$ 和 $N(\mu_2, \sigma_2^2)$ 时,样本均值差 $\overline{X}_1 - \overline{X}_2$ 的抽样分布仍是正态分布,该正态分布的均值为 $\mu_1 - \mu_2$,方差为 σ_{12}。

当两总体方差未知且相同的情况下,即 $\sigma_1^2 = \sigma_2^2$,采用合并的方差作两个总体方差的估计,即:

$$S_p^2 = \frac{(n_1 - 1)S_1^2 + (n_2 - 1)S_2^2}{n_1 + n_2 - 1} \tag{4-2-1}$$

其中 S_1^2、S_2^2 分别为第一组和第二组样本的样本方差,n_1、n_2 分别为第一组和第二组的样本容量。此时两样本均值差的抽样分布的方差 $\sigma_{12}^2 = \frac{S_p^2}{n_1} + \frac{S_p^2}{n_2}$。构造的 t 统计量计算公式为:

$$t = \frac{(\overline{X}_1 - \overline{X}_2) - (\mu_1 - \mu_2)}{\sqrt{\dfrac{S_p^2}{n_1} + \dfrac{S_p^2}{n_2}}} \qquad (4\text{-}2\text{-}2)$$

由于 $\mu_1 - \mu_2 = 0$(原假设),所以可以略去。这里的 t 统计量服从自由度为 $n_1 + n_2 - 2$ 的 t 分布。

当两总体方差未知且不同的情况下,即 $\sigma_1^2 \neq \sigma_2^2$,分别用样本方差代替总体方差,此时两样本均值差的抽样分布的方差为 $\sigma_{12}^2 = \dfrac{S_p^2}{n_1} + \dfrac{S_p^2}{n_2}$。定义 t 统计量的计算公式为:

$$t = \frac{(\overline{X}_1 - \overline{X}_2) - (\mu_1 - \mu_2)}{\sqrt{\dfrac{S_1^2}{n_1} + \dfrac{S_2^2}{n_2}}} \qquad (4\text{-}2\text{-}3)$$

$\mu_1 - \mu_2 = 0$ 同样可以略去。这时 t 统计量仍然 t 分布,但自由度采用修正的自由度:

$$f = \frac{\dfrac{S_1^2}{n_1} + \dfrac{S_2^2}{n_2}}{\dfrac{\left(\dfrac{S_1^2}{n_1}\right)^2}{n_1 - 1} + \dfrac{\left(\dfrac{S_2^2}{n_2}\right)^2}{n_2 - 1}} \qquad (4\text{-}2\text{-}4)$$

由此可见,两总体的方差是否相等是决定抽样分布方差的关键,SPSS 采用 Levene F 方法检验两总体均值是否相等。首先计算两个样本的均值,计算每个样本和本组样本均值的差,并取绝对值,得到两组绝对差值序列。然后应用单因素方差分析方法,判断这两组绝对差值序列之间是否存在显著差异,即判断平均离差是否存在显著差异,从而间接判断两组方差是否存在显著差异。

(3)计算检验统计量的观测值和伴随概率 p 值。SPSS 会根据单因素分析的方法计算出 F 值和伴随概率 p 值,以及根据样本信息自动计算出 t 统计量的观测值和对应的伴随概率 p 值。

(4)给出显著性水平 α,检验判断。①方差齐次性检验:给定显著性水平以后,SPSS 会先利用 F 检验判断两总体的方差是否相等,并由此决定抽样分布方差和自由度的计算方法和计算结果。如果 F 检验统计量的伴随概率 p 值小于显著性水平 α,则拒绝两总体方差相等的原假设,认为两总体方差有显著差异,选择两总体方差未知且不同的情况,计算抽样分布的方差和检验统计量。反之,伴随概率 p 值大于显著性水平 α,则不应拒绝两总体方差相等的原假设,认为两总体方差无显著差异。②均值检验:如果 t 检验统计量的伴随概率 p 值大于显著性水平 α,则接受原假设,认为两总体均值不存在显著差异;反之,如果 p 值小于显著性水平 α,则拒绝原假设,认为两总体均值存在显著性差异。

【实验内容】

某省 2010 年 25 个旅游区的游客增长率、旅游投资、资金的投资来源、投资类型、经济增长率见表 4.1(基本数据 4-1. sav)。试分析该省 2010 年不同投资类型(餐饮、景区设置)所对应的旅游投资是否有显著性差异?

【实验步骤】

两独立样本 t 检验由 SPSS 17.0 的比较均值过程中的独立样本 T 检验子过程实现。下面以案例说明两独立样本 t 检验的基本操作步骤。

(1)在 SPSS 17.0 中打开数据文件 4-1. sav,通过选择"文件—打开"命令将数据调入 SPSS 17.0 的工作文件窗口,如图 4-1-1 所示。

(2)选择"分析—比较均值—独立样本 T 检验命令",打开其对话框,如图 4-2-1 所示。

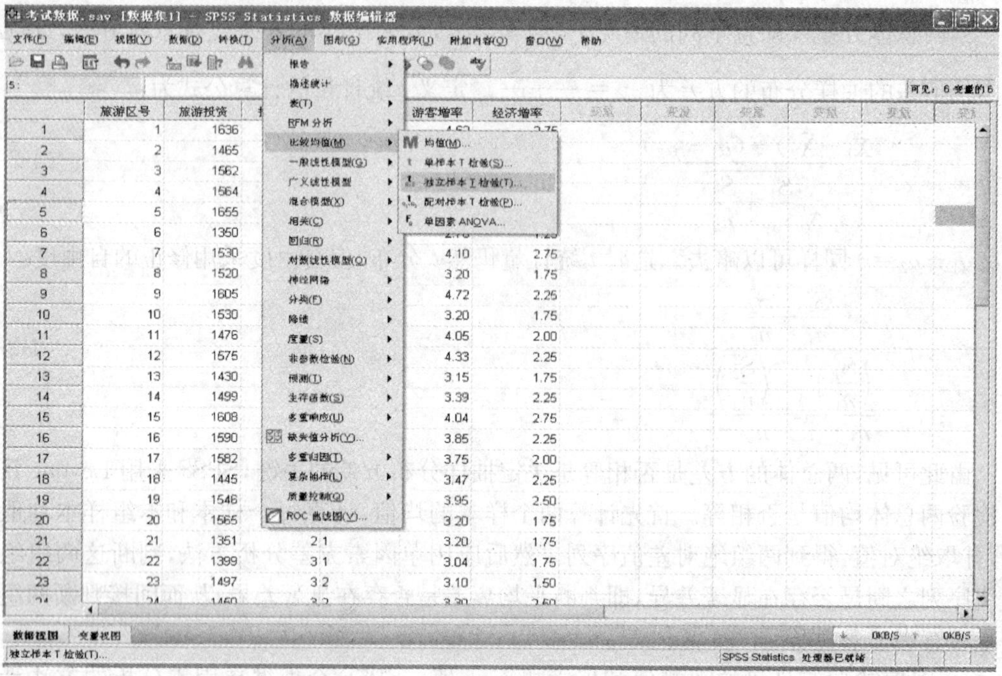

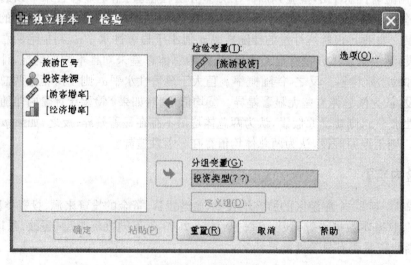

图 4-2-1   独立样本 T 检验对话框

(3)在如图 4-2-2 所示的独立样本 T 检验对话框中,相关内容介绍如下:

图 4-2-2   "独立样本 T 检验:检验变量(T)"对话框

检验变量列表:用于选择所需检验的变量。

分组变量:用于选择总体标识变量。

本例在独立样本 T 检验对话框左端的变量列表将要检验的变量"旅游投资"添加到右边的检验变量列表中;把标识变量"投资类型"移入分组变量框中。

(4)单击"定义组"按钮定义两总体的标识值,显示如图 4-2-3 所示对话框。

● 使用指定值:表示分别输入两个对应两个不同总体的变量值(可以为小数),在组 1 和组 2 后面的文本框中分别输入这两个值,含有其他数值的个案将不参与统计分析。对于短字符型分组变量,可输入相应的字符。

● 割点:输出一个数值,小于该值的个案对应一个总体,大于等于该值的个案对应另一个总体。

本例在组 1 后面的文本框中输入 1,在组 2 后面的文本框中输入 2,单击继续按钮,返回独立样本 T 检验对话框。

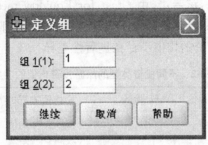

图 4-2-3　独立样本 T 检验定义组

(5)单击"选项"按钮定义其他选项,出现如图 4-2-4 所示对话框。该对话框中的选项含义与单一样本 t 检验的相同。

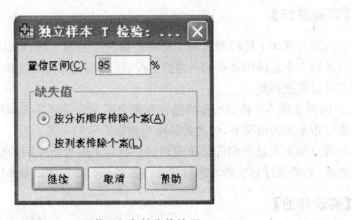

图 4-2-4　置信区间与缺失值处理

(6)单击"继续"按钮,返回独立样本 T 检验对话框,单击"确定"按钮,SPSS 自动完成计算。SPSS 结果输出窗口查看器中就会给出所需要的结果。

【实验结果与分析】

(1)描述性统计分析

由表 4-2-1 可以看出,两种投资类型的旅游投资平均值分别为 1495.25 和 1536.31,标准差分别为 97.488 和 62.950,均值误差分别为 28.142 和 17.459。

表 4-2-1　描述性统计

投资类型	N	均值	标准差	均值的标准误
1	12	1495.25	97.488	28.142
2	13	1536.31	62.950	17.459

(2) 独立样本 T 检验

首先进行方差齐性检验 $H_0:\sigma_1^2=\sigma_2^2$,由 Levene's Test for Equality of Variances 两列(表第二列和第三列)可知 F 值为 2.925,对应的伴随概率(Sig.)为 0.101,大于显著性水平 0.05,接受方差相等的假设,可以认为餐馆和景区设置投资的方差无显著差异。

其次,t 检验的结果,$H_0:\mu_1^2=\mu_2^2$,由 t-test for Equality means 栏下的第一行可知 $t=-1.261$,相应的伴随概率 Sig=0.220,大于显著性水平 0.05,则接受 t 检验的原假设,可以认为餐饮投资和景区设置投资的均值不存在显著性差异。

表 4-2-2　不同投资类型的旅游投资均值的 *T* 检验

	方差方程的 Levene 检验		均值方程的 t 检验					差分的 95% 置信区间	
	F	Sig.	t	df	Sig.(双侧)	均值差值	标准误差值	下限	上限
假设方差相等	2.925	0.101	−1.261	23	0.220	−41.058	32.554	−108.400	26.285
假设方差不相等			−1.240	18.575	0.231	−41.058	33.118	−110.482	28.367

【实验总结】

1. 两独立样本 t 检验要求两个样本应该是互相独立的,即从第一个总体中抽取的一组样本对从第二个总体中抽取的一组样本没有任何的影响,两组样本的样本容量可以不同,样本顺序可以随意调整。

2. 两独立样本 t 检验的前提是样本来自的两个总体应该服从或近似服从正态分布,如果总体分布未知的情况下,则通常采用非参数检验的方法。

3. 两总体方差是否相等是决定两独立样本 t 检验所采用的检验统计量的关键,在进行检验之前,必须通过有效的方法对两总体方差是否相等做出判断。

【实验作业】

4.2.1　某日从两台机器加工的同一种零件中分别抽取 10 个和 9 个样品,测量其尺寸(单位:cm):

甲机器:6.25,　5.78,　6.45,　6.00,　5.88,　5.76,　6.00,　5.85,　5.94,　5.79
乙机器:6.08,　6.25,　5.94,　5.94,　5.79,　6.03,　5.85,　6.10,　5.93

据以往的经验,甲乙机器生产的零件尺寸均服从正态分布。设显著性水平 $\alpha=0.05$,问两台机器生产的零件尺寸的均值有无显著差异? 使用两种方法定义变量,分别调用单个样本 *T* 检验和独立样本 *T* 检验过程进行检验,总结二种检验的适用条件、输出结果的差异(资料来源：郝黎仁等，SPSS实用统计分析，中国水利水电出版社，2009)。

4.2.2　某学院工商管理专业两个班级的"管理统计学"期末考试成绩。假定总体服从正态分布，显著性水平为 0.05，两个班级期末考试成绩有无显著差异(基本数据见 4-4. sav)

实验三　两配对样本 t 检验

【实验目的】

1. 明确两配对样本 t 检验有关的概念；
2. 理解两配对样本 t 检验的基本思想与原理；
3. 熟练掌握两配对样本 t 检验的方法；
4. 能用 SPSS 软件进行两配对样本 t 检验；
5. 培养运用两配对样本 t 检验解决身边实际问题的能力。

【准备知识】

1. 两配对样本 t 检验定义

两配对样本 t 检验就是根据样本数据对样本来自的两配对总体均值是否有显著性差异进行推断。配对样本 t 检验与独立样本 t 检验的差别之一就是要求样本是配对的。所谓配对样本可以是个案在"前""后"两种状态下某属性的两种不同特征，也可以是对某事物两个不同侧面或方面的描述。这时，抽样不是互相独立的，而是互相关联的。

两配对样本 t 检验一般用于同一研究对象(或两配对对象)分别给予两种不同处理的效果比较，以及同一研究对象(或两配对对象)处理前后的效果比较。前者推断两种效果有无差别，后者推断某种处理是否有效。

2. 两配对样本 t 检验前提条件

(1)两个样本应是配对的，即两组样本的样本数必须相同两组样本观测值的先后顺序是一一对应的，不能随意改变。

(2)样本来自的两个总体应该服从正态分布。

3. 两配对样本 t 检验基本原理和步骤

(1)提出原假设。两配对样本 t 检验的原假设 H_0：两总体均值无显著性差异，即 $H_0:\mu_1-\mu_2=0$，其中 μ_1、μ_2 分别为第一个和第二个总体的均值。

(2)选择检验统计量。首先求出每对观测值的差值，得到差值序列；然后对差值求平均值；最后检验差值序列的均值，即平均差是否与 0 有显著差异。显而易见，如果差值序列均值与 0 有显著性差异，则可以认为两总体的均值有显著性差异；反之，如果差值序列均值与 0 无显著性差异，则可以认为两总体的均值不存在显著性差异。

可以看出，配对样本 t 检验是间接通过单样本 t 检验实现的，即最终转化成对差值序列总体均值是否显著为 0 的检验。这里所采用的检验统计量与单样本 t 检验中的统计量完全相同，也采用 t 统计量，该统计量服从自由度为 $n-1$ 的 t 分布。

(3)计算检验统计量的观测值和伴随概率 p 值。SPSS 将自动计算 t 统计量的观测值，并根据 t 分布表给出相应的伴随概率 p 值。

(4)给出显著水平 α，检验判断。对给定的显著性水平 α，与检验统计量的伴随概率 p 进行比较。如果 p 值大于显著性水平 α，则接受原假设，认为差值的总体均值与 0 无显著差别，即两总体的均值无显著差异；反之，p 值小于显著性水平 α，则拒绝原假设，认为差值的总体均值与 0 存在显著差异，即两总体的均值存在显著差异。

【实验内容】

某公司采用问卷调查的方式，测量 20 个管理人员的素质，两套问卷的满分都是 200 分。两套问卷的测量结果见表 4-3-1，分析两套问卷所得的结果的平均值是否有显著差异？

表 4-3-1　问卷调查的配对数据

卷 A	147	150	152	148	155	146	149	148	151	150
卷 B	146	151	154	147	152	147	148	146	152	150
卷 A	147	148	147	150	149	149	152	147	154	153
卷 B	146	146	148	153	147	146	148	149	152	150

【实验步骤】

两配对样本 t 检验由 SPSS 17.0 的比较均值过程中的配对样本 T 检验子过程实现。下面以案例说明两配对样本 t 检验的配对样本 T 检验子过程的基本操作步骤。

(1)准备工作。用"卷 a 得分"表示问卷 a 的测量分数，用"卷 b 得分"表示表示问卷 b 的测量分数，得到的数据表为数据文件 4-5.sav。

(2)在 SPSS 17.0 中打开数据文件 4-5.sav，通过选择"文件—打开"命令将数据调入 SPSS 17.0 的工作文件窗口，如图 4-3-1 所示。

图 4-3-1　问卷调查数据文件

（3）选择"分析—比较均值—配对样本 T 检验"命令，打开其对话框，如图 4-3-2 所示。

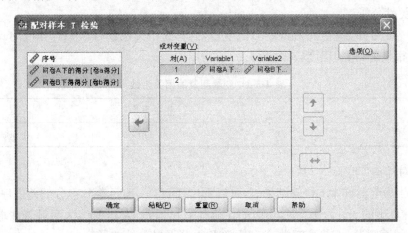

图 4-3-2 "比较均值:配对样本 T 检验"对话框

（4）在如图 4-3-3 所示的配对样本 T 检验对话框中，相关内容介绍如下：

配对变量列表：可以选择一对或若干对样本，每对样本分别给出 1 个 t 检验的结果。

本例在配对样本 T 检验对话框左端的变量列表选中"卷 a 得分"，这时变量"卷 a 得分"将出现在配对变量列表框中的变量 1 的下面；选中"卷 b 得分"，这时变量"卷 b 得分"将出现在配对变量列表框中的变量 2 的下面，表示将这两个变量配对。也可以先在配对样本 T 检验对话框左端的变量列表选中"卷 a 得分"，再按住 Shift 键选中另外一个变量"卷 b 得分"，单击 向右的箭头，将"卷 a 得分"和"卷 b 得分"移入配对变量框。

图 4-3-3 "配对样本 T 检验:成对变量"对话框

（5）单击"选项"按钮定义其他选项，出现如图 4-3-4 所示对话框。该对话框中的选项含义与单一样本 t 检验的相同。

图 4-3-4　置信区间与缺失值处理

本例选择 SPSS 系统默认。

（6）单击"继续"按钮，返回配对样本 T 检验对话框，单击"确定"按钮，SPSS 自动完成计算。SPSS 结果输出窗口查看器中就会给出所需的结果。

【实验结果与分析】

（1）描述性统计分析

由表 4-3-2 可以看出，问卷 A 和问卷 B 测量的平均值分别为 149.60 和 148.90，标准差分别为 2.542 和 2.654，均值误差分别为 0.568 和 0.593。

表 4-3-2　描述性统计

	均值	N	标准差	均值的标准误
对 1	149.60	20	2.542	0.568
	148.90	20	2.654	0.593

（2）相关性分析

由表 4-3-3 可知，问卷 A 和问卷 B 的变量，二者的相关系数为 0.711，相应的 p（Sig.）值小于 0.05，很显著，相关程度较高。

表 4-3-3　变量测量的相关系数

	N	相关系数	Sig.
对 1	20	0.711	0.000

（3）配对样本 t 检验

表 4-3-4 为配对样本 t 检验结果表，可以看出，问卷 A 和问卷 B 得分的差值序列的平均值为 0.7，计算出的 t 值为 1.584，相应的伴随概率 p（Sig.）为 0.130，大于显著性水平 0.05，接受 t 检验的原假设，也就是问卷 A 和问卷 B 得分无显著性差异。

表 4-3-4　配对样本 t 检验

| | 成对差分 | | | | | t | df | Sig.（双侧） |
| | 均值 | 标准差 | 均值的标准误 | 差分的 95% 置信区间 | | | | |
				下限	上限			
对 1	0.700	1.976	0.442	−0.225	1.625	1.584	19	0.130

【实验总结】

1. 两配对样本 t 检验要求两个样本应该是配对的，即样本在"前"、"后"两种状态下某属性的两种不同特征，抽样不是互相独立的，而是互相关联的。两组样本的样本容量必须相同，样本顺序不能随意调整。

2. 两配对样本 t 检验的前提是样本来自的两个总体应该服从或近似服从正态分布，如果总体分布未知的情况下，则通常采用非参数检验的方法。

3. 无论是单一样本 t 检验，还是两独立样本 t 检验，或是两配对样本 t 检验，主要分析思路都有许多共同之处。构造 t 统计量时，它们的分子都是均值差，分母都是抽样分布的标准差，只是独立样本 t 检验的抽样分布标准差与配对样本 t 检验的标准差不同。配对样本 t 检验能够对观测值自身的其他影响因素加以控制，比独立样本 t 检验更进了一步。

【实验作业】

4.3.1　一工厂的两个化验员每天同时从工厂的冷却水中取样，测量一次水中的含氯量（ppm），下面列出 10 天的记录：

化验员 A：1.15　1.86　0.75　1.82　1.14　1.65　1.90　0.89　1.12　1.09

化验员 B：1.00　1.90　0.95　1.95　1.35　1.90　1.75　1.87　1.69　1.92

设各化验员的化验结果服从正态分布，分别应用两配对样本 t 检验和两独立样本 t 检验，检验两个化验员测量的结果之间是否有显著差异？总结二种检验的适用条件、输出结果的差异？（显著性水平 $\alpha = 0.05$）

4.3.2　调查了 10 名杭州居民 2010 年和 2011 年两年的收入，基本数据见 4-6.sav，假定总体服从正态分布，显著性水平为 0.05，判断 2011 年杭州城镇居民收入是否有显著性增长（基本数据见 4-6.sav）。

第 5 章

方差分析

 本章学习目标

- ☞理解方差分析的基本思想与原理;
- ☞掌握单因素、双因素方差分析实验目的、实验内容和实验步骤;
- ☞掌握实验结果的统计分析;
- ☞了解方差分析在经济管理数据分析中的应用。

方差分析是通过对各样本观测数据误差来源的分析来检验多个总体均值是否相等或者是否具有显著性差异的方法。方差分析方法在不同领域的各个分析研究中都得到了广泛应用。

方差分析从对观测变量的方差分解入手,认为观测变量取值的变化受两类因素的影响:第一类是控制变量,即研究中人为施加的可控因素对结果的影响;第二类是随机变量,即不可控的随机因素的影响,这是人为很难控制的一类影响因素。

方差分析的基本思想:通过分析不同变量的变异对总变异的贡献大小,确定控制变量对研究结果影响力的大小。如果控制变量的不同水平对观测变量产生了显著影响,那么,它和随机变量共同作用必然使观测变量值有显著变动;反之,如果控制变量不同水平没有对观测变量产生显著影响,那么,观测变量值的变动就不会明显地表现出来,其变动可以归结为随机变量影响所致。

方差分析的基本假设条件:观测变量每个总体都应服从正态分布;观测变量各个总体的方差必须相同、观测值是互相独立的。

根据控制变量的个数,可以将方差分析分为:单因素方差分析、多因素方差分析和协方差分析。

实验一　单因素方差分析

【实验目的】

1. 明确单因素方差分析有关的概念;
2. 理解单因素方差分析的基本思想与原理;

3. 熟练掌握单因素方差分析的方法；

4. 能用 SPSS 软件进行单因素方差分析；

5. 培养运用单因素方差分析解决实际问题的能力。

【准备知识】

1. 单因素方差分析定义

单因素方差分析是测试某一个控制变量的不同水平是否给观测变量造成了显著性差异和变动，也称一维方差分析。可以进行两两组间均值的比较，称为组间均值的多重比较，还可以对该因素的若干水平分组中那些均值不具有显著性差异进行分析，即一致性子集检验。

2. 单因素方差分析基本原理

单因素方差分析实质上采用了统计推断的方法，由于方差分析有一个比较严格的前提条件，即不同水平下，各总体均值服从方差相同的正态分布，因此方差分析问题就转换成研究不同水平下各个总体的均值是否有显著性差异问题。方差分析认为，观测变量值的变动会受到控制变量和随机变量两方面的影响，据此，将观测变量总的离差平方和分解为两部分：组内离差平方和与组间离差平方和。

定义观测变量总离差平方和（SST）为：

$$SST = \sum_{i=1}^{k} \sum_{j=1}^{n_i} (X_{ij} - \overline{X})^2 \tag{5-1-1}$$

其中，k 为控制变量的水平数；X_{ij} 为控制变量第 i 个水平下第 j 个样本值；n_i 为控制变量第 i 个水平下样本个数；又为观测变量均值。总的离差平方和（SST）反映了全部数据总的误差程度。

定义组间离差平方和（SSA）为：

$$SSA = \sum_{i=1}^{k} n(\overline{X}_i - \overline{X})^2 \tag{5-1-2}$$

其中，k 为控制变量的水平数；n_i 为控制变量第 i 个水平下样本个数；$\overline{X}_i$ 为控制变量第 i 个水平下观测变量的样本均值，又为观测变量均值。组间离差平方和（SSA）是各水平组均值和总体均值离差的平方和，反映了控制变量的不同水平对观测变量的影响。

定义组内离差平方和（SSE）为：

$$SSE = \sum_{i=1}^{k} \sum_{j=1}^{n_i} (X_{ij} - \overline{X}_i)^2 \tag{5-1-3}$$

其中，k 为控制变量的水平数；n_i 为控制变量第 i 个水平下样本个数；$\overline{X}_i$ 个为控制变量第 i 水平下观测变量的样本均值。组内离差平方和（SSE）是每个样本数据与本水平组均值离差的平方和，反映了数据抽样误差的大小程度。

于是有：SST＝SSA＋SSE。可见，在观测变量总离差平方和中，如果组间离差平方和所占比例较大，则说明观测变量的变动主要是由控制变量引起的，可以由控制变量来解释，控制变量给观测变量带来了显著影响；反之，如果组内离差平方和所占的比例较大，则说明观测变量的变动主要是由随机因素引起的，不可以由控制变量来解释，控制变量没有给观测变量带来显著影响。

3. 单因素方差分析基本步骤

(1)提出原假设。单因素方差分析的原假设 H_0:控制变量不同水平下观测变量的均值无显著性差异,即 $H_0: \mu_1 = \mu_2 = \cdots = \mu_k$(所有总体的均值相等)。

(2)选择检验统计量。方差分析采用的检验统计量是 F 统计量,数学定义为:

$$F = \frac{\text{SSA}/(k-1)}{\text{SSE}/(n-k)} = \frac{\text{MSA}}{\text{MSE}} \tag{5-1-4}$$

其中,n 为总样本容量,$k-1$ 和 $n-k$ 分别为 SSA 和 SSE 的自由度;MSA 是平均组间平方和,MSE 为平均组内平方和,目的是为了消除水平数和样本数对分析带来的影响。这里,$F \sim F(k-1, n-k)$。

由 F 的计算公式可以看出,如果控制变量的不同水平对观测变量有显著影响,那么观测变量的组间离差平方和必然大,F 值也就越大。反之,如果控制变量的不同水平没有对观测变量造成显著影响,那么,组内离差平方和影响就会必然大,F 值就比较小。

(3)计算检验统计量的观测值和伴随概率 p 值。SPSS 自动计算出 F 统计量的观测值,并根据 F 分布表给出相应的伴随概率 p 值。

(4)给出显著性水平 α,检验判断。对给定的显著性水平 α,与检验统计量相对应的 p 值进行比较。如果 p 值大于显著性水平 α,则接受原假设,认为控制变量不同水平下各总体均值无显著差异;反之,如果 p 值小于显著性水平 α,则拒绝原假设,认为控制变量不同水平下各总体均值存在显著差异。

4. 多重比较

当方差分析 F 检验否定了原假设,即认为至少有两个总体的均值存在显著性差异时,须进一步确定是哪两个或哪几个均值显著地不同,则需要进行多重比较检验。多重比较是指全部观测变量值在三个或三个以上水平下均值之间进行的两两比较检验。

多重比较检验的原假设是,相应两水平下观测变量总体均值不存在显著性差异。即 $H_0: \mu_i = \mu_j$(第 i 个总体的均值与第 j 个总体均值相等)。SPSS 提供了诸多多重比较检验的方法,包括 LSD 法、Bonferroni 法、Tukey 法、Scheffe 法、S-N-K 法等。这里主要介绍 LSD 法。

LSD 法称为最小显著性差异法,水平间的均值只要存在一定程度的微小差异就可能被检出来,LSD 法的检验统计量为 t 统计量,其定义为:

$$t = \frac{(\bar{x}_i - \bar{x}_j) - (\mu_i - \mu_j)}{\sqrt{\text{MSE}\left(\frac{1}{n_i} + \frac{1}{n_j}\right)}} \tag{5-1-5}$$

其中 MSE 为观测值的组内方差,它利用了全部观测变量值,而非仅使用某两水平组的数据。t 统计量服从自由度为 $n-k$ 的 t 分布。

【实验内容】

某省 2010 年 25 个旅游区的游客增长率、旅游投资、资金的投资来源、投资类型、经济增长率如基本数据 4-1. sav 所示。试分析该省东部、中部、西部不同地区的旅游投资的平均值是否存在显著性差异?

【实验步骤】

单因素方差分析由 SPSS 17.0 的比较均值过程过程中的单因素 ANOVA 子过程实现。下面以案例说明单因素方差分析的单因素 ANOVA 子过程的基本操作步骤。

(1)准备工作。在 SPSS 17.0 中打开数据文件 4-1.sav，通过选择“文件—打开”命令将数据调入 SPSS 17.0 的工作文件窗口，如图 5-1-1 所示。

	旅游区号	旅游投资	投资来源	投资类型	游客增率	经济增率
1	1	1636	1	1	4.62	2.75
2	2	1465	3	1	3.35	2.50
3	3	1562	2	2	3.71	2.75
4	4	1564	1	2	3.55	2.00
5	5	1655	1	2	4.95	3.00
6	6	1350	2	1	2.76	1.25
7	7	1530	2	1	4.10	2.75
8	8	1520	2	1	3.20	1.75
9	9	1605	3	2	4.72	2.25
10	10	1530	1	2	3.20	1.75
11	11	1476	2	2	4.05	2.00
12	12	1575	2	2	4.33	2.25
13	13	1430	3	1	3.15	1.75
14	14	1499	3	1	3.39	2.25
15	15	1608	1	1	4.04	2.75
16	16	1590	1	1	3.85	2.25
17	17	1582	1	2	3.75	2.00
18	18	1445	2	2	3.47	2.25
19	19	1546	2	2	3.95	2.50

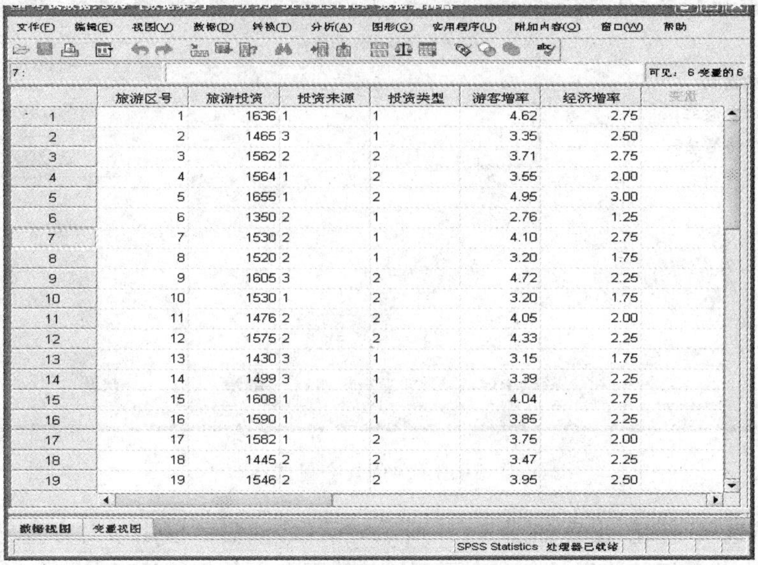

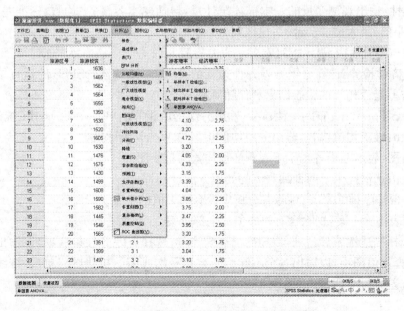

图 5-1-1　旅游投资数据文件

(2) 选择“分析—比较均值—单因素 ANOVA”命令，打开单因素方差分析对话框，如图 5-1-2 所示。

图 5-1-2　“均值比较:单因素 ANOVA”对话框

(3)在如图 5-1-3 所示的单因素 ANOVA 对话框中,相关内容介绍如下:

因变量列表:用于选择观测变量。

因子:用于选择控制变量。控制变量有几个不同的取值就表示控制变量有几个水平。

本例在单因素 ANOVA 对话框左端的变量列表中将变量"旅游投资"添加到右边的因变量列表中,选择"投资来源"变量移入因子框中。

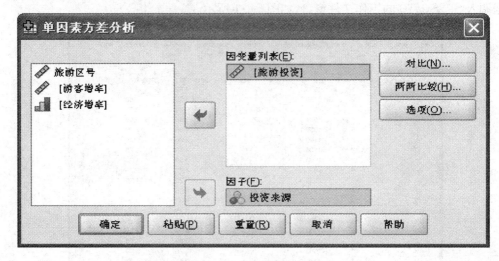

图 5-1-3　单因素变量选择

(4)单击"选项"按钮,出现如图 5-1-4 所示对话框,该对话框用来对方差分析的前提条件进行检验,方差分析的前提是各个水平下的总体服从方差相等的正态分布,其中对于方差相等的要求比较严格,因此必须对方差齐性进行检验。另外,该对话框还用来指定输出其他相关统计量和对缺失值如何进行处理。相关选项介绍如下:

● 统计量框:用来指定输出相关统计量。

➤描述性:输出观测变量的基本描述统计量,包括样本容量、平均数、标准差、均值的标准误差、最小值、最大值、95%的置信区间。

➤固定与随机效应:显示标准离差和误差检验。

➤方差齐性检验:计算分组方差齐性检验的 Levene 统计量。SPSS 的运行结果中就会出现关于方差是否相等的检验结果和伴随概率。

➤Brown-Forsythe:布朗均值检验,输出分组均值相等的 Brown-Forsythe 统计量。

➤Welch:维茨均值检验,输出分组均值相等的 Welch 统计量。

● 均值图:表示输出各水平下观测变量均值的折线图。

● 缺失值选框提供了两种缺失值的处理方法。

➤按分析排序排除个案:剔除各分析中含有缺失值的个案。

➤按列表排除个案:剔除含有缺失值的全部个案。

本例选择描述性统计量项,以输出描述统计量;选择方差齐性检验项,以输出方差齐性检验表;选择均值图项,以输出各个不同组的数学平均成绩的折线图。单击"继续"按钮,返回单因素方差分析对话框。

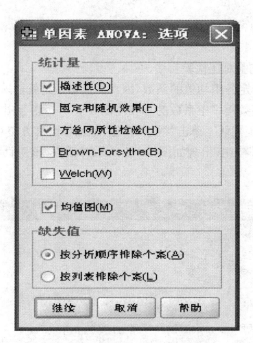

图 5-1-4 单因素变量统计分析

(5)单击"对比"按钮,出现如图 5-1-5 所示对话框,该对话框用来实现先验对比检验和趋势检验。相关选项如下:

5-1-5 "单因素 ANOVA:对比"对话框

● 多项式:将组间平方和分解为多项式趋势成分,即进行趋势检验。选中多项式选型,其后的度菜单将被激活,变为可选。

● 度：在下拉菜单中可以设定多项式趋势的形式，可选择线性、二次多项、三次多项、四次多项、五次多项式。

● 对比：用来实现先验对比检验。

➢系数：为多项式指定各组均值的系数，因素变量有几组就输入几个系数。

➢系数总计：在大多数程序中系数的总和应该等于 0，否则会出现警告信息。

本例选择 SPSS 系统默认。单击"继续"按钮，返回单因素方差对话框。

(6)单击"两两比较"按钮，出现如图 5-1-6 所示对话框，该对话框用来实现多重比较检验。相关选项如下：

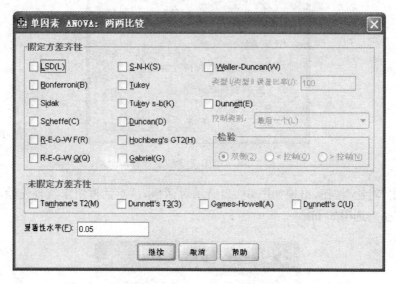

图 5-1-6 "单因素 ANOVA：两两比较"对话框

● 假定方差齐性：适合于各水平方差齐性的情况。在该条件下有 14 种比较均值的方法可供选择：

➢LSD：最小显著差异法，用 t 检验完成各组均值之间的两两比较。

➢Bonferroni：修正最不显著差异法，用 t 检验完成各组均值之间的配对比较。

➢Sidak：Sidak 法，根据 t 统计量进行配对多重比较，调整多重比较的显著性水平。

➢Scheffe：塞弗检验法，对所有可能的组合进行同步进入的配对检验。

➢R-E-G-WF：Ryan-Einot-Gabriel-Welsch F 法，根据 F 检验的多重下降过程。

➢R-E-G-WQ：Ryan-Einot-Gabriel-Welsch Q 法，根据 Student 极差的多重下降过程。

➢S-N-K：Student-Newman-Kenls 法，用 Student 极差分布对所有均值进行配对检验。

➢Tukey：可靠显著差异法，用 Student 极差统计量对所有组间进行配对比较。

➢Tukey's-b：用 Student 极差统计量对所有组间进行配对比较。

➢Duncan：修复极差法，使用 SNK 检验进行逐步配对比较。

➢Hochberg's GT2：使用 Student 最大模数的多重比较及极差检验。

➢Gabriel：使用 Student 最大模数的多重比较试验。

➢Waller-Duncan：根据 t 统计量使用 Bayesian 过程的多重比较试验。

➢Dunnett：用配对多重比较 t 检验与一个对照组的均数进行比较。

- 未假定方差齐性:适合于各水平方差不齐性的情况。选择 4 种方法:
- ➤Tamhane's T2:根据 t 检验的保守配对比较。
- ➤Dunnett's T3:根据 Student 最大模数的配对比较试验。
- ➤Games-Howell:Games-Howell 法,使用较为灵活。
- ➤Dunnett's C:根据 Student 极差的配对检验。
- Significance level:显著性水平,系统默认值为 0.05。

本例选择方差齐性栏下的 LSD 法、Bonferroni 法、Scheffe 法、S-N-K 进行多重比较检验。单击继续按钮,返回单因素方差分析对话框。

(7)单击"确定"按钮,SPSS 自动完成计算。SPSS 结果输出窗口查看器中就会给出所需要的结果。

【实验结果与分析】

(1)描述性统计分析

由结果 5-1-1 输出的是不同分组旅游投资的基本描述统计量及 95% 置信区间,可以看出,在 3 个分组下各有 25 个样本,第 1 组东部投资的平均值为 1595 万元,第 2 组中部投资的平均值为 1491.36 万元,第 3 组西部旅游投资的平均值为 1477.86 万元。另外还给出了标准差、均值误差、95% 的置信区间、最小值与最大值等。

表 5-1-1　描述性统计分析

	N	均值	标准差	标准误	均值的 95% 置信区间 下限	上限	极小值	极大值
1	7	1595.00	42.485	16.058	1555.71	1634.29	1530	1655
2	11	1491.36	80.509	24.274	1437.28	1545.45	1350	1575
3	7	1477.86	66.369	25.085	1416.48	1539.24	1399	1605
总数	25	1516.60	82.314	16.463	1482.62	1550.58	1350	1655

(2)方差齐性检验

表 5-1-2 是单因素方差分析的前提检验,即方差齐性检验结果,可以看出,Levene 统计量的值为 1.350,第一、第二自由度分别为 2、22,相应的显著性为 0.280,大于显著性水平 0.05,接受方差齐性的原假设,因此可以认为不同地区旅游投资的总体方差无显著性差异,满足方差分析的前提条件。

表 5-1-2　方差齐性检验

Levene 统计量	df1	df2	显著性
1.350	2	22	0.280

(3)方差分析

表 5-1-3 为方差分析表,可以看出,3 个组总的离差平方和 SST=162614.000,其中控制变量不同水平造成的组间离差平方和 SSA=60538.597,随机变量造成的组内离差平方和 SSE=102075.403,方差检验统计量 $F=6.524$,相应的显著性=0.006,小于显著性水平

0.05,故拒绝原假设,认为不同地区旅游投资有显著性差异,3 个组中至少有一个组和其他两个组有明显区别,也有可能 3 个组之间都存在显著差别。

表 5-1-3　方差(ANOVA)分析表

	平方和	df	均方	F	显著性
组间	60538.597	2	30269.299	6.524	0.006
组内	102075.403	22	4639.791		
总数	162614.000	24			

(4)多重比较检验

表 5-1-4 输出的是 Scheffe 法、LSD 法、Bonferroni 法多重比较检验的结果,可以看出第 1 组与第 2 组之间的伴随概率依次为 0.017,0.005,0.014,小于显著性水平 0.05,即第 1 组与第 2 组之间存在显著差别;第 1 组与第 3 组之间的伴随概率依次为 0.014,0.004,0.012,小于显著性水平 0.05,即第 1 组与第 3 组之间存在显著差别;第 2 组与第 3 组的伴随概率依次为 0.920,0.686,1.000,大于显著性水平 0.05,第 2 组与第 3 组不存在显著差别。3 种方法多重比较的结论相一致。

表 5-1-4　多重比较检验

	(I) 投资来源	(J) 投资来源	均值差 (I−J)	标准误	显著性	95%置信区间 下限	95%置信区间 上限
Scheffe	1	2	103.636*	32.934	0.017	17.21	190.06
		3	117.143*	36.410	0.014	21.59	212.69
	2	1	−103.636*	32.934	0.017	−190.06	−17.21
		3	13.506	32.934	0.920	−72.92	99.93
	3	1	−117.143*	36.410	0.014	−212.69	−21.59
		2	−13.506	32.934	0.920	−99.93	72.92
LSD	1	2	103.636*	32.934	0.005	35.34	171.94
		3	117.143*	36.410	0.004	41.63	192.65
	2	1	−103.636*	32.934	0.005	−171.94	−35.34
		3	13.506	32.934	0.686	−54.79	81.81
	3	1	−117.143*	36.410	0.004	−192.65	−41.63
		2	−13.506	32.934	0.686	−81.81	54.79
Bonferroni	1	2	103.636*	32.934	0.014	18.30	188.97
		3	117.143*	36.410	0.012	22.80	211.49
	2	1	−103.636*	32.934	0.014	−188.97	−18.30
		3	13.506	32.934	1.000	−71.83	98.84
	3	1	−117.143*	36.410	0.012	−211.49	−22.80
		2	−13.506	32.934	1.000	−98.84	71.83

＊. 均值差的显著性水平为 0.05。

（5）相似子集

表 5-1-5 是由 S-N-K 方法和 Scheffe 方法划分的相似子集。S-N-K 方法第 1 组均值为
1595.00，与其他两组的均值有显著不同，其相似的可能性小于 0.05，被划分出来，形成两个
相似子集。在第二个子集中，组内相似的概率为 1，第一组的组内相似的可能性大于 0.05
为 0.659。Scheffe 法第二组的组内相似的可能性也大于 0.05 为 0.925。通常在相似性子
集划分中多采用 S-N-K 方法的结论。

表 5-1-5　相似子集

投资来源	N	alpha＝0.05 的子集	
		1	2
Student-Newman-Keuls[a,b] 　3	7	1477.86	
2	11	1491.36	
1	7		1595.00
显著性		0.696	1.000
Scheffe[a,b] 　3	7	1477.86	
2	11	1491.36	
1	7		1595.00
显著性		0.925	1.000

将显示同类子集中的组均值。

a. 将使用调和均值样本大小＝7.966。

b. 组大小不相等。将使用组大小的调和均值。将不保证 I 类错误级别。

（6）观测变量均值的折线图

图 5-1-7 输出的是观测变量均值的折线图。可以看出第 1 组东部的旅游投资最高，第 2
组中部的旅游投资也比较理想，而第 3 组西部的旅游投资最低。

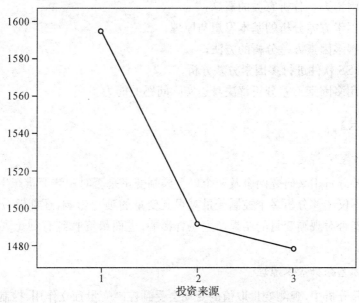

图 5-1-7　观测变量均值的相似子集

【实验总结】

1. 方差分析一般应满足三个基本假设,即要求各个总体应服从正态分别,各个总体的方差应相同以及观测值是独立的。

2. 单因素方差分析将观测变量总的离差平方和(SST)分解为两部分,组内离差平方(SSE)和与组间离差平方和(SSA),其数学公式为:SST=SSE+SSA。

3. 单因素方差分析的基本分析只能得到控制变量是否对观测变量有显著影响。如果控制变量对观测变量产生了显著性影响,要进一步研究控制变量的不同水平对观测变量的影响程度,则需要进行多重比较检验,实现对各个水平下观测变量总体均值的逐对比较。

【实验作业】

5.1.1　为了评价不同行业的服务质量,消费者协会分别在零售业、旅游业、航空公司、家电制造业抽取了不同的企业作为样本,其中零售业 7 家,旅游业 6 家,航空公司 5 家,家电制造业 5 家,然后统计出近期消费者对这 23 家企业的投诉次数,试分析 4 个行业之间的服务质量是否存在显著差异?(基本数据见 5-1. sav,资料来源:赖国毅等编著,SPSS 17.0 常用功能与应用,电子工业出版社)。

5.1.2　某企业有 4 条生产线生产同一种型号的产品,对每条生产线观测其一周的日产量,要求判断不同生产线的日产量是否有显著的差异(基本数据见 5-2. sav)。

实验二　多因素方差分析

【实验目的】

1. 明确多因素方差分析有关的概念;
2. 理解多因素方差分析的基本思想与原理;
3. 熟练掌握多因素方差分析的方法;
4. 能用 SPSS 软件进行多因素方差分析;
5. 培养运用多因素方差分析解决身边实际问题的能力。

【准备知识】

1. 多因素方差分析定义

多因素方差分析用来研究两个及两个以上控制变量是否对观测变量产生显著影响。多因素方差分析不仅能够分析多个控制变量对观测变量的独立影响,还能够分析多个控制变量的交互作用能否对观测变量的结果产生显著影响,进而最终找到有利于观测变量的最优组合。

2. 多因素方差分析基本原理

多因素方差分析中,观测变量取值的变动会受到控制变量独立作用、控制变量交互作用和随机变量三方面的影响,据此,将观测变量总的离差平方和分解为三部分内容:控制独立作用引起的变差,控制变量交互作用引起的变差和随机因素引起的变差。以两个控制变量为例:

定义观测变量总离差平方和(SST)为:

$$SST = \sum_{i=1}^{k} \sum_{j=1}^{r} (X_{ij} - \overline{X})^2 \tag{5-2-1}$$

总的离差平方和(SST)反映了全部数据总的误差程度。设控制变量 A 有 k 个水平,变量 B 有 r 个水平。SSA 定义为:

$$SSA = \sum_{i=1}^{k} \sum_{j=1}^{r} n_{ij} (\overline{X}_i^A - \overline{X})^2 \tag{5-2-2}$$

其中,n_{ij} 为控制变量 A 第 i 个水平下和控制变量 B 第 j 个水平下的样本观测值个数,$\overline{X}_i^A$ 为控制变量 A 第 i 个水平下观测变量的样本均值。SSB 定义为:

$$SSB = \sum_{i=1}^{k} \sum_{j=1}^{r} n_{ij} (\overline{X}_i^B - \overline{X})^2 \tag{5-2-3}$$

其中,n_{ij} 为控制变量 B 第 i 个水平下和控制变量 A 第 j 个水平下的样本观测值个数,$\overline{X}_i^B$ 为控制变量 B 第 i 个水平下观测变量的样本均值。SSE 定义为:

$$SSE = \sum_{i=1}^{r} \sum_{j=1}^{k} \sum_{k=1}^{n_{ij}} (X_{ijk} - \overline{X}_{ij}^{AB})^2 \tag{5-2-4}$$

其中,$\overline{X}_{ij}^{AB}$ 为控制变量 A、B 在水平 i、j 下的观测变量均值。SSAB 定义为:

$$SSAB = I \sum_{i=1}^{k} \sum_{j=1}^{r} (\overline{X}_{ij} - \overline{X}_i^A - \overline{X}_i^B + \overline{X})^2 \tag{5-2-5}$$

其中,I 为每个组合重复试验次数,即每个交叉水平下均有 1 个样本。可得,多因素方差分析的总变差分解公式为:

$$SST = SSA + SSB + SSAB + SSE \tag{5-2-6}$$

式中,SST 为观测变量的总方差,SSA、SSB 分别为控制变量 A、B 独立作用引起的变差,SSAB 为控制变量 A、B 交互作用引起的变差,SSE 为随机因素引起的变差。通常,称 SSA+SSB 为主效应,SSAB 为多项交互效应,SSE 为剩余部分。

同理,当控制变量为 3 个时,观测变量的总变差可分解为:

$$SST = SSA + SSB + SSC + SSAB + SSAC + SSBC + SSABC + SSE \tag{5-2-7}$$

可见,在观测变量总离差平方和中,如果 SSA 所占比例较大,则说明控制变量 A 是引起观测变量变动的主要因素之一,观测变量的变动可以部分地由控制变量 A 来解释;反之,如果 SSA 所占比例较小,则说明控制变量 A 不是引起观测变量变动的主要因素,观测变量的变动无法由控制变量 A 来解释。对于 SSB 和 SSAB 也相同。

3. 多因素方差分析基本步骤

(1)提出原假设。单因素方差分析的原假设 H_0:各控制变量不同水平下观测变量各总体的均值无显著性差异,控制变量各效应和交互效应同时为零。

(2)选择检验统计量。多因素方差分析采用的检验统计量仍然是 F 统计量,数学定义为:

$$F_A = \frac{SSA/(k-1)}{SSE/kr(1-1)} = \frac{MSA}{MSE} \tag{5-2-8}$$

$$F_B = \frac{\text{SSB}/(r-1)}{\text{SSE}/kr(1-1)} = \frac{\text{MSB}}{\text{MSE}} \tag{5-2-9}$$

$$F_{AB} = \frac{\text{SSAB}/(k-1)(r-1)}{\text{SSE}/kr(1-1)} = \frac{MSAB}{MSE} \tag{5-2-10}$$

以上三个 F 统计量服从 F 分布。

(3)计算检验统计量的观测值和伴随概率 p 值。SPSS 自动计算出 F 统计量的观测值，并根据 F 分布表给出相应的伴随概率 p 值。

(4)给出显著性水平 α，并做出判断。对给定的显著性水平 α，依次与各个检验统计量相对应的 p 值进行比较。如果 F_A 的伴随概率 p 小于或等于显著性水平 α，则应拒绝原假设，认为控制变量 A 不同水平下观测变量各总体的均值存在显著差异，即第一个控制变量 A 的不同水平对观测变量产生了显著影响；如果 F_B 的伴随概率 p 小于或等于显著性水平 α，则应拒绝原假设，认为控制变量 B 不同水平下观测变量各总体的均值存在显著差异，即第二个控制变量 B 的不同水平对观测变量产生了显著影响；如果 F_{AB} 的伴随概率 p 小于或等于显著性水平 α，则应拒绝原假设，第一个控制变量 A 和第二个控制变量 B 各个水平的相互作用对观测变量均值产生了显著影响；相反，则认为不同水平对结果没有显著影响。

【实验内容】

某车间 3 台机器(用 A、B、C 表示)生产同一种产品，表 5-2-1 给出了 4 名个人操作机器 A、B、C 生产的产品的产量(数据文件 5-3. sav)，问机器之间、工人之间在产量上是否存在显著差异。

表 5-2-1　不同机器不同工人的产量数据

机器类型	1	2	3	4
A	50	47	47	53
B	63	54	57	58
C	52	42	41	48

【实验步骤】

多因素方差分析由 SPSS 17.0 的一般线性模型过程中的单变量子过程实现。下面以案例说明多因素方差分析的单变量子过程的基本操作步骤。

(1)准备工作。在 SPSS 17.0 中打开数据文件 5-3. sav，通过选择"文件—打开"命令将数据调入 SPSS 17.0 的工作文件窗口，如图 5-2-1 所示。

图 5-2-1 产量的数据文件

（2）选择"分析——一般线性模型—单变量"命令，打开"一般线性模型：单变量"对话框，如图 5-2-2 所示。

图 5-2-2 "一般线性模型：单变量"对话框

(3)在如图 5-2-3 所示多变量对话框中,相关内容介绍如下:
- 因变量列表:用于选择观测变量。
- 固定因子栏:用于指定固定效应的控制变量。
- 随机因素栏:指定随机效应的控制变量。
- 协变量栏:指定作为协变量的变量。
- WLS 权重栏:放入加权变量作最小二乘法(WLS)分析。

本例在单变量对话框左端的变量列表将要检验的变量"产量"添加到右边的因变量中,将变量"机器"和"工人"移入固定因子栏。

图 5-2-3   双因素分析变量选择

(4)单击"模型"按钮,如图 5-2-4 所示对话框,该对话框可以选择建立多因素方差模型的种类。相关选项介绍如下:

- 指定模型。

➤全因子模型:SPSS 默认选项,包括所有因素主效应、协变量效应以及因素间的交互效应。

➤设定模型:即建立非饱和模型。点击激活因子与协变量和模型项。

- 因子与协变量栏:列出源因素,显示固定因素(F)和协变量(C),R 表示随机因素指定模型。

- 模型列表:放入自定义模型各因素的构成,模型的选择取决于数据的性质。

- 构建项:由下拉菜单可以进行选择。

➤交互效应:SPSS 默认选项,建立所有被选变量最高水平的交互效应。

➤主效应:建立每个被选变量的主效应。

➤所有二阶交互作用:建立被选变量所有可能的两方向交互效应。

➤所有三阶交互作用:建立被选变量所有可能的三方向交互效应。

➤所有四阶交互作用:建立被选变量所有可能的四方向交互效应。

➤所有五阶交互作用:建立被选变量所有可能的五方向交互效应。

● 平方和选项:由下拉列表可以选择下列任一类平方和。

➤类型Ⅰ:常用于平衡数据方差分析模型,任何一级交互效应之前的主效应,二级交互效应之前的一级交互效应等;多项式回归模型,任何高次项之前的低次项;完全嵌套模型,第二指定效应嵌套的第一指定效应等。

➤类型Ⅱ:常用于平衡数据方差分析模型,任何仅包含主效应的模型,回归模型和完全嵌套设计。

➤类型Ⅲ:SPSS默认选项,适合于一类、二类平方和适用的所有模型,无缺失值的所有平衡与不平衡数据模型,最为常用。

➤类型Ⅳ:适用于一类、二类平方和适用的所有模型,有缺失值的平衡或不平衡数据模型。

● 在模型中包含截距项:SPSS默认选项。

本例选择主效应模型,平方和选项选择类型Ⅲ。然后在"因子与协变量"中将"机器"和"工人"引入模型列表框,如图 5-2-4 所示。单击继续按钮,返回单变量对话框。

图 5-2-4 "模型"对话框

(5)单击"两两比较检验"按钮,如图 5-2-5 所示对话框,该对话框用来实现多重比较检验。相关选项如下:

● 因子:列出固定因素。

● 两两比较检验:选择将做两两比较的因素。

● 假定方差齐性的两两比较方法:在该条件下有 14 种比较均值的方法可供选择,各种方法的含义与第一节单因素方差分析相同。

● 未假定方差齐性的两两比较方法:在该条件下有 4 种方法,各种方法的含义与第一节单因素方差分析相同。

本例选择"机器"变量和"工人"变量添加到"两两比较检验"框中,选择 S-N-K 比较检验法。单击"继续"按钮,返回单变量对话框。

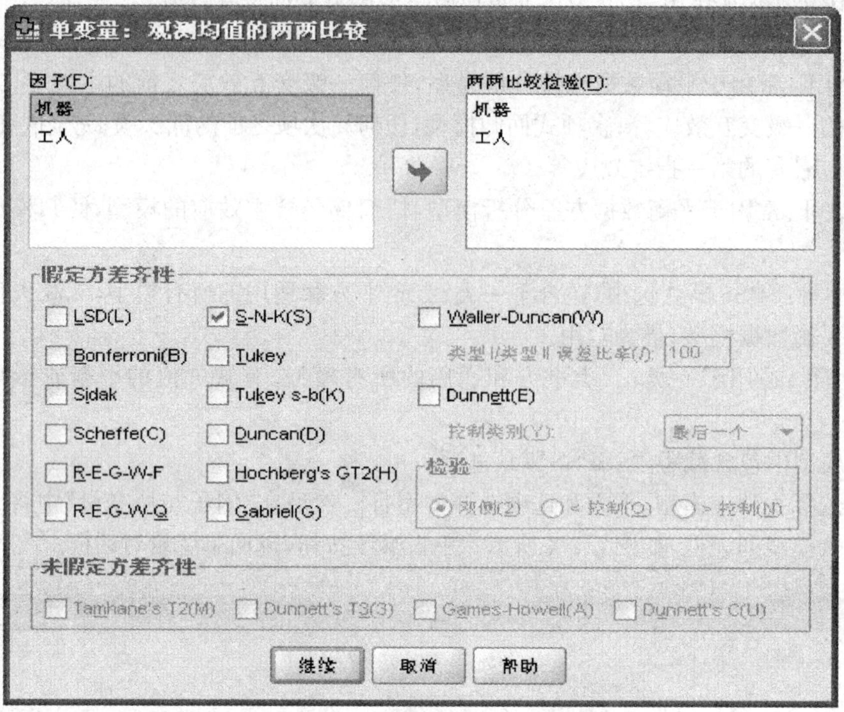

图 5-2-5 "观测均值的两两比较"对话框

(6)单击"确定"按钮,SPSS 自动完成计算。SPSS 结果输出窗口查看器中就会给出所需要的结果。

【实验结果与分析】

(1)组间因素

表 5-2-2 给出的是各个控制变量水平下观测样本的个数。分组变量"机器"有 3 个水平;每个水平有 4 例;分组变量"工人"有 4 个水平,每个水平有 3 例。

表 5-2-2 组间因素

		N
机器	1	4
	2	4
	3	4
工人	1	3
	2	3
	3	3
	4	3

（2）组间效应值

结果 5-2-3 给出组间效应值。从表中可以看出，因素"机器"的检验统计量 F 值为 29.102，检验的相伴概率 P(sig.)值为 0.001，小于 0.05，拒绝零假设，可以认为机器之间存在显著差异，即各机器之间的产量不全相等。因素"工人"的检验统计量 F 值为 6.985，检验的相伴概率 P(sig.)值为 0.022，小于 0.05，拒绝零假设，即各工人之间的产量不全相等。

关于随机变量影响部分，即误差部分，所贡献的离差平方和 SSE＝32.833，均方为 5.472。

表 5-2-3　主体间效应的检验

因变量：

源	Ⅲ型平方和	df	均方	F	Sig.
校正模型	433.167[a]	5	86.633	15.831	0.002
截距	31212.000	1	31212.000	5703.716	0.000
机器	318.500	2	159.250	29.102	0.001
工人	114.667	3	38.222	6.985	0.022
误差	32.833	6	5.472		
总计	31678.000	12			
校正的总计	466.000	11			

a. $R^2＝0.930$（调整 $R^2＝0.871$）

（3）因素"机器"的多重验后检验

表 5-2-4 为因素"机器"的多重验后检验结果。由于本例是无重复设计，不能求出每个格子的方差，故不能计算方差的齐次性。这里仅选择 S-N-K 法进行均值之间的两两比较。

表 5-2-4　因素"机器"的多重验后检验产量（Student-Newman-Keuls[a, b]）

	N	子集	
		1	2
3	4	45.75	
1	4	49.25	
2	4		58.00
Sig.		0.079	1.000

已显示同类子集中的组均值。

基于观测到的均值。

误差项为均值方（错误）＝5.472。

a. 使用调和均值样本大小＝4.000。

b. Alpha＝.05。

在均衡子集中，第一均衡子集包含第三组（机器＝"3"）和第一组（机器＝"1"），它们的均值分别为 45.75 和 49.25，两组均值比较的相伴概率 P(sig.)为 0.079，大于 0.05，接受零假设,即可认为机器 C 和机器 A 的产量的均值之间无显著差异,而机器 B 的差异比较显著。

(4) 因素"工人"的多重验后检验

表 5-2-5 为因素"工人"的多重验后检验结果。从表中可以看出,第一均衡子集包含第二组(工人="2")、第一组(工人="3")和第四组(工人="4"),它们的均值分别为 47.67、48.33 和 53.00,两组均值比较的相伴概率 P(sig.)为 0.070,大于 0.05,接受零假设,即可认为工人 2、工人 3 和工人 4 的产量的均值之间无显著差异。

表 5-2-5　因素"工人"的多重验后检验产量(Student-Newman-Keuls[a,b])

	N	子集	
		1	2
2	3	47.67	
3	3	48.33	
4	3	53.00	53.00
1	3		55.00
Sig.		0.070	0.335

已显示同类子集中的组均值。

基于观测到的均值。

误差项为均值方(错误)=5.472。

a. 使用调和均值样本大小=3.000。

b. Alpha=.05。

第二均衡子集包含第四组(工人="4")和第一组(工人="1"),它们的均值分别为 53.00 和 55.00,两组均值比较的相伴概率 P(sig.)为 0.335,大于 0.05,接受零假设,即可认为工人 4 和工人 1 的产量均值之间无显著差异。

第一组和第二、三、四组没有列入在均衡子集表的同一个格子中,可以认为它们的均值存在显著差异。

【实验总结】

1. 多因素方差分析不仅需要分析每个控制变量独立作用对观测变量的影响,还要分析多个控制变量交互作用对观测变量的影响,以及其他随机变量对结果的影响。

2. 多因素方差分析将观测变量总的离差平方和(SST)分解为(以两个控制变量为例):控制变量 A 独立作用引起的离差(SSA),控制变量 B 独立作用引起的离差(SSB),控制变量 A,B 交互作用引起的离差(SSAB)和随机因素引起的离差(SSE)。其数学公式又 SST= SSA+SSB+SSAB+SSE。

3. 多因素方差分析只能得到多个控制变量的不同水平是否对观测变量有显著影响。如果要进一步研究究竟是哪个组(或哪些组)和其他组有显著的差别,则需要再对各个样本间进行多重比较检验。

【实验作业】

5.2.1　某商家有商品销售的数据资料,分析销售额是否受到促销方式和售后服务的影响。用变量"促销"对促销方式进行区分,取值为 0 表示无促销,取值为 1 表示被动促销,取值为 2 表示主动促销。变量"售后"对所采取的售后服务进行刻画,取值为 0 表示没有售后服务,取值为 1 表示有售后服务(基本数据见 5-4. sav,资料来源:徐秋艳等,SPSS 统计分析方法与应用实验教程,中国水利水电出版社,2011)。

5.2.2　将 4 个不同的水稻品种 A_1、A_2、A_3、A_4 安排在面积相同的 4 种不同土质的地块 B_1、B_2、B_3、B_4 中试种,测得各地块的产量(kg)如下:

地块 品种	B_1	B_2	B_3	B_4
A_1	135	120	147	132
A_2	154	129	125	125
A_3	125	129	120	133
A_4	115	124	119	123

假设水稻品种与地块之间无交互作用,建立适当的数据文件,试用 SPSS 的 Univariate 命令,在显著性水平 $\alpha = 0.05$,检验:

(1)不同的品种对水稻的产量有无显著的影响?(2)不同的土质对水稻的产量有无显著的影响?(基本数据见 5-5. sav,资料来源:郝黎仁等编著,SPSS 实用统计分析,中国水利水电出版社,2009)。

实验三　协方差分析

【实验目的】

1. 明确协方差分析有关的概念;
2. 理解协方差分析的基本思想与原理;
3. 熟练掌握协方差分析的方法;
4. 能用 SPSS 软件进行协方差分析;
5. 培养运用协方差分析解决身边实际问题的能力。

【准备知识】

1. 协方差分析定义

协方差分析,是将回归分析同方差分析结合起来,以消除混杂因素的影响,对试验数据进行分析的一种分析方法。协方差分析一般研究比较一个或者几个因素在不同水平上的差异,但观测量同时还受到另一个难以控制的协变量的影响,在分析中剔除其影响,再分析各因素对观测变量的影响。

2. 协方差分析基本原理

协方差分析中,在分析观测变量变差时,考虑了协变量的影响,认为观测变量的变动受控制变量的独立作用、控制变量的交互作用、协变量的作用和随机因素的作用四个方面的影响,并在扣除协变量的影响后,再分析控制变量对观测变量的影响。以单因素协方差分析为例,总的离差平方和表示为:

$$SST = SSA + SSC + SSE$$

式中,SST 为观测变量的总方差,SSA 为控制变量 A 独立作用引起的变差,SSC 为协变量 C 作用引起的变差,SSE 为随机因素引起的变差。

3. 协方差分析基本步骤

(1)提出原假设。协方差分析的原假设 H_0:协变量对观测变量的线性影响不显著;在协变量影响扣除的条件下,控制变量各水平下的观测变量的总体均值无显著性差异,控制变量各水平对观测变量的效应同时为零。

(2)选择检验统计量。协方差分析采用的检验统计量仍然是 F 统计量,它们是各均方与随机因素引起的均方之比。显而易见,如果相对于随机因素引起的变差,协变量带来的变差比例较大,即 F 值较大,则说明协变量是引起观测变量变动的主要因素之一,观测变量的变动可以部分地由协变量来线性解释;反之,如果相对于随机因素引起的变差,协变量带来的变差比例比较小,即 F 值较小,则说明协变量没有给观测变量带来显著的线性影响。在排除了协变量线性影响之后,控制变量对观测变量的影响分析与方差分析一样。

(3)计算检验统计量的观测值和伴随概率 p 值。SPSS 自动计算出 F 统计量的观测值,并根据 F 分布表给出相应的伴随概率 p 值。

(4)给出显著性水平 α,检验判断。对给定的显著性水平 α,依次与各个 F 检验统计量相对应的 p 值进行比较。如果控制变量计算的 F 统计量值所对应的伴随概率 p 小于等于显著性水平,则控制变量的不同水平对观测变量产生显著影响;如果协变量计算的 F 统计量值所对应的伴随概率 p 小于等于显著性水平,则协变量的不同水平对观测变量产生显著影响。

【实验内容】

某学校实施新政策以改善部分年轻教师的生活水平。政策实施后开始对年轻教师待遇的改善进行调查,调查结果如数据 5-6. sav 所示。用实施新政策后的工资来反映生活水平的提高,要求剔除实施新政策前的工资差异,试分析教师的级别和该新政策对年轻教师工资的提高是否有显著影响(资料来源:杨维忠等编著,SPSS 统计分析与行业应用,清华大学出版社,2011)。

协方差分析由 SPSS 17.0 的一般线性模型(General Linear Model)过程中的单变量(Univariate)子过程实现。下面以案例说明协方差分析的单变量子过程的基本操作步骤。

(1)准备工作。在 SPSS 17.0 中打开数据文件 5-6. sav,通过选择"文件—打开"命令将数据调入 SPSS 17.0 的工作文件窗口,如图 5-3-1 所示。

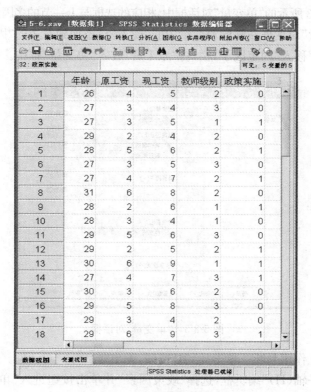

图 5-3-1　工资数据文件

(2)选择"分析——一般线性模型—单变量"命令,打开其对话框,如图 5-3-2 所示。

图 5-3-2　"一般线性模型:单变量"对话框

（3）在如图5-3-3所示的"单变量"对话框中，相应的选框与上一节的多因素方差分析相同。

本例在"单变量"对话框左端的源变量中的"现工资"添加到右边的"因变量"中，将"教师级别"和"政策实施"移入"固定因子"栏，将"原工资"放入"协变量"框中。

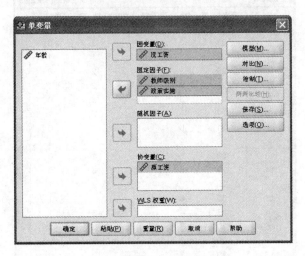

图 5-3-3　"单变量"对话框

（4）多因素交互作用判断。单击"绘制"按钮，弹出"轮廓图"对话框。选择"教师级别"并单击按钮进入"水平轴（H）"编辑框，选择"政策因素"并单击按钮进入"单图（S）"编辑框，然后单击"添加"按钮，设置进入"图（T）"框，如图5-3-4所示。

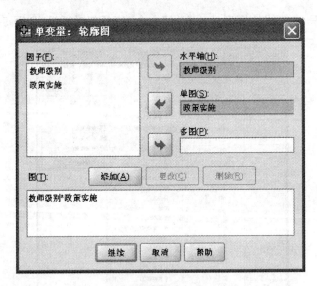

图 5-3-4　"单变量:轮廓图"对话框

（5）单击"选项"按钮，在"选项"对话框的"输出"一栏选择"方差齐次检验"，并单击"继续"按钮返回。

（6）"一般线性模型"对话框中的其他按钮"模型"、"对比"、"保存"对应的对话框与多因素分析一样。本例这些选项选择SPSS默认项。

（7）单击"确定"按钮，SPSS自动完成计算。SPSS结果输出窗口查看器中就会给出所需要的结果。

【实验结果与分析】

（1）方差齐性的 Levene 检验

表 5-3-1 方差齐性的 Levene 检验，可以看出，$F = 0.425$，对应的伴随概率 Sig. $= 0.827$，大于显著性 0.05，可以认为总的方差齐性。

表 5-3-1　误差方差等同性的 Levene 检验[a]

	F	df1	df2	Sig.
	0.425	5	24	0.827

检验零假设，即在所有组中因变量的误差方差均相等。

a. 设计：截距＋原工资＋教师级别＋政策实施＋教师级别 ＊ 政策实施

（2）协方差分析表

表 5-3-2 输出的是组间效应检验的结果，是协方差分析的主要计算结果。总的离差平方和分解为 3 部分：控制变量对观测变量的独立作用部分、协变量独立作用部分以及随机变量影响部分。

控制变量对观测变量的独立作用部分：变量"教师级别"和"政策实施"贡献的离差平方和分别为 0.005 和 4.675，均方分别为 0.003 和 4.675。对应的伴随概率分别为 Sig. $= 0.997$ 和 Sig. $= 0.029$。"教师级别"伴随概率大于显著性水平 0.05，说明"教师级别"对青年教师的工资提高无显著影响，而"政策实施"伴随概率小于显著性水平 0.05，说明"政策实施"对青年教师的工资提高有显著影响。

协变量对观测量的独立作用："原工资"的离差平方为 105.101，均方为 105.101。对应的伴随概率 Sig. $= 0.000$，小于显著性水平 0.05，可以认为"原工资"对青年教师工资提高有显著性影响。

表 5-3-2　主体间效应的检验

源	Ⅲ 型平方和	df	均方	F	Sig.
校正模型	116.951[a]	6	19.492	22.701	0.000
截距	21.994	1	21.994	25.614	0.000
原工资	105.101	1	105.101	122.403	0.000
教师级别	0.005	2	0.003	0.003	0.997
政策实施	4.675	1	4.675	5.445	0.029
教师级别 ＊ 政策实施	1.049	2	0.525	0.611	0.551
误差	19.749	23	0.859		
总计	1649.000	30			
校正的总计	136.700	29			

a. $R^2 = .856$（调整 $R^2 = .818$）

（3）参数估计

由校正模型（Corrected Model）可知，$F=22.701$，伴随概率 Sig. $=0.000$，小于显著性水平 0.05，可以认为"现工资"与"原工资"之间存在直线回归关系。

表 5-3-3 输出的是参数估计值，可以看出，"现工资"与"原工资"之间呈直线关系：现工资 $=2.511+0.981$ 原工资，统计量为 11.064，伴随概率 Sig. $=0.000$，小于显著性水平 0.05，"现工资"与"原工资"之间直线关系显著。

表 5-3-3 参数估计

参数	B	标准 误差	t	Sig.	95% 置信区间 下限	上限
截距	2.511	0.660	3.802	0.001	1.145	3.877
原工资	0.981	0.089	11.064	0.000	0.797	1.164
［教师级别＝1］	0.570	0.637	0.896	0.380	−0.747	1.887
［教师级别＝2］	0.169	0.603	0.281	0.781	−1.078	1.417
［教师级别＝3］	0ᵃ	0.000	0.000	0.000	0.000	0.000
［政策实施＝0］	−0.415	0.590	−0.704	0.489	−1.636	0.806
［政策实施＝1］	0ᵃ	0.000	0.000	0.000	0.000	0.000
［教师级别＝1］＊［政策实施＝0］	−1.089	0.995	−1.095	0.285	−3.148	0.969
［教师级别＝1］＊［政策实施＝1］	0ᵃ	0.000	0.000	0.000	0.000	0.000
［教师级别＝2］＊［政策实施＝0］	−0.278	0.796	−0.350	0.730	−1.925	1.368
［教师级别＝2］＊［政策实施＝1］	0ᵃ	0.000	0.000	0.000	0.000	0.000
［教师级别＝3］＊［政策实施＝0］	0ᵃ	0.000	0.000	0.000	0.000	0.000
［教师级别＝3］＊［政策实施＝1］	0ᵃ	0.000	0.000	0.000	0.000	0.000

a. 此参数为冗余参数，将被设为零。

（4）两因素交互影响折线图

从图 5-3-5 可以看出，两条折线无相交迹象，说明两因素交互作用不够显著。

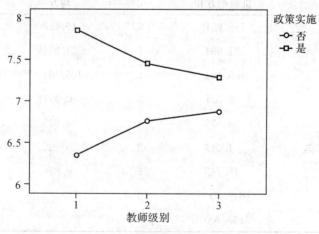

图 5-3-5 两因素交互折线图

【实验总结】

1. 协方差分析将一些很难可知的随机变量作为协变量,在分析中将其排除,然后再分析控制变量对观测变量的影响,从而实现对控制变量的准确评价。

2. 协方差分析将观测变量总的离差平方和(SST)分解为(以两个控制变量为例):控制变量 A 独立作用引起的离差(SSA),控制变量交互作用引起的离差,协变量作用引起的离差(SSC)和随机因素引起的离差(SSE),其数学公式为:SST=SSA+SSC+SSE。

3. 协方差分析要求协变量一般应该是定距变量,多个协变量之间互相独立,且与控制变量之间也没有交互作用。

【实验作业】

5.3.1　政府为了帮助年轻人提高工作技能,进行了一系列有针对性的就业能力和工作技能培训项目,为检验培训工作的成效,对 1000 例年轻人进行了问卷调查,主要包括培训前和培训后的收入情况,调查结果如数据 5-7. sav 所示。要求剔除培训前的收入差异,试分析培训状态对培训后的收入的提高是否有显著的影响(资料来源:赖国毅等编著,SPSS 17.0 常用功能与应用,电子工业出版社)。

5.3.2　一个班 30 名同学分成 3 组,高等数学课程分别接受了 3 种不同的教学方法,用变量“组别”对学生组进行区分,取值为 1,2,3 分别表示 3 个不同的组别。另外还知道这 30 个学生的数学入学成绩,分析哪些因素影响到学生的高等数学考试成绩(基本数据见 5-8)。

第 6 章

相关和回归分析

 本章学习目标

- 理解相关和回归分析的基本思想、原理与两者之间关系；
- 明确相关和回归分析的实验目的、实验步骤和实验内容；
- 掌握实验结果的统计分析；
- 熟练使用散点图；
- 相关和回归分析应用在经济管理数据分析中的应用。

相关和回归分析是分析客观事物之间相关性的数量分析方法。客观事物之间的关系可分为函数关系和统计关系。函数关系指客观事物之间的一一对应关系，即当一组变量 x_i 取一定值时，另一变量 y 可以依确定的函数取唯一确定的值。统计关系指客观事物之间的一种非一一对应关系，即当一组变量 x_i 取一定值时，另一变量 y 无法依确定的函数取唯一确定的值。事物之间的函数关系比较容易分析，而事物之间的统计关系不像函数关系那样直接。相关和回归分析正是以不同的方式处理事物间的统计关系。

实验一　相关分析

【实验目的】

1. 了解相关分析的方法原理；
2. 熟练掌握相关分析的 SPSS 操作命令；
3. 熟练应用三个常用相关系数的计算方法及其数据测度要求；
4. 运用相关分析解决管理学实际问题的能力。

【准备知识】

1. 简单相关分析的概念

统计学中,相关分析是以分析变量间的线性关系为主,是研究它们之间线性相关密切程度一种统计方法。它是通过几个描述相关关系的统计量来确定相关的密切程度和线性相关的方向。这些统计量包括皮尔逊(Pearson)相关系数、斯皮尔曼(Spearman)和肯德尔(Kendall)秩相关系数,一般用符号 r 来表示。相关系数具有一些特性:

(1) 它的取值极限在 -1 和 $+1$ 之间,即 $-1 \leqslant r \leqslant +1$。

(2) 它具有对称性,即 X 与 Y 之间的相关系数 r_{XY} 和 Y 与 X 之间的相关系数 r_{YX} 相同。

(3) 它与原点和测度都无关,即如果定义 $X_i^* = \alpha X_i + c$ 和 $Y_i^* = \beta Y_i + d$,其中 $\alpha > 0, \beta > 0$,且 c 和 d 都是常数,则 X_i^* 和 Y_i^* 之间的 r 无异于原始变量 X 与 Y 之间的 r。

(4) 如果 X 和 Y 统计上独立的,则它们之间的相关系数 $r = 0$;但反过来,$r = 0$ 不等于说 X 和 Y 是独立的。

(5) 它仅是线性关联的一个度量,不能用于描述非线性关系。

2. 相关系数的计算方法

(1) 皮尔逊(Pearson)相关系数。通常,仅对刻度级(Scale)变量计算皮尔逊(Pearson)相关系数,公式为:

$$r_{xy} = \frac{\sum (x_i - \bar{x})(y_i - \bar{y})}{\sqrt{\sum (x_i - \bar{x})^2 \sum (y_i - \bar{y})^2}} \tag{6-1-1}$$

其中,$\bar{x}, \bar{y}$ 分别为 $x_i, y_i (i = 1, 2, \cdots, n)$ 的算术平均值。

(2) 斯皮尔曼(Spearman)和肯德尔(Kendall)秩相关关系。用于反映两个序次或等级变量的相关程度。计算 Spearman 相关数据时,要求先对原始变量的数据排序,根据秩使用 Spearman 相关系数公式进行计算。公式可为:

$$r_s = \frac{\sum (R_i - \bar{R})(S_i - \bar{S})}{\sqrt{\sum (R_i - \bar{R})^2 (S_i - \bar{S})^2}} \tag{6-1-2}$$

式中,R_i、S_i 分别是 x_i, y_i 的秩。$\bar{R}, \bar{S}$ 分别是变量 R_i、S_i 的平均值。

至于肯德尔秩相关系数的计算公式,此处不再列出。

3. 关于相关系数统计意义的检验

我们通常利用样本来研究总体的特性,由于抽样误差的存在,样本中两个变量之间的相关系数不为 0,不能直接就断定总体中两个变量间的相关系数不是 0,而必须进行检验。

零假设 $H_0 : r = 0$

给出显著性水平 α,做出判断。对给定的显著性水平 α,与检验统计量相对应的 p 值进行比较:当 p 值(SPSS 中常用 Sig 值来表示)小于显著性水平 α,则拒绝原假设,认为相关系数不为零。如 $\alpha = 0.05, P = 0.01$,则 $P < \alpha$,拒绝零假设,即两个变量相关系数 $r \neq 0$,计算得到的相关系数是有意义,可以对它进行说明两个变量之间的相关程度;反之,当 p 值大于显著性水平 α,则不能拒绝原假设,认为相关系数为零,不能根据计算得到的相关系数来说明两者之间相关程度。

【实验内容】

某大学一年级 12 名女生的胸围(cm)、肺活量(L)、身高(m),数据见表 6-1-1。试分析胸围与肺活量两个变量之间相关关系。

表 6-1-1 胸围、肺活量与身高相关数据表

学生编号	胸围	肺活量	身高
1	72.5	2.50	1.60
2	83.8	3.12	1.68
3	78.3	1.91	1.61
4	88.6	3.27	1.65
5	77.2	2.82	1.69
6	81.7	2.86	1.64
7	78.4	3.17	1.63
8	74.8	1.91	1.59
9	73.6	2.97	1.66
10	79.4	3.28	1.70
11	85.8	3.42	1.68
12	72.5	2.78	1.62

【实验步骤】

(1)绘制散点图,以判断两个变量之间有无线性相关趋势,见图 6-1-1。

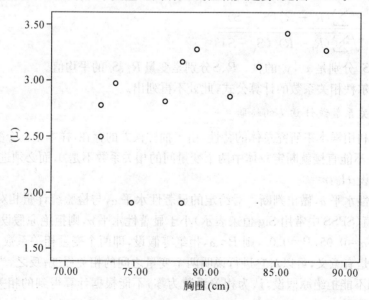

图 6-1-1 女生胸围与肺活量的散点图

从上图 6-1-1 可见，一年级女生胸围与肺活量之间有线性相关趋势，可以做线性相关分析。

（2）从菜单上依次选择"分析—相关—双变量（二元相关）"命令，打开对话框，如图 6-1-2 所示。选择"胸围"、"肺活量"到变量框；选择"相关系数-pearson"、"显著性检验-双侧检验"、"标记显著性相关"。单击"确定"按钮。

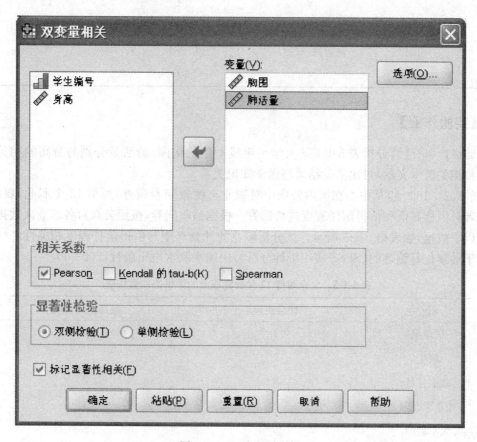

图 6-1-2　双变量对话框

【实验结果与分析】

由结果表 6-1-2 可以看出，变量间相关系数是用 2 * 2 方阵形式出现的。每一行和每一列的两个变量对应的单元格就是这两个变量相关分析结果，有三个数字，分别为 Pearson 相关性、显著性（双侧）、N（样本量）。如表格中黑色单元格所示。胸围与肺活量的 Pearson 相关系数为 0.549，显著性检验为 0.064，样本量为 12。如果单从相关系数可以看出两者是正相关的而且具有中等相关性。但是，显著性检验 0.064＞0.05，接受原假设零假设 $H_0 : r = 0$，所以 Pearson 相关系数为 0.549 的值没有通过显著检验。根据这 12 个小样本来推断该大学一年级女生胸围与肺活量之间的没有线性相关性。

表 6-1-2   胸围与肺活量相关性

		胸围	肺活量
胸围	Pearson 相关性	1	0.549
	显著性(双侧)		0.064
	N	12	12
肺活量	Pearson 相关性	0.549	1
	显著性(双侧)	0.064	
	N	12	12

【实验作业】

6.1.1   请继续分析表 6-1-1 某大学一年级女生的胸围、肺活量分别与身高的相关性,并查找相关医学文献,对比实验结果与医学知识关系。

6.1.2   1990 年某中心在国内公众中对职业态度做问卷调查,列举 12 个职业,要求被调查者对声望高低和值得信任程度进行回答。根据回收问卷,按照公众对各职业人数排列,获得以下数据,如表格 6-1-3 所示。试分析职业的社会声望与值得信任程度相关性。(数据来源于赫黎仁等编著的《SPSS 实用统计分析》,中国水利水电出版社,2003.1)

表 6-1-3   公众对待 12 种社会职业的评价态度数据表

职业	社会声望	值得信任程度
科学家	1	1
医生	2	2
政府官员	3	7
中小学教师	4	3
大学教师	5	5
工程师	6	4
新闻记者	7	8
律师	8	6
企业管理员	9	12
银行管理员	10	10
建筑设计师	11	9
会计师	12	11

实验二 偏相关分析

【实验目的】

1. 准确理解偏相关分析的方法原理和使用前提；
2. 熟练掌握偏相关分析的 SPSS 操作；
3. 了解偏相关分析在中介变量运用方法。

【准备知识】

1.偏相关分析的概念

在多元相关分析中，由于其他变量的影响，Pearson 相关系数只是从表面上反映两个变量相关性，相关系数不能真正反映两个变量间的线性相关程度，甚至会给出相关的假想。因此，在有些场合中，简单的 Pearson 相关系数并不是测量相关关系的本质性统计量。当其他变量控制后，给定的任意两个变量之间的相关系数叫做偏相关系数。偏相关系数才是真正反映两个变量相关关系的统计量。

例如在研究某新产品消费情况，经常会考察消费者的收入、产品定价与产品销量之间关系。显然产品销量与消费者收入、产品价格存在一定的正相关关系。但是当我们将收入固定下来，对收入相同的人分析产品价格与销量的关系时，是否仍然有价格越低，销量越大正相关关系吗？恐怕实际中当价格低于某个区间时，两者关系会发生变化。

进一步思考，当控制了消费者收入变量，并且价格与销量处于线性区间内，利用偏相关分析计算价格与销量的偏相关关系，一定可以得到反映两者的真实关系？结论也是不一定，因为除了消费者收入，还有消费者其他人口特征变量等许多因素仍然在影响到产品价格与销量之间关系。所以，我们在使用偏相关时要尽可能地把其他一些影响因素控制起来，才可以得到更加接近真实的相关系数。即应用偏相关分析的前提条件。

2.偏相关系数的计算公式

设有 n 个变量 $X_1, X_2, \cdots, X_n$，每两个变量间的简单相关关系，即皮尔逊(Pearson)相关系数所构成的相关系数对称矩阵为：

$$R = \begin{bmatrix} r_{11} & r_{12} & \cdots & r_{1n} \\ r_{21} & r_{21} & \cdots & r_{2n} \\ \cdots & \cdots & \cdots & \cdots \\ r_{n1} & r_{n2} & \cdots & r_{nn} \end{bmatrix} \tag{6-2-1}$$

其中 $r_{ij} = r_{ji}$，$i, j = 1, 2, \cdots, n$。如设 Δ 为此矩阵的行列式，既 $\Delta = |R|$，则变量 X_i 与 Y_j 之间的偏相关关系为：

$$R_{ij} = \frac{-\Delta_{ij}}{\sqrt{\Delta_{ii}\Delta_{jj}}} \tag{6-2-2}$$

其中，$\Delta_{ij}, \Delta_{ii}, \Delta_{jj}$ 分别为 Δ 中元素 r_{ij}, r_{ii}, r_{jj} 的代数余子式。

【实验内容】

研究人员收集了 26 个旅游景点某年的商店投资数据、游客增长率和风景区的经济增长率。问景区商业投资是否确实导致了风景区的经济增长率[①]?

【实验步骤】

风景区的经济增长率显然受到景点投资和游客增长率的共同影响。因此,要分析景区商业投资是否确实导致了风景区的经济增长率,需要控制游客增长率变量后,通过分析景区商业投资与风景区的经济增长率偏相关才能回到提出的问题。

(1)在 SPSS 17.0 中打开数据文件 6-2. sav,通过选择"文件—打开"命令将数据调入 SPSS 17.0 的工作文件窗口,如图 6-2-1 所示。

图 6-2-1　旅游投资数据文件

(2)从菜单上依次选择"分析-相关-偏相关"命令,打开其对话框,如图 6-2-2 所示。选择"商业投资"与"经济增长"作为相关分析变量,送入变量框中;选择"游客增长率"作为控制变量,用箭头送入右边的控制框中。

---

① 　数据来源于马庆国编著《管理统计》,科学出版社,2006.1。

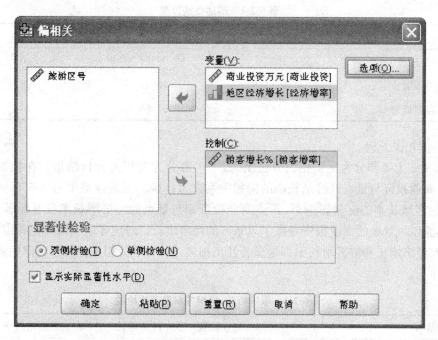

图 6-2-2 偏相关分析对话框

点击"选项"按钮,见图 6-2-3,选择零阶相关系数(也就是两两简单相关系数,可以用于偏相关系数比较)。点击"继续"按钮回到主分析框。点击"确定"按钮。

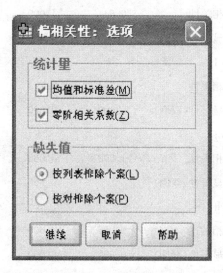

图 6-2-3 偏相关的选项对话框

【实验结果与分析】

(1) 描述性统计分析

由表 6-2-1 可以看出,26 个景点的商业投资平均值为 1521.9231,标准差为 85.09567,景区经济增长率和游客增长率均值分别为 2.2019 和 3.7173。

表 6-2-1　描述性统计量

	均值	标准差	N
商业投资	1521.9231	85.09567	26
景区经济增长率	2.2019	0.46914	26
游客增长率	3.7173	0.61066	26

（2）偏相关分析

表 6-2-2 上半部分为零阶相关分析结果,下半部分为偏相关分析结果。在控制游客增长率后,商业投资与景点经济增长率的偏相关系数为 0.083,显著性概率为 0.659＞0.05,说明剔除游客增长率的变量影响后,景点商业投资额与景点的经济增长率没有显著关系,因此,也不能说风景区的商业投资导致了风景区的经济增长。对比零阶相关可以看出,商业投资与景点经济增长和游客增长率都是显著性正相关,所以,单凭相关分析来判定两者关系有时会误导的。

表 6-2-2　零阶相关、偏相关与显著性检验

控制变量			商业投资	景点经济增长	游客增长率
一无一[a]	商业投资元	相关性	1.000	0.644	0.791
		显著性（双侧）	0.000	0.000	0.000
		df	0	24	24
	景点经济增长	相关性	0.644	1.000	0.773
		显著性（双侧）	0.000	0.000	0.000
		df	24	0	24
	游客增长率	相关性	0.791	0.773	1.000
		显著性（双侧）	0.000	0.000	0.000
		df	24	24	0
游客增长率	商业投资	相关性	1.000	0.083	
		显著性（双侧）	0.	0.695	
		df	0	23	
	景点经济增长	相关性	0.083	1.000	
		显著性（双侧）	0.695	0.000	
		df	23	0	

a. 单元格包含零阶（Pearson）相关。

【实验作业】

6.2.1　卫生陶瓷产品是现代建筑中不可缺少的建材。卫生陶瓷产品的用量与建筑面积的竣工有直接的关系。为了研究它们之间关系,现收集了我国近 20 年来的卫生陶瓷产品

的年需求量及各类建筑竣工面积的历史资料(数据来源于赫黎仁等编著的《SPSS 实用统计分析》),见表 6-2-3。问卫生陶瓷产品年需求量与年城镇住宅建筑竣工面积之间确实关系如何?

表 6-2-3 卫生陶瓷产品年需求量

序号	卫生陶瓷产品年需求量	年城镇住宅建筑竣工面积	年新增医疗卫生机构面积	年新增办公楼等建筑面积
1	4.00	9.00	1.40	2.90
2	6.00	9.00	1.10	2.80
3	4.00	10.00	1.10	3.10
4	3.00	17.00	1.10	4.10
5	5.00	16.00	1.10	5.00
6	7.00	18.00	1.40	4.50
7	10.00	10.00	0.80	1.80
8	4.00	9.00	0.40	0.60
9	5.00	9.00	0.50	0.80
10	7.00	10.00	0.90	2.10
11	11.00	12.00	1.10	2.10
12	8.00	14.00	2.20	4.00
13	9.00	19.00	2.20	4.00
14	10.00	21.00	2.40	3.60
15	14.00	20.00	2.20	4.20
16	18.00	22.00	2.30	4.60
17	20.00	21.00	2.10	4.00
18	24.00	28.00	2.30	4.30
19	22.00	33.00	2.40	4.70
20	26.00	50.00	2.60	6.00

实验三 简单线性回归分析

【实验目的】

1. 准确理解简单线性回归分析的方法原理;
2. 熟练掌握简单线性回归分析的 SPSS 操作与分析;
3. 了解相关性与回归分析之间关系;

4. 培养运用简单线性回归分析解决实际问题的能力。

【准备知识】

1. 线性回归分析问题

线性回归分析一般解决以下问题:第一,确定因变量与若干自变量之间的定量表达式,通常称为回归方程式,并确定它们联系的密切程度;第二,通过控制可控变量的数值,利用求出的回归方程式来预测或控制因变量的取值和精度;第三,进行自变量分析,找出影响因素最为显著的,以区别重要因素和次要因素。

回归分析主要研究变量之间的线性相关关系时,称为线性回归分析,否则称为非线性回归分析。又按照自变量多少分为一元线性回归和多元线性回归。

2. 简单线性回归分析的理论模型

$$y = \beta_0 + \beta_1 x + \varepsilon \tag{6-3-1}$$

其理论假设为:

$$\begin{cases} E(\varepsilon_i) = 0 \\ \mathrm{var}(\varepsilon_i) = \sigma^2 \\ \mathrm{cov}(\varepsilon_i, \varepsilon_j) = 0, i \neq j \end{cases} \tag{6-3-2}$$

简单线性回归的主要任务是根据样本数据求出未知参数 β_0 和 β_1 的估计值 $\hat{\beta}_0$ 和 $\hat{\beta}_1$,从而得到估计的回归方程。

3. SPSS 线性回归分析的数据要求

线性回归过程中包括一元、多元线性回归、多元逐步回归。可以给出所求回归方程的回归系数估计值(即回归系数参数估计和区间估计)、协方差矩阵、复相关系数 R、方差分析表、因变量的最佳预测值等,还可以输出变量值的散点图等图形。

线性回归过程对数据的要求是:自变量和因变量必须是具有刻度级测度的数值型变量;标志或分类变量,必须记录为二元的哑变量(虚拟变量)或者其他类型的对立变量。

对于因变量的所有观察值(样本)应该认为是来自于相互独立的等方差的正态总体(i.i.d),并且因变量与各个自变量之间应具有一定的线性关系。

4. 简单线性回归分析中的统计检验和残差分析

(1)拟合优度检验。判定线性回归直线拟合优度的检验统计为:

$$R^2 = \frac{\sum(\hat{y}_i - \bar{y})^2}{\sum(y_i - \bar{y})^2} \tag{6-3-3}$$

式中, $\sum(y_i - \bar{y})^2 = \mathrm{SST}$,称为总平方和, $\sum(\hat{y}_i - \bar{y})^2 = \mathrm{SSR}$,称为回归平方和,SSE $= \mathrm{SST} - \mathrm{SSR} = \sum(\hat{y}_i - y_i)^2$,称为残差平方和。 R^2 称为判定系数或拟合效度等。

(2)F 检验。回归方程显著性检验的统计量为 F 统计量:

$$F = \frac{\sum(\hat{y}_i - \bar{y})^2/p}{\sum(y_i - \hat{y}_i)^2/(n-p-1)} = \frac{R^2/p}{(1-R^2)/(n-p-1)} \sim F(p, n-p-1)$$

$$\tag{6-3-4}$$

式中,p为自变量个数,n为样本观测个数。对于一元线性回归方程,$p=1$。同时注意到,$R^2 \propto F$,即拟合优度越好,F值越大,越有可能是显著的,方程成立可能性越大。说明R^2是直观地体现出拟合效果,而F是统计量定量说明这个效果是否显著,一般两者配套使用。

(3)DW检验。在回归模型的诊断中,有一个非常重要的回归模型假设需要诊断,那就是回归模型中的误差项的独立性。如果误差项不独立,那么对回归模型的任何估计与假设所作出的结论都是不可靠的。其参数称为DW。取值范围是$0<DW<4$,统计学意义如下:当残差与自变量互为独立时,$DW \approx 2$;当相邻两点的残差为正相关时,$DW<2$;当相邻两点的残差为负相关时,$DW>2$。

(4)残差分析。所谓残差就是指回归方程计算得到的预测值与实际值之间的误差:

$$e_i = y_i - \hat{y_i} \tag{6-3-5}$$

它是回归模型中的ε_i估计值,有多个e_i形成的序列称为残差序列。可通过残差序列分析来证实模型假设。常以预测值$\hat{y_i}$为横轴,以误差e_i为纵轴(或学生化残差),绘制残差的散点图。如果散点图呈现明显的规律性,则认为存在自相关性,或者存在非线性、非常数方差的问题。利用残差图还可以判断模型的拟合效果。在残差图中,如果各点呈随机状,并绝大部分落在$\pm 2\sigma$范围(68%的点落在$\pm \sigma$内,96%的点落在$\pm 2\sigma$之中),说明模型对于数据的拟合效果较好。

5.简单线性回归分析的基本步骤

(1)样本数据绘制散点图

回归分析之前,需要对样本资料是否满足要求进行判断。可以先使用相关分析法确定自变量与因变量之间的相关系数,或者运用散点图(Scatter)功能,产生直观的散点图,观察自变量与因变量之间关系,以及奇异值等情况。如果图中发现有明显远离主体的观测值,则称之为异常点(Outlier),这些点很可能对正确评价两变量之间关系有较大影响。对异常点的识别与处理需要从专业知识和数据特征两方面结合起来来考虑,结果可能是现有回归模型的假设不合理,需要改变模型形式,也可能是样本造成的误差。需要特别强调的是,实践中不能通过简单剔除异常数据的方式来得到拟合效果较好的模型,需要仔细地核对原始数据,并检查其产生的过程,认定是否是过失误差,或者通过重复测定而确定是抽样误差造成的偶然结果,才可以通过剔除或采用其他估计方法,比如采用非线性回归或者变分线性为线性关系等。

(2)观察数据的分布

分析因变量的正态性、方差齐性,确定是否可以进行线性回归分析。模型拟合完毕,通过残差分析结果来考察模型是否可靠。如果变量进行了变换,则应重新绘制散点图并观察数据分布。

(3)估计参数,建立回归预测模型

利用检验统计量对回归预测模型进行显著性检验,得到拟合回归直线。

(4)残差分析

考察数据是否符合模型假设条件,主要包括以下两个方面。首先残差是否独立? 实际上就是考察因变量取值是否相互独立,采用 Durbin-Watson,DW 残差序列相关性进行分析,其取值范围为:$0<DW<4$。统计意义为:若 $DW \approx 2$,表明相邻两点的残差项相互独立;若 $0<DW<2$,表明相邻两点的残差项正相关;若 $2<DW<4$,表明相邻两点的残差项负相

关。其次,考察残差分布是否为正态? 实际上就是考察因变量趋势是否服从正态分布,可以采用残差列表及相关指标法进行分析,直方图是图示法观察用的。

完成上述 4 步,才能认为得到的是一个统计学意义上的无误的模型,下面是根据统计学结果,结合专业知识对实际作出解释和应用。

(5)利用回归模型进行预测,分析评价预测值

线性回归用于预测时,其适用范围一般不应超出样本中自变量的取值范围,此时求得的预测值成为内插(Interpolation),而超出自变量取值范围所得到的预测值成为外延(Extrapolation)。若无充分理由说明现有自变量范围以外的两变量间仍然是线性关系,则应尽量避免不合理的外延。同时线性模型的预测效果不及非线性模型,所以一般不用线性模型来开展预测功能。

6. 相关分析与回归分析关系

(1)概念关系:相关分析与回归分析有密切的关系,它们都是研究变量之间线性关系的统计分析方法。但是两者又有区别。相关分析中的变量视为随机变量,仅研究变量之间是否存在线性关系;而回归分析中研究的变量分为因变量和自变量,因变量是随机变量,又成为被解释变量,自变量又称为解释变量,是可以加以控制的变量。

(2)虽然因果分析研究一个变量对另一个(些)变量的依赖关系,但它并不一定意味着因果关系。用 Kendall 和 Stuart 的话说:"一个统计关系式,不管多强也不管多么有启发性,却永远不能确定因果方面的联系;对因果关系的理念,必须来自统计学以外,最终来自这种或那种理论"。

【实验内容】

下表给出 1960—1972 年之间的美国制造业的每百名雇员的辞退率与失业率。试分析辞退率 Y 和失业率 X 的线性关系。(资料来源:Manpower Report of the President,1973)。

表 6-3-1   1960—1972 年美国制造业的每百名雇员的辞退率与失业率

年份	1960	1961	1962	1963	1964	1965	1966	1967	1968	1969	1970	1971	1972
Y	1.3	1.2	1.4	1.4	1.5	1.9	2.6	2.3	2.5	2.7	2.1	1.8	2.2
X	6.2	7.8	5.8	5.7	5.0	4.0	3.2	3.6	3.3	3.3	5.6	6.8	5.6

【实验步骤】

在 SPSS 17.0 中建立和打开数据文件。

(1)进入线性回归分析的对话框。选择"分析-回归-线性"命令。弹出如图 6-3-1 的回归对话框。

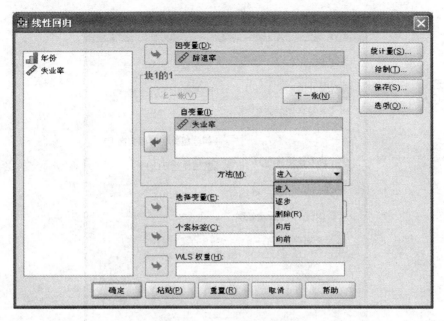

图 6-3-1 回归分析对话框

(2)选择分析变量。将"辞退率"送入因变量分析框;将"失业率"送入自变量分析框。

(3)在方法[M]框中回归分析方法。

➤进入法(Enter):所选择的自变量全部进入回归模型,该选项是默认方式。

➤逐步回归法(Stepwise):它是向前选择法与向后剔除法的结合。根据在选项[O]对话框中设定,首先根据方差结果选择符合要求的自变量且对因变量贡献最大的进入方程。然后根据向后剔除法,将模型中 F 值最小的且符合剔除要求的变量剔除出模型,重复进行,直到回归方程中的自变量均符合进入模型,模型外的自变量都不符合进入模型要求为止。

➤消去法(Remove):建立回归方程时,根据设定的要求剔除部分自变量。

➤后向剔除法(Backward):先建立全模型,根据在选项[O]对话框中设定,每次剔除一个最不符合要求的变量,直到回归模型中不再含有不符合要求的自变量为止。

➤向前选择法(Forward):从模型中无自变量开始,根据在选项[O]对话框中设定,每次将一个最符合的变量进入模型,直正所有符合要求的变量都进入模型为止。第一个进入模型的变量应该与因变量间的相关系数绝对值最大。如果指定的依据是 F 值,每次将方差分析的 F 值最大的进入模型。

(4)选择分析统计量。

单击图 6-3-1 统计量[S]按钮,弹出对话框,如图 6-3-2 所示。

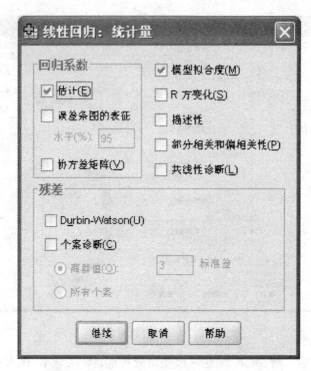

图 6-3-2　回归统计量分析框

● 回归系数(Regression Coefficients)

➢估计(E)选项:输出回归系数 β、β 的标准误、标准化回归系数 beta、对回归系数进行检验的 t 值、t 值的双侧检验的显著性水平 sig。

➢置信区间(Confidence intervals)选项:显示每个回归系数或协方差矩阵指定置信度的置信区间。

➢协方差矩阵(Convariance matrix)选项:输出非标准化回归系数的协方差矩阵、各变量的相关系数矩阵。

● 与模型拟合及其拟合效果有关的选择项

➢模型拟合度(Model fit)选项:输出复相关系数 R、复相关系数 R^2 及其修正值、估计值的标准误、ANOVA 方差分析表、引入模型和从模型中剔除的变量。这是系统默认选择项。

➢R 方变化(R squared chang)选项:由于添加或删除自变量而产生的 R^2 统计量的变化。如果较大,说明进入和从方程中剔除的变量有可能是一个较好的回归变量。

➢部分相关和偏相关性(Part and partial correlation)选项:输出部分相关系数(表明当一个自变量进入回归方程后,R^2 增加了多少)、偏相关系数(表示排除了其他自变量对因变量的影响后,与因变量的相关程度)、零阶相关系数(变量之间的简单相关系数)。

➢共线性诊断(Collinearity diagnostics)选项:共线性(或多重共线性)指一个自变量是其他自变量的线性函数。输出用来诊断各变量共线性问题的各种统计量和容限值。

● 有关残差(Residuals)分析的选择项

➢Durbin-Watson 选项:输出 Durbin-Watson 统计量以及可能是奇异值的观察量诊断表。

➢个案诊断(Case diagnostics)选项:输出观测量诊断表。

离群值(Outliers and standard deviation)选项,设置奇异值的判据,默认值为≥3。所有观测量选项,输出所有观察量的残差值。

(5) 选择分析(O)选项

出现如图 6-3-3 所示对话框。

● 步进方法标准(Stepping Method Criteria):设置变量进入模型或从模型中剔除的判据。

➢使用 F 的概率选项:以 F 检验的概率作为变量进入模型或从模型中剔除的判据。系统默认值为 0.05。当一个变量的 sig 值≤0.05 时,该变量进入回归方程;当一个变量的 sig 值≥0.10 时,该变量从回归方程中删除。可以在其后的编辑框中输入自定义值,但是进入值要小于删除值。

➢使用 F 值选项:以 F 值作为变量进入模型或从模型中剔除的判据。系统默认进入 F 值≥3.84,F 值≤2.71 时从模型中删除该变量。

● 在等式中包含常量(Include constant in equation)选项:在回归方程中包含常数项,这是默认选择项。

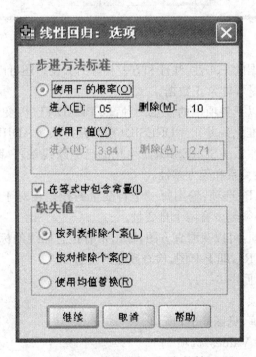

图 6-3-3 线性回归:选项对话框

本例选择 SPSS 系统默认。单击"继续"按钮,返回图 6-3-1。

(6)选择绘制(T)选项

弹出绘制对话框,见图 6-3-4 所示。

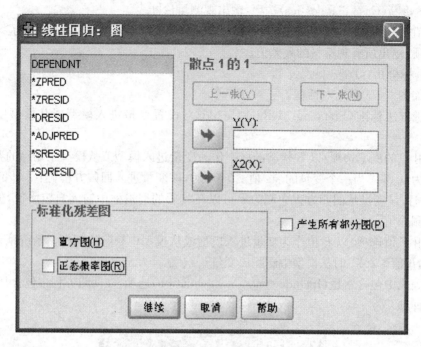

图 6-3-4   绘制对话框

　　图可以帮助检验数据的正态性、线性和方差相等的假设。还可以帮助识别离群值、异常观察值和有影响的观测量等非常正数据。

　　散点图。可以绘制以下各项中的任意两种：DEPENDNT(因变量)、＊ZPRED(标准化预测值)、＊ZRESID(标准化残差)、＊DRESID(剔除残差)、＊ADJPRED(调整的预测值)、＊SRESID(学生化的残差)、＊SDRESID(学生化的已删除残差)。针对标准化预测值绘制标准化残差，以检查线性关系和等方差性。

　　● 产生所有部分图(P)选项：输出每一个自变量的残差相对于因变量残差的散点图。要生成部分图，方程中必须至少有两个自变量。

　　● 标准化残差图选项：可以获取直方图，输出带有正态曲线的标准化残差的直方图；标准化残差的正态概率图(R)，即 P-P 图，检查残差的正态性。

　　单击"继续"按钮，返回图 6-3-1。

　　(7)单击保存(S)选项

　　弹出保存变量对话框，见图 6-3-5 所示。

　　● 预测值(Predicted Values)选项

　　回归模型对每个个案预测值。

　　➢未标准化(U)：非标准化，模型为因变量预测的值。

　　➢标准化(R)：每个预测值转换为其标准化形式。

　　➢调节(J)：当某观测量从回归系数的计算中排除时，观测量的预测值。

　　➢均值预测值的 S.E.：预测值的标准误，对于自变量具有相同值的观测量所对应的因变量的均值的标准差的估计。

- 残差

➤未标准化(N)：未标准化残差，因变量的实际值与模型预测值之间的差。

➤标准化(A)：标准化残差，残差除以其标注差的估计。标准化残差也称为 Pearson 残差，它的均值为 0，标准差为 1。

➤学生化(S)：学生化残差，残差除以其随观测量变化的标准差的估计，这取决于每个观测量的自变量值与自变量均值之间的距离。

➤删除(L)：剔除残差，当某个观测量从回归系数的计算中排除时，该观测量的残差，是因变量的值和经调整的预测值之差。

➤学生化已删除(E)：学生化剔除差，一个观测量的删除残差除以其标准误。

- 距离

将自变量的异常观测值和对回归模型产生较大影响的观测值区分出来。

➤Mahalanobis 距离(H)：马哈拉诺比斯距离，简称为马氏距离，是一个测量自变量观测值中有多少观测值与所有观测值均值不同的测度，把马氏距离数值大的观测值视为极端值。

➤Cook 距离(K)：库克距离，如果一个特殊的观察值被排除在回归系数的计算之外时，库克距离用于测量所有观测量的残差将会有多大的变化。当将库克距离数值大的观测量排除在回归分析的计算时，会导致回归系数发生根本变化。

➤杠杆值(G)：用于度量某个点对回归拟合的影响。集中的杠杆值范围为从 0（对拟合无影响）到 $(N-1)/N$。

- 预测区间(Prediction Intervals)

➤均值(M)：均值预测区间的上下限。

➤单值(I)：因变量的单个观测量的预测区间。

➤置信区间(C)：预测区间的置信概率，在小框中输入 1～99.99 之间的值。

- 影响统计量(Influence Statistics)

➤DfBeta(s)：Beta 值之差，是由于排除了某个特定观测量而导致的回归系数的改变。为模型中的每一项（包括常数项）均计算一个值。一般情况下如果此值大于界值 $2/\sqrt{N}$（其中 N 为观测量数）的绝对值，则被排除的观测量有可能是影响点。

➤标准化 DfBeta(Z)：标准化的 DfBeta 值，可以用来识别其绝对值大于 2 的观测量作为影响点而加以排除。

➤DiFit(F)：因排除一个特定的观测量所引起的预测值的变化量。

➤标准化 DiFit(T)：标准化的 DiFit 值。如果此值大于其临界值 $2/\sqrt{P/N}$（其中 P 为自变量个数，N 为观测量数）的绝对值，则可以认定此观测量为影响点。

➤协方差比率(V)：剔除一个影响点的协方差矩阵与全部观测量的协方差矩阵的比率。如果比率接近于 1，则说明被排除的观测量不能显著改变协方差矩阵。

- 系数统计

将回归系数保存到数据集或数据文件。可以在同一会话中继续使用数据集，但不会将其另存为文件，除非在会话结束前，将其保存为文件。数据集名称必须符合变量名命名规则。

- 将模型信息输出到 XML 文件：将参数估计值及其协方差导出到指定的 XML 格式的文件。

这里不保存任何值,然后单击"继续"命令返回图 6-3-1。

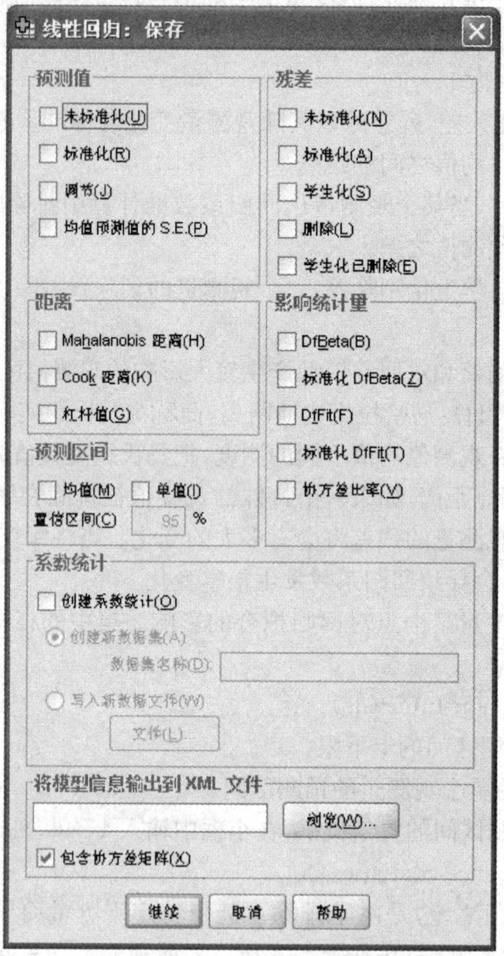

图 6-3-5   保存变量对话框

(8)执行程序

单击图 6-3-1"确定"按钮,则在输出窗口中输出回归分析结果。

【实验结果与分析】

(1)回归模型概述表

由表 6-3-2 可以看出,相关系数为 $R=0.808$,$R^2=0.653$,经调整的 R 方为 0.622,这些数值表明,两个变量之间存在一定的线性相关关系。

表 6-3-2   模型汇总

模型	R	R 方	调整 R 方	标准 估计的误差
1	0.808[a]	0.653	0.622	0.3224

a. 预测变量:(常量),失业率。

b. 因变量:辞退率

（2）方差分析表

由表 6-3-3 可知，$F = 20.715$，$\text{Sig} = 0.001$，即检验假设"H_0：回归系数 $B = 0$"等于 0.001，从而应该拒绝 H_0，说明回归效果极为显著。

表 6-3-3　方差分析表（Anova）

模型		平方和	df	均方	F	Sig.
1	回归	2.153	1	2.153	20.715	0.001ᵃ
	残差	1.144	11	0.104		
	总计	3.297	12			

a. 预测变量：（常量），失业率。

b. 因变量：辞退率

（3）线性回归方程系数表

表 6-3-4 显示回归系数是：常量为 3.366，自变量为 -0.286，回归系数的显著性水平分别为 0.000、0.001，都小于 0.05，具有统计学意义，由此可知回归方程为：

$$\hat{Y}_i = 3.366 - 0.286 X_i$$

表 6-3-4　模型系数表

模型		非标准化系数		标准系数	t	Sig.
		B	标准 误差	试用版		
1	（常量）	3.366	0.331		10.167	0.000
	失业率	-0.286	0.063	-0.808	-4.551	0.001

a. 因变量：辞退率

（4）残差统计量

表 6-3-5　模型系数表

	极小值	极大值	均值	标准 偏差	N
预测值	1.134	2.450	1.915	0.4236	13
残差	-0.4352	0.4365	0.0000	0.3087	13
标准 预测值	-1.845	1.263	0.000	1.000	13
标准 残差	-1.350	1.354	0.000	0.957	13

a. 因变量：辞退率

【实验作业】

6.3.1　利用表 6-3-1 中 1966—1978 年数据，得到回归模型为：

$$\hat{Y}_i = 3.1273 - 0.1714 X_i$$

很显然，这个模型与上面例题给出的模型是有差异的，你会怎么理解这些差异？

6.3.2. 现在测得变量 X 与 Y 的数据如下表 6-3-6：

表 6-3-6

ID	1	2	3	4	5	6	7	8	9	10	11
X	49.1	50.1	49.2	49.1	49.0	49.5	49.8	49.8	50.3	50.3	51
Y	16.7	17.0	26.9	16.5	16.7	16.9	16.9	17.1	17.2	17.1	17.6

(1)判断变量 X 与 Y 之间是否有线性相关关系?

(2)若线性相关,求出两个变量的回归方程?

(3)比较两者的不同之处。

实验四 多元线性回归分析

【实验目的】

1. 准确理解简单线性回归分析的方法原理;

2. 熟练掌握简单线性回归分析的 SPSS 操作与分析;

3. 了解相关性与回归分析之间关系;

4. 培养运用简单线性回归分析解决实际问题的能力。

【准备知识】

1. 多元线性回归分析基本原理

(1)多元线性回归模型是指含有多个自变量的线性回归模型,用于解释因变量与其他多个自变量之间的线性关系。

线性回归的一般数学模式是:

$$Y_i = \beta_0 + \beta_1 x_{i1} + \cdots + \beta_p x_{ip} + \varepsilon_i, i = 1, 2, \cdots, n \tag{6-4-1}$$

式中因变量 Y 的变化由两个部分来解释:一是由 P 个自变量 x 的变化引起的 Y 变化部分;二是由其他随机因素 ε 引起的 Y 变化部分。

(2)SPSS 线性回归分析过程 $x_1, x_2, \cdots, x_p, Y$ 作了 n 次观测,得到观测值为:

$$x_{i1}, x_{i2}, \cdots, x_{ip}, y_i, i = 1, 2, \cdots, n \tag{6-4-2}$$

其中,$x_{i1}, x_{i2}, \cdots, x_{ip}$ 分别为第 i 次观测时自变量 $x_1, x_2, \cdots, x_p$ 的取值;y_i 为因变量 Y 的观测值。

(3)回归分析需要对模型中的未知参数 $\beta_0, \beta_1, \cdots, \beta_p$ 作出估计,分别称为回归常数和偏回归系数。偏回归系数表示假设在其他所有自变量不变的情况下,某一个自变量变化引起的因变量变化的比率。

对建立的回归方程进行回归系数显著性检验,即检验假设 $H_0: \beta_i = 0, i = 1, 2, \cdots, p$。即第 i 个偏回归系数与 0 无显著差异。检验 β_i 的显著性统计量为 t 统计量。

(4)多元线性回归方程显著性检验的零假设为:

$H_0: \beta_1 = \beta_2 = \cdots = \beta_p = 0, i = 1, 2, \cdots, p$,检验的统计量为 F 统计量,如果检验拒绝 H,则

认为回归方程有效。与一元回归方程相同,在多元回归中也使用判定系数 R^2 来解释回归模型中自变量的变异在因变量变异中所占的比率,此时反映的是 Y 的变异由自变量联合解释的比例,因此,称 R^2 为复判定系数(Multiple coefficient of determination)。同时,复判定系数的值随着进入回归方程的自变量个数 P(或样本容量的大小)的增加而增大。因此,为了消除自变量个数以及样本量的大小对判定系数的影响,引入了经调整的判定系数(Adjusted R Square)。调整的判定系数的公式是:

$$\text{Adjusted } R^2 = \frac{\sum (\hat{y}_i - \bar{y})^2/(n-p-1)}{\sum (y_i - \bar{y})^2/(n-1)} = 1 - \frac{\sum (y - \hat{y})^2/(n-p-1)}{\sum (y - \bar{y})^2/(n-1)}$$

(6-4-3)

其中 p 为自变量的个数,n 为观测量的数目。可以看出,自变量个数大于 1 时,其值小于判定系数。自变量个数越多,与判定系数的差值越大。

2. 多元线性回归分析基本步骤

(1)根据研究问题,确定因变量与自变量,并初步设定多元线性回归方程。

(2)估计方程参数,确定估计多元线性回归方程。

(3)利用统计量对回归预测模型进行各项显著性检验。

(4)检验通过后,可以利用回归模型进行预测,分析评价预测值。

【实验内容】

本例使用 6-4 数据文件,建立一个以"初始工资"、"工作经验"、"受教育年限"等为自变量,"当前工资"为因变量的回归模型。(数据改编自卢纹岱主编《SPSS FOR WINDOWS 统计分析》,电子工业出版社,2007.4)

表 6-4-1 员工工资与工作经验

编号	性别	受教育年限	年龄	工种	当前工资	初始工资	工作经验
1	1	15	47	3	$57,000	$27,000	98
2	1	16	41	1	$40,200	$18,750	98
3	0	12	70	1	$21,450	$12,000	98
4	0	8	52	1	$21,900	$13,200	98
5	1	15	44	1	$45,000	$21,000	98
6	1	15	41	1	$32,100	$13,500	98
7	1	15	43	1	$36,000	$18,750	98
8	0	12	33	1	$21,900	$9,750	98
9	0	15	53	1	$27,900	$12,750	98
10	0	12	53	1	$24,000	$13,500	98
11	0	16	49	1	$30,300	$16,500	98
12	1	8	33	1	$28,350	$12,000	98

续表

编号	性别	受教育年限	年龄	工种	当前工资	初始工资	工作经验
13	1	15	39	1	$27,750	$14,250	98
14	0	15	50	1	$35,100	$16,800	98
15	1	12	37	1	$27,300	$13,500	97
16	1	12	35	1	$40,800	$15,000	97
17	1	15	37	1	$46,000	$14,250	97
18	1	16	43	3	$103,750	$27,510	97
19	1	12	37	1	$42,300	$14,250	97
20	0	12	59	1	$26,250	$11,550	97

【实验步骤】

1. 散点图

直观地观察自变量与因变量之间关系是否有线性特点。

(1)按"图形"→"散点"→"简单分布"顺序展开,如图 6-4-1 所示的对话框。单击"定义"出现图 6-4-2 简单散点图对话框。

(2)将变量"初始工资"、"当前工资"依次放入 Y 轴与 X 轴,单击"确定"按钮。

生成图形见图 6-4-3 ,根据同样操作方法,以"当前工资"为 Y 轴,分别以其他几个自变量为 X 的散点图。

从图中可以看出"初始工资"与"当前工资"存在明显的线性关系,由此可以判断建立线性回归方程是非常适合的。对其他需要引入模型的变量也应做散点图,以助判断。应当注意的是,在最终确定回归方程结果之前还应探索数据中的奇异点、影响点。如果发现这些点的存在,有效处置。

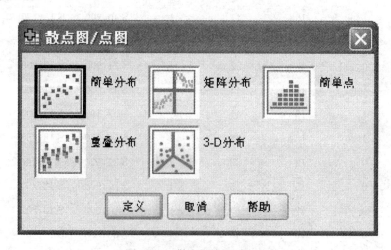

图 6-4-1 散点图类型选择框

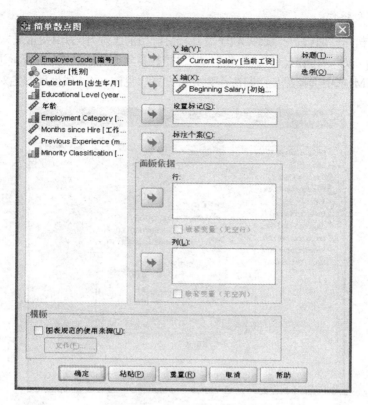

图 6-4-2 简单散点图对话框

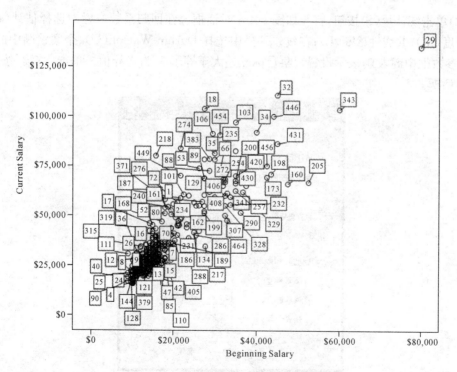

图 6-4-3 初始工资与当前工资散点图

2. 回归模型操作

(1) 按"分析"→"回归"→"线性"顺序展开,选择"当前工资"作为因变量进入因变量(D)框中。选择"初始工资"、"工作经验"、"工作时间"、"受教育年限"变量作为自变量进入自变量(I)框中。在方法(M)框中选择逐步回归法作为分析方式。见图 6-4-4 线性回归主对话框。

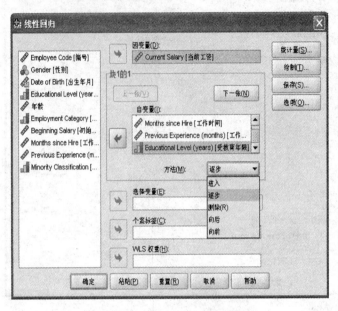

图 6-4-4　线性回归主对话框

(2)单击统计量(S)按钮,打开如图 6-4-5 对话框。在回归系数一栏中选择估计(E)、模型拟合度(M)、共线性诊断(L);在残差一栏中选择 Durbin-Watson(U)、个案诊断中的离群值(O)参数框中键入 3,表示设置观察量标准差大于等于 3,为奇异值。单击"继续"按钮,返回主对话框。

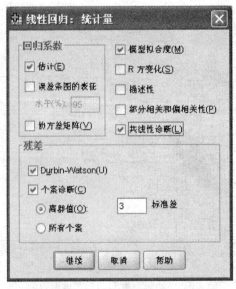

图 6-4-5　输出统计量对话框

(3)单击保存按钮,打开图 6-4-6 对话框。选择距离一栏中的 Mahalanobis 距离(H)、Cook 距离(K)、杠杆值(G);选择影响统计量一栏中的标准化 DfBeta(Z)、标准化 DfFit(T)、协方差比率(V),用来确定影响点,单击继续按钮,返回主对话框。

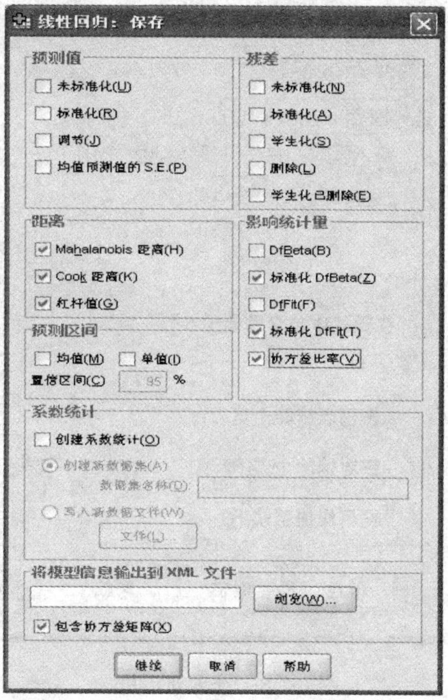

图 6-4-6　保存变量对话框

(4)为了从图形上检查模型的线性和方差齐性等,做散点图。单击绘制(T)按钮,打开绘图对话框,将变量 ZPRED 与 ZRESID 分别放入 X 、Y 框中;标准化残差图中选择直方图(H)、正态概率图(R)。单击"继续"按钮,返回主对话框。

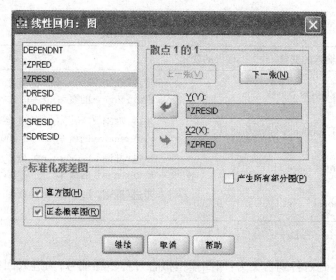

图 6-4-7　绘图对话框

(5)在主对话框中,单击选项(O)按钮,选择在等式中包含常量(I)。单击继续按钮,返回主对话框。

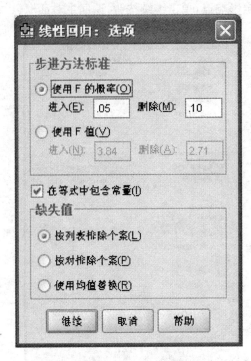

图 6-4-8 选项对话框

(6)提交系统执行结果。

【实验结果与分析】

输出结果见表 6-4-2 至表 6-4-11,图 6-4-9 和图 6-4-10 所示。

(1)回归方程

表 6-4-2 输入/移去的变量

模型	输入的变量	移去的变量	方法
1	Beginning Salary		步进(准则：F-to-enter 的概率≤0.050,F-to-remove 的概率＞＝0.100)。
2	Previous Experience (months)	0.000	步进(准则：F-to-enter 的概率≤0.050,F-to-remove 的概率＞＝0.100)。
3	Months since Hire	0.000	步进(准则：F-to-enter 的概率≤0.050,F-to-remove 的概率＞＝0.100)。
4	Educational Level (years)	0.000	步进(准则：F-to-enter 的概率≤0.050,F-to-remove 的概率＞＝0.100)。

a. 因变量：Current Salary

表 6-4-2 自左到右各列含义为:回归模型拟合过程步骤编号;为进入回归方程的自变量标签;从回归方程中被剔除的自变量标签;为自变量进入回归方程或从回归模型中剔除的判

据。可以看出,4 个被选择的自变量经过逐步回归过程进入了回归方程,没有被剔除的变量。

表 6-4-3 拟合过程模型汇总

模型	R	R 方	调整 R 方	标准 估计的误差	Durbin-Watson
1	0.880[a]	0.775	0.774	$8,115.356	
2	0.891[b]	0.793	0.793	$7,776.652	
3	0.897[c]	0.804	0.803	$7,586.187	
4	0.900[d]	0.810	0.809	$7,465.139	1.921

a. 预测变量:(常量),Beginning Salary。

b. 预测变量:(常量),Beginning Salary,Previous Experience (months)。

c. 预测变量:(常量),Beginning Salary,Previous Experience (months),Months since Hire。

d. 预测变量:(常量),Beginning Salary,Previous Experience (months),Months since Hire,Educational Level (years)。

e. 因变量:Current Salary

表 6-4-3 自左到右各列含义为:回归模型拟合过程步骤编号、R 回归方程的复相关系数、R^2 系数、调整 R^2、估计的标准误、Durbin-Watson 值。可以看出,随着模型中自变量个数的增加,R^2 系数的值不断变大,但这也并不意味着模型也就越好,也未必会减少估计的标准误。而调整 R^2 值与变量的数目无关,能确切地反映拟合度。因此,除非模型需要,自变量个数不应太多,多余的自变量会给解释回归方程造成困难。包含多余的自变量模型不但不能改善预测值,反而有可能增加标准误差。由表 6-4-3,$R^2 = 0.900$,调整的 $R^2 = 0.809$,可以看出建立的回归方程拟合比较好。Durbin-Watson$=1.921$,DW 是一个检验一阶变量自回归形式的序列相关问题的统计量,DW 在数值 2 的附近说明模型变量无序列相关。

表 6-4-4 方差分析(Anova)[e]

	模型	平方和	df	均方	F	Sig.
1	回归	1.068E11	1	1.068E11	1622.118	0.000[a]
	残差	3.109E10	472	6.586E7		
	总计	1.379E11	473			
2	回归	1.094E11	2	5.472E10	904.752	0.000[b]
	残差	2.848E10	471	6.048E7		
	总计	1.379E11	473			
3	回归	1.109E11	3	3.696E10	642.151	0.000[c]
	残差	2.705E10	470	5.755E7		
	总计	1.379E11	473			
4	回归	1.118E11	4	2.794E10	501.450	0.000[d]
	残差	2.614E10	469	5.573E7		
	总计	1.379E11	473			

a. 预测变量:(常量),Beginning Salary。

b. 预测变量:(常量),Beginning Salary,Previous Experience (months)。

c. 预测变量:(常量),Beginning Salary,Previous Experience (months),Months since Hire。

d. 预测变量:(常量),Beginning Salary,Previous Experience (months),Months since Hire,Educational Level (years)。

e. 因变量:Current Salary

表 6-4-4 方差分析表为回归拟合过程中每一步的方差分析结果。方差分析结果表明，当回归方程包含不同的自变量时，其显著性概率值均小于 0.000。看最后一个模型 4，$F=$ 501.450，显著概率小于 0.000，拒绝总体回归系数均为 0 的原假设。因此，回归方程应该包括这 4 个自变量。

表 6-4-5　回归系数分析

模型	非标准化系数		标准系数	t	Sig.	共线性统计量	
	B	标准 误差	试用版			容差	VIF
1（常量）	1928.206	888.680		2.170	0.031		
Beginning Salary	1.909	0.047	0.880	40.276	0.000	1.000	1.000
2（常量）	3850.718	900.633		4.276	0.000		
Beginning Salary	1.923	0.045	0.886	42.283	0.000	0.998	1.002
Previous Experience (months)	−22.445	3.422	−0.137	−6.558	0.000	0.998	1.002
3（常量）	−10266.629	2959.838		−3.469	0.001		
Beginning Salary	1.927	0.044	0.888	43.435	0.000	0.998	1.002
Previous Experience (months)	−22.509	3.339	−0.138	−6.742	0.000	0.998	1.002
Months since Hire	173.203	34.677	0.102	4.995	0.000	1.000	1.000
4（常量）	−16149.671	3255.470		−4.961	0.000		
Beginning Salary	1.768	0.059	0.815	30.111	0.000	0.551	1.814
Previous Experience (months)	−17.303	3.528	−0.106	−4.904	0.000	0.865	1.156
Months since Hire	161.486	34.246	0.095	4.715	0.000	0.992	1.008
Educational Level (years)	669.914	165.596	0.113	4.045	0.000	0.516	1.937

a. 因变量：Current Salary

表 6-4-5 回归分析结果分析，自左至右分别为：模型编号、非标准化回归系数、标准化回归系数、t 为偏回归系数为 0（和常数项为 0）的假设检验的值、Sig 为偏回归系数为 0（和常数项为 0）的假设检验的显著性水平值、共线性统计量。

B 偏回归系数：它是在控制了其他统计量之后得到的。注意，只有当所有的自变量单位统一时，它们的大小才有可比性。比较偏回归系数时还应该注意，在多元回归方程中，方差分析是对整个回归方程的显著性检验，与单独地进行每个偏回归方程系数的显著性检验不一定等效。也就是说，由方差分析得出回归方程有统计意义，但回归方程中的每一个偏回归系数不一定都有显著性，但至少要有一个是显著性的。Beta 是标准化回归系数，当所有的变量标准化（Z 得分）后，它具有可比性。

下面是由表 6-4-5 回归方程得出的逐步回归过程的每一步的结果。各系数和常数项均具有统计意义。它们的共线性诊断的指标：容差（Tolerance）分别为（常数项除外）0.551、0.865、0.992、0.516，大小适中，不是很小；方差膨胀因子（VIF，作为一种经验规则，如果一个变量的 VIF 超过 10，则说该变量是高度共线的）分别为（常数项除外）1.814、1.156、1.008、1.937，数值不大，从而可以拒绝它们之间的共线性假设。最终得到模型 4：

当前工资＝－16149.671＋1.768×初始工资－17.303×工作经验＋161.486×工作时间＋669.914×受教育程度

表 6-4-6　已排除的变量ᵈ

模型	Beta In	t	Sig.	偏相关	共线性统计量		
					容差	VIF	最小容差
1 Months since Hire	0.102ᵃ	4.750	0.000	0.214	1.000	1.000	1.000
Previous Experience（months）	−0.137ᵃ	−6.558	0.000	−0.289	0.998	1.002	0.998
Educational Level（years）	0.172ᵃ	6.356	0.000	0.281	0.599	1.669	0.599
2 Months since Hire	0.102ᵇ	4.995	0.000	0.225	1.000	1.000	0.998
Educational Level（years）	0.124ᵇ	4.363	0.000	0.197	0.520	1.923	0.520
3 Educational Level（years）	0.113ᶜ	4.045	0.000	0.184	0.516	1.937	0.516

a. 模型中的预测变量：（常量），Beginning Salary。

b. 模型中的预测变量：（常量），Beginning Salary，Previous Experience（months）。

c. 模型中的预测变量：（常量），Beginning Salary，Previous Experience（months），Months since Hire。

d. 因变量：Current Salary。

（2）共线性诊断

表 6-4-7　共线性诊断

模型	维数	特征值	条件索引	方差比例				
				（常量）	Beginning Salary	Previous Experience（months）	Months since Hire	Educational Level（years）
1	1	1.908	1.000	0.05	0.05			
	2	0.092	4.548	0.95	0.95			
2	1	2.482	1.000	0.02	0.03	0.06		
	2	0.429	2.406	0.04	0.08	0.90		
	3	0.090	5.263	0.94	0.90	0.04		
3	1	3.408	1.000	0.00	0.01	0.03	0.00	
	2	0.461	2.720	0.00	0.03	0.96	0.00	
	3	0.124	5.237	0.02	0.93	0.01	0.02	
	4	0.007	21.476	0.98	0.03	0.00	0.97	
4	1	4.351	1.000	0.00	0.00	0.01	0.00	0.00
	2	0.500	2.948	0.00	0.01	0.81	0.00	0.00
	3	0.124	5.915	0.01	0.53	0.01	0.02	0.00
	4	0.018	15.749	0.01	0.45	0.14	0.18	0.87
	5	0.007	25.232	0.97	0.02	0.03	0.79	0.12

a. 因变量：Current Salary

表 6-4-7 共线性诊断,自左至右分别为:模型编号、特征值序号(Dimension)、特征值(Eigenval)、条件指数(Condition index,CI。这里 Condition 一词其实指 ill-conditioned,所以也有翻译为病态指数,作为一个经验规则,如果 CI 在 10—30 之间,就算有中强多重共线性,如果 CI 在 30 以上,就算有严重多重共线性)、方差比(Variance Proportions)。某一个变量的总方差被分解成为若干个方差之和,其和等于 1。如在编号 1 模型中,变量 Beginning Salary 的方差为 0.05+0.95=1。编号为 2 的一行特征值 0.092,能够解释常量项的 95%,变量 Beginning Salary 的 95%的方差。

如果同一特征值序号上的若干个系数的方差比例较大,则说明它们之间存在相关性。例如表 6-4-7 中,回归方程模型编号为 3、4 模型中,其特征值很低,为 0.007、0.007,而条件指数较高,分别为 21.476、25.232。从方差比例一栏中观察常量项与自变量 Months since Hire 所占的比例分别为 0.98、0.93 与 0.97、0.79,即特征值可以可以解释常量项的 98%(97%)和变量 Months since Hire 的 97%(79%)的方差,方差比例都很大,因此有理由怀疑常量项与自变量 Months since Hire 之间存在较强的共线性,可以进一步判断。这里记住克曼塔(Kmenta)的一个忠告是有益的:多种共线性是一个程度问题而不是有无的问题,有意义的区分不在于有与吴之间,而在于它的不同的程度;由于多重共线性是对被假定为非随机的解释变量的情况而言,所以它是一种样本而非总体特征。

(3)奇异值和影响点判断

表 6-4-8 案例奇异值诊断

案例数目	标准残差	Current Salary	预测值	残差
18	6.173	$103,750	$57,671.26	$46,078.744
103	3.348	$97,000	$72,009.89	$24,990.108
106	3.781	$91,250	$63,026.82	$28,223.179
160	−3.194	$66,000	$89,843.83	$−23,843.827
205	−3.965	$66,750	$96,350.44	$−29,600.439
218	6.108	$80,000	$34,405.27	$45,594.728
274	5.113	$83,750	$45,581.96	$38,168.038
449	3.590	$70,000	$43,200.04	$26,799.959
454	3.831	$90,625	$62,027.14	$28,597.858

a. 因变量:Current Salary

表 6-4-8 为奇异值诊断表。当前工资(Current Salary)作为因变量时奇异值分析表的一部分。自左至右分别为:奇异值观测量编号、标准化残差、因变量当前工资的值、因变量当前工资的预测值、残差。表中给出了被怀疑为奇异值的观测量的编号,本样本中有 9 个,这些观测量之所以被怀疑为奇异值,是因为它们的标准化残差绝对值都大于设置值 3。

表 6-4-9　残差统计量

	极小值	极大值	均值	标准 偏差	N
预测值	\$13,354.82	\$150,076.77	\$34,419.57	\$15,372.742	474
标准 预测值	−1.370	7.524	0.000	1.000	474
预测值的标准误差	391.071	3191.216	721.093	260.806	474
调整的预测值	\$13,290.94	\$153,447.97	\$34,425.45	\$15,451.094	474
残差	\$−29,600.439	\$46,078.746	\$.000	\$7,433.507	474
标准残差	−3.965	6.173	0.000	0.996	474
Student 化残差	−4.089	6.209	0.000	1.004	474
已删除的残差	\$−31,485.213	\$46,621.117	\$−5.882	\$7,553.608	474
Student 化已删除的残差	−4.160	6.474	0.002	1.016	474
Mahal。距离	0.300	85.439	3.992	5.306	474
Cook 的距离	0.000	0.223	0.003	0.016	474
居中杠杆值	0.001	0.181	0.008	0.011	474

a. 因变量：Current Salary

表 6-4-8 和表 6-4-9 为影响点的查找。表中着重注意观察 Mahal 距离、Cook 的距离、居中杠杆值等最大与最小值，可以初步判断观测量中含有影响点。

居中杠杆值，从理论上说，希望数据所有观测值的杠杆值都接近于 P/N（P 为自变量个数），当杠杆值大于 $2 \times P/N$ 时，说明此观察值的影响力很大。本样本 $P/N = 4/474 = 0.00844$，$2 \times P/N = 0.01688$。对原始数据文件处理，把居中杠杆值大于 0.01688 的选择出来，共有 44 个观测值，成为进一步判断影响点的基本数据文件。得到下表：

表 6-4-10　影响点判断基础数据表

编号	MAH_1	COO_1	LEV_1	COV_1	SDF_1	SDB0_1	SDB1_1	SDB2_1	SDB3_1	SDB4_1
3	11.36409	0.00008	0.02403	1.03769	−0.01985	0.00989	0.00600	−0.00894	−0.01607	−0.00441
12	9.75070	0.00055	0.02061	1.03292	0.05251	−0.00020	0.01972	0.02999	−0.02412	−0.03972
29	85.43873	0.22320	0.18063	1.17231	−1.06093	0.14326	−1.00537	−0.22739	0.11259	0.48914
32	15.38601	0.05906	0.03253	0.95831	0.54764	−0.24040	0.41245	−0.21563	−0.02050	−0.07845
34	11.30935	0.01472	0.02391	1.00761	0.27178	−0.15613	0.15770	0.11722	0.05034	0.01547
36	8.03604	0.00416	0.01699	1.01872	0.14425	0.00338	0.04873	0.07942	−0.05744	−0.10941
44	9.06953	0.00001	0.01917	1.03268	0.00727	0.00050	0.00350	0.00365	−0.00310	−0.00600
54	13.79737	0.00038	0.02917	1.04271	0.04373	−0.01764	−0.01152	0.01342	0.03908	0.01000
65	8.89244	0.00423	0.01880	1.02147	−0.14539	−0.01889	−0.07349	−0.06471	0.06726	0.12358
84	8.30065	0.00019	0.01755	1.03048	0.03055	0.00417	0.01069	0.01370	−0.01628	−0.02390
92	8.10482	0.00003	0.01713	1.03047	0.01274	0.00212	0.00450	0.00536	−0.00693	−0.01007
96	13.18864	0.00666	0.02788	1.03007	0.18255	−0.02263	0.02682	0.05656	0.12342	−0.06060
137	12.95734	0.00886	0.02739	1.02538	−0.21057	0.11656	−0.03696	−0.03221	−0.11619	−0.10432
144	11.16817	0.00094	0.02361	1.03544	0.06866	−0.00395	−0.00624	0.01399	0.05122	−0.01360

续表

编号	MAH_1	COO_1	LEV_1	COV_1	SDF_1	SDB0_1	SDB1_1	SDB2_1	SDB3_1	SDB4_1
147	11.32628	0.00042	0.02395	1.03689	−0.04595	0.01965	0.02335	−0.00641	−0.04073	−0.02694
152	13.31273	0.00888	0.02815	1.02655	0.21078	−0.00602	0.02586	0.03685	0.15373	−0.06334
160	19.89834	0.09866	0.04207	0.94247	−0.70974	0.05306	−0.66553	−0.11462	0.07048	0.32842
173	10.83052	0.01993	0.02290	0.99442	−0.31664	0.10917	−0.20042	−0.03865	−0.02990	−0.03096
174	12.36721	0.01088	0.02615	1.01953	0.23348	0.00552	0.03108	0.02979	0.16811	−0.07464
185	9.49669	0.00536	0.02008	1.02071	0.16378	0.01571	0.03254	0.01958	0.10311	−0.06965
190	8.50516	0.00038	0.01798	1.03044	−0.04351	−0.01685	−0.02648	−0.00745	0.02227	0.04013
198	11.59260	0.01793	0.02451	1.00259	−0.30012	0.07116	−0.21970	−0.02247	−0.02824	0.01383
205	27.31693	0.21297	0.05775	0.89660	−1.04970	0.05177	−0.95021	−0.09110	−0.08495	0.44549
229	8.31936	0.00001	0.01759	1.03102	0.00528	−0.00075	−0.00246	−0.00005	0.00476	0.00179
230	10.99722	0.00216	0.02325	1.03245	−0.10385	0.03038	0.04809	0.00284	−0.09552	−0.05944
241	9.48538	0.00121	0.02005	1.03069	0.07785	0.01037	−0.00547	0.00062	0.05719	−0.01841
255	12.87964	0.00389	0.02723	1.03416	0.13938	−0.01530	−0.02894	−0.00727	0.13260	0.02993
285	11.85556	0.00747	0.02506	1.02423	0.19335	0.03733	0.03185	−0.01184	0.13636	−0.06629
291	8.23074	0.00672	0.01740	1.01241	0.18350	−0.00399	−0.03510	−0.02222	0.16917	0.03280
295	14.53218	0.00084	0.03072	1.04367	0.06464	0.00945	0.00751	−0.00387	0.04940	−0.01727
320	8.47020	0.00029	0.01791	1.03059	−0.03819	−0.00106	0.00891	0.00715	−0.03503	−0.00792
335	11.13912	0.00970	0.02355	1.01715	0.22037	0.06760	0.03932	−0.03866	0.14716	−0.08060
341	11.16170	0.00003	0.02360	1.03733	0.01283	0.00335	0.01029	−0.00186	0.00289	−0.00705
343	42.20192	0.01610	0.08922	1.10286	−0.28363	−0.04184	−0.27335	0.01753	0.04308	0.14832
349	19.10994	0.00602	0.04040	1.04800	0.17342	−0.02976	−0.10478	−0.04266	0.14369	0.12746
372	12.30618	0.00302	0.02602	1.03420	−0.12289	0.00088	0.05268	0.04323	−0.10787	−0.06744
410	10.61764	0.00045	0.02245	1.03520	−0.04722	−0.02460	−0.01764	0.01594	−0.02145	0.02503
429	8.62452	0.00416	0.01823	1.02075	0.14424	0.08794	0.04013	−0.05920	0.06006	−0.07446
431	16.19286	0.00013	0.03423	1.04865	0.02566	0.00648	0.02076	−0.00825	−0.00584	−0.00663
437	8.07694	0.00047	0.01708	1.02918	0.04852	0.03350	0.01648	−0.02182	0.01384	−0.02868
446	16.61597	0.05205	0.03513	0.97665	0.51330	0.15490	0.44353	−0.15787	−0.05525	−0.20071
450	8.42342	0.01019	0.01781	1.00400	−0.22611	−0.03770	−0.08015	0.11968	−0.03826	−0.06350
453	11.70741	0.00039	0.02475	1.03785	−0.04395	−0.00572	0.01853	0.02182	−0.03538	−0.02363
456	13.22744	0.00458	0.02796	1.03389	−0.15125	−0.03414	−0.10381	0.06040	0.02431	0.01126

协方差比(Covariance Ratio)。国内学者建议当 |协方差比−1| $\geqslant 3P/N$ 时,这个观察值可被视为影响点。$P/N=4/474=0.00844$,$3\times P/N=0.0255$。此时,共有 30 个观测量超过,因此进一步判断它们为影响点。

表 6-4-11　计算的协方差比

编号	MAH_1	COO_1	LEV_1	COV_1	SDF_1	SDB0_1	SDB1_1	SDB2_1	SDB3_1	SDB4_1	COV_2
3	11.36409	0.00008	0.02403	1.03769	−0.01985	0.00989	0.00600	−0.00894	−0.01607	−0.00441	0.04
12	9.75070	0.00055	0.02061	1.03292	0.05251	−0.00020	0.01972	0.02999	−0.02412	−0.03972	0.03
29	85.43873	0.22320	0.18063	1.17231	−1.06093	0.14326	−1.00537	−0.22739	0.11259	0.48914	0.17
32	15.38601	0.05906	0.03253	0.95831	0.54764	−0.24040	0.41245	0.21563	−0.02050	−0.07845	0.04
44	9.06953	0.00001	0.01917	1.03268	0.00727	0.00050	0.00350	0.00365	−0.00310	−0.00600	0.03
54	13.79737	0.00038	0.02917	1.04271	0.04373	−0.01764	−0.01152	0.01342	0.03908	0.01000	0.04
84	8.30065	0.00019	0.01755	1.03048	0.03055	0.00417	0.01069	0.01370	−0.01628	−0.02390	0.03
92	8.10482	0.00003	0.01713	1.03047	0.01274	0.00212	0.00450	0.00536	−0.00693	−0.01007	0.03
96	13.18864	0.00666	0.02788	1.03007	0.18255	0.02263	0.02682	0.05656	0.12342	−0.06060	0.04
144	11.16817	0.00094	0.02361	1.03544	0.06866	−0.00395	−0.00624	0.01399	0.05122	−0.01360	0.04
147	11.32628	0.00042	0.02395	1.03689	−0.04595	0.01965	0.02335	−0.00641	−0.04073	−0.02694	0.04
152	13.31273	0.00888	0.02815	1.02655	0.21078	−0.00602	0.02586	0.03685	0.15373	−0.06334	0.03
160	19.89834	0.09866	0.04207	0.94247	−0.70974	0.05306	−0.66553	−0.11462	0.07048	0.32842	0.06
190	8.50516	0.00038	0.01798	1.03044	−0.04351	−0.01685	−0.02648	−0.00745	0.02227	0.04013	0.03
205	27.31693	0.21297	0.05775	0.89660	−1.04970	0.05177	−0.95021	−0.09110	−0.08495	0.44549	0.10
229	8.31936	0.00001	0.01759	1.03102	0.00528	−0.00075	−0.00246	−0.00005	0.00476	0.00179	0.03
230	10.99722	0.00216	0.02325	1.03245	−0.10385	0.03038	0.04809	0.00284	−0.09552	−0.05944	0.03
241	9.48538	0.00121	0.02005	1.03069	0.07785	0.01037	−0.00547	0.00062	0.05719	−0.01841	0.03
255	12.87964	0.00389	0.02723	1.03416	0.13938	−0.01530	−0.02894	−0.00727	0.13260	0.02993	0.03
295	14.53218	0.00084	0.03072	1.04367	0.06464	0.00945	0.00751	−0.00387	0.04940	−0.01727	0.04
320	8.47020	0.00029	0.01791	1.03059	−0.03819	−0.00106	0.00891	0.00715	−0.03503	−0.00792	0.03
341	11.16170	0.00003	0.02360	1.03733	0.01283	0.00335	0.01029	−0.00186	0.00289	−0.00705	0.04
343	42.20192	0.01610	0.08922	1.10286	−0.28363	−0.04184	−0.27335	0.01753	0.04308	0.14832	0.10
349	19.10994	0.00602	0.04040	1.04800	0.17342	−0.02976	−0.10478	0.04266	0.14369	0.12746	0.05
372	12.30618	0.00302	0.02602	1.03420	−0.12289	0.00088	0.05268	0.04323	−0.10787	−0.06744	0.03
410	10.61764	0.00045	0.02245	1.03520	−0.04722	−0.02460	−0.01764	0.01594	−0.02145	0.02503	0.04
431	16.19286	0.00013	0.03423	1.04865	0.02566	0.00648	0.02076	−0.00825	−0.00584	−0.00663	0.05
437	8.07694	0.00047	0.01708	1.02918	0.04852	0.03350	0.01648	−0.02182	0.01384	−0.02868	0.03
453	11.70741	0.00039	0.02475	1.03785	−0.04395	−0.00572	0.01853	0.02182	−0.03538	−0.02363	0.04
456	13.22744	0.00458	0.02796	1.03389	−0.15125	−0.03414	−0.10381	0.06040	0.02431	0.01126	0.03

通过表 6-4-11 各种残差和 Mah_1 的比较,可以发现上述 30 个观测量的各种指标较其他观测量有较大区别,因此,可以认为它们是影响点。再次通过删除这些影响点后来观察是否有显著变化。

(4)残差分布直方图和观测量累计概率 P-P 图,如图 6-4-9 和图 6-4-10 所示。

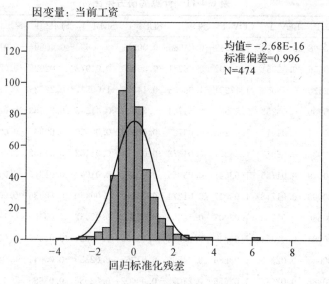

图 6-4-9　残差分布直方图

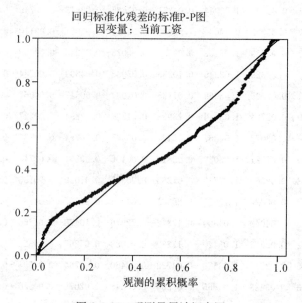

图 6-4-10　观测量累计概率图

　　回归分析中,总假定残差 ε 服从正态分布,这两张图就是根据样本数据的计算结果显示残差分布的实际情况,然后对残差分布是否为正态分布的假设做检验。

　　从回归残差的直方图与附于图上的正态分布曲线相比较,可以认为残差分布还是比较好地服从正态分布。再看观测量累计概率图,图中的斜线对应着一个均值为 0 的正态分布。如果图中的散点图紧密地散布在这条斜线附近,说明随机变量残差 ε 服从正态分布,从而证明样本确实是来自于正态总体。如果偏离这条直线太远,应该怀疑随机变量 ε 的正态性。基于上述观点,从图 6-4-10 的散点分布状况来看,这些点大致散布于斜线附近,因此可以认为残差分布基本上是正态的。

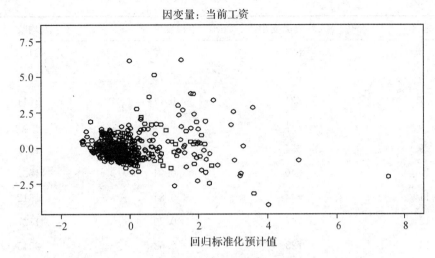

图 6-4-11 当前工资的预测值与其学生化残差散点图

从图 6-4-11 的当前工资的标准化预测值与其学生化残差散点图中可以看到绝大部分观测量随机地落在围绕垂直的±2 的范围内,预测值与学生化残差值之间没有明显的关系,所以回归方程应该满足线性与方差齐性的假设且拟合效果良好。

【实验作业】

6.4.1 某研究中心每年的净收益(Net income)的主要影响因素为该中心每年实际研究费用(research)和研究人员数量(labor),收集近 10 年来的数据如下:

表 6-4-12 研究中心研究费用、人员与净收益

Net income	123.5	124.0	125.7	126.4	127.2	127.4	129.0	130.5	131.9	133
Research (万元)	254	256	273	292	295	296	310	327	345	350
Labor(人)	1610	1640	1660	1700	1720	1750	1780	1840	1880	1990

建立数据文件,求因变量 Net income 对自变量 research 和 Labor 的线性回归方程,给出分析结果报告。

6.4.2 我国某年度 31 个省市自治区的人均食品支出、粮食单价与人均收入,求人均食品支出对粮食单价和人均收入的线性回归方程。(数据来源于马庆国主编《管理统计》,科学出版社,2006)

地区	人均食品支出	粮食单价	人均收入
1	992	0.78	2512
2	772	0.67	2008
3	968	1.01	2139
4	1267	1.37	3329

续表

地区	人均食品支出	粮食单价	人均收入
5	874	0.72	2106
6	638	0.73	1641
7	621	0.77	1611
8	711	0.72	1684
9	654	0.70	1951
10	540	0.74	1532
11	644	0.84	1612
12	767	0.70	1727
13	723	0.63	2045
14	763	0.75	1963
15	1072	1.21	2675
17	665	0.70	1683
18	1234	0.98	2925
19	576	0.65	1691
20	733	0.84	1929
21	968	1.49	2032
22	717	0.80	1906
23	716	0.72	1705
24	627	0.61	1542
25	829	0.70	1987
26	1016	1.04	2359
26	650	0.78	1764
27	928	1.01	2087
28	650	0.83	1959
29	852	0.72	2101
30	609	0.68	1877
31	863	0.98	2006

实验五　曲线估计

【实验目的】

1. 准确理解曲线回归的方法原理；
2. 熟练掌握曲线估计的 SPSS 操作与分析；
3. 掌握根据 11 种曲线模型，选择建立简单又适合的模型；
4. 掌握利用曲线回归方程进行预测。

【准备知识】

1. 非线性模型的基本内容

曲线估计问题，即曲线拟合问题。现实中，变量之间的关系往往不是简单的线性关系，而是呈现某种曲线或非线性关系。此时，选择适当的曲线拟合可以更加准确地反映实际情况。

变量之间的非线性关系可以划分为本质线性关系和本质非线性关系。所谓本质线性关系是指变量形式上虽表现为非线性关系，但可以通过变量转化方式变换为线性关系，并可最终进行线性回归分析，建立线性模型。本质非线性关系是指变量之间不仅形式上为非线性关系，而且也无法通过转化为线性关系。

SPSS 的曲线估计（Curve Estimation）就是用来解决这类问题的。它提供了包括线性回归在内的 11 种不同的曲线估计回归模型。

表 6-5-1　拟合模型

序号	模型名称	回归方程	线性转化形式
1	二次曲线（Quadratic）	$y=\beta_0+\beta_1 x+\beta_2 x^2$	$y=\beta_0+\beta_1 x+\beta_2 x_1$（令 $x_1=x^2$）
2	复合曲线（Compound）	$y=\beta_0\beta_1^x$	$\ln y=\ln\beta_0+\ln(\beta_1)*x$
3	生长曲线（Growth）	$y=e^{\beta_0+\beta_1 x}$	$\ln y=\beta_0+\beta_1 x$
4	对数曲线（Logarithmic）	$y=\beta_0+\beta_1^{\ln x}$	$y=\beta_0+\beta_1 x_1$（令 $x_1=\ln x$）
5	三次曲线（Cubic）	$y=\beta_0+\beta_1 x+\beta_2 x^2+\beta_3 x^3$	$y=\beta_0+\beta_1 x+\beta_2 x_1+\beta_3 x_2$（令 $x_1=x^2$ $x_2=x^3$）
6	S 曲线（S-curve）	$y=e^{\beta_0+\frac{\beta_1}{x}}$	$\ln y=\beta_0+\beta_1 x_1$（令 $x_1=\frac{1}{x}$）
7	指数曲线（Exponential）	$y=\beta_0 e^{\beta_1 x}$	$\ln y=\ln\beta_0+\beta_1 x$
8	逆曲线（Inverse）	$y=\beta_0+\frac{\beta_1}{x}$	$y=\beta_0+\beta_1 x_1$（令 $x_1=\frac{1}{x}$）
9	幂指曲线（Power）	$y=\beta_0(x^{\beta_1})$	$\ln y=\ln\beta_0+\beta_1\ln x$
10	逻辑曲线（Logistic）	$y=\dfrac{1}{\dfrac{1}{u}+\beta_0\beta_1^x}$	$\ln(\dfrac{1}{y}-\dfrac{1}{u})=\ln\beta_0+\ln(\beta_1)*x$

2. 曲线估计的基本步骤

(1)根据数据资料绘制散点图,应用必要的专业知识和经验,大致选定曲线类型。

(2)选择多个曲线回归预测模型,估计参数。

(3)利用输出的统计量对回归预测模型进行各项显著性检验。

(4)选择一种最合适的曲线模型,并进行预测和分析评价。

【实验内容】

某公司有一种新产品上市,选择 8 个地区做试销活动。收集了试销广告投入与销量的数据(数据文件 6-5),结果见表 6-5-1。问广告投入与销量之间的关系?

表 6-5-1   广告投入与销量数据

地区	1	2	3	4	5	6	7	8
广告投入	0.2	0.4	0.6	0.8	1.0	1.2	1.4	1.6
销量	7.5	12.4	15.9	18.3	18.9	21.3	22.7	24.0

【实验步骤】

(1)绘制散点图。选择"图形-散点-简单分布-定义"命令,"销售"变量放入 Y 轴,"广告投入"放入 X 轴,按"确定"按钮得到散点图,见图 6-5-1 所示。从图中看出二者的斜率有逐渐减缓的曲线趋势,因此,选用二次曲线模型、三次曲线模型和对数曲线模型。

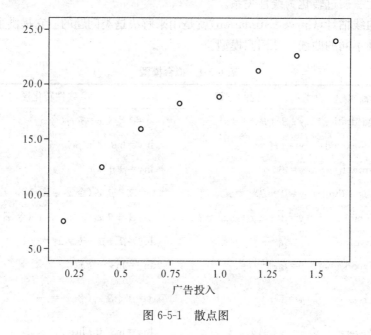

图 6-5-1   散点图

(2)选择"分析-回归-曲线估计"命令,显示曲线估计对话框,如图 6-5-2 所示。将"销售"放入因变量框(D),将"广告投入"放入变量框。如果自变量是时间变量或观测量序号 ID,可以选择时间,这时曲线估计产生一个时间变量,观测量之间的时间长度视为均匀的。

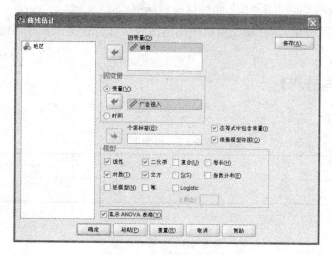

图 6-5-2 曲线估计对话框

(3)选择分析变量。

● 在等式中包含常量(D):估计回归方程式中的常数项。

● 根据模型绘图(O):对照自变量绘制因变量的值,每个模型产生一个单独的曲线。

● 模型:11 种常用曲线。此处选中二次项、对数、立方等选项,线性选项是默认的。

● 显示 ANOVA 表格(Y):为每个选定的模式输出方差分析表。

(4)保存(A)。如图 6-5-3 所示。

● 保存变量:对于每个选定的模型,可以保存预测值、残差和预测区间。此处三个都选中。

● 预测个案:在数据集中,如果选择时间而不是变量作为自变量,则可以指定超出时间序列结尾的预测期。可以选择以下选项之一。

➢从估计期到最后一个个案的预测(L):在估计期内的观测量的基础上预测文件中所有观测量的值。

➢预测范围(T):根据估计期的观测量,预测指定日期、时间或观测号范围内的值。此功能用于预测超出时间序列中最后一个观测量的值。

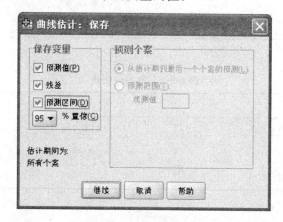

图 6-5-3 保存话框

单击"继续"按钮,返回图 6-5-2 曲线估计对话框。

(5)选择"确定"按钮,则在输出窗口中输出曲线估计分析结果和在当前数据文件中保存相应变量结果。

【实验结果与分析】

(1)线性模型

表 6-5-2　模型汇总

R	R 方	调整 R 方	估计值的标准误
0.968	0.936	0.926	1.510

自变量为广告投入。

表 6-5-3　方差分析表

Sig.	平方和	df	均方	F
回归	201.086	1	201.086	88.137
残差	13.689	6	2.282	
总计	214.775	7		

自变量为广告投入。

表 6-5-4　回归系数表

	未标准化系数		标准化系数	t	Sig.
	B	标准误	Beta		
广告投入	10.940	1.165	0.968	9.388	0.000
(常数)	7.779	1.177		6.609	0.001

(2)对数模型

表 6-5-5　模型汇总

R	R 方	调整 R 方	估计值的标准误
0.997	0.994	0.993	0.474

自变量为广告投入。

表 6-5-6　方差分析表

	平方和	df	均方	F	Sig.
回归	213.426	1	213.426	948.953	0.000
残差	1.349	6	0.225		
总计	214.775	7			

自变量为广告投入。

表 6-5-7　回归系数表

	未标准化系数		标准化系数	t	Sig.
	B	标准误	Beta		
ln(广告投入)	7.850	0.255	0.997	30.805	0.000
(常数)	19.853	0.183		108.721	0.000

(3)二次曲线模型

表 6-5-8　模型汇总

R	R 方	调整 R 方	估计值的标准误
0.993	0.985	0.979	0.799

自变量为广告投入。

表 6-5-9　方差分析表

	平方和	df	均方	F	Sig.
回归	211.586	2	105.793	165.869	0.000
残差	3.189	5	0.638		
总计	214.775	7			

自变量为广告投入。

表 6-5-10　回归系数表

	未标准化系数		标准化系数	t	Sig.
	B	标准误	Beta		
广告投入	38.057	5.387	3.366	7.065	0.002
广告投入 ＊＊ 2	−27.045	6.756	−4.411	−4.003	0.016
广告投入 ＊＊ 3	7.702	2.478	2.047	3.108	0.036
(常数)	0.979	1.191		0.822	0.457

(4)三次曲线

表 6-5-11　模型汇总

R	R 方	调整 R 方	估计值的标准误
0.998	0.996	0.992	0.483

自变量为 广告投入。

表 6-5-12　方差分析表

	平方和	df	均方	F	Sig.
回归	213.841	3	71.280	305.303	0.000
残差	0.934	4	0.233		
总计	214.775	7			

自变量为 广告投入。

表 6-5-13   回归系数表

	未标准化系数		标准化系数	t	Sig.
	B	标准误	Beta		
广告投入	38.057	5.387	3.366	7.065	0.002
广告投入 ＊＊2	−27.045	6.756	−4.411	−4.003	0.016
广告投入 ＊＊3	7.702	2.478	2.047	3.108	0.036
（常数）	0.979	1.191		0.822	0.457

结果显示,包括线性回归在内的四个模型均有统计学意义。由拟合优度来确定最佳的模型,三次曲线的拟合优度最好,应该选择该模型。但是考虑到三次曲线的参数比较多,相对来说比较复杂,而对数曲线模型的拟合优度与三次曲线相差无几,但它的参数较少,因此可以选择对数曲线模型。

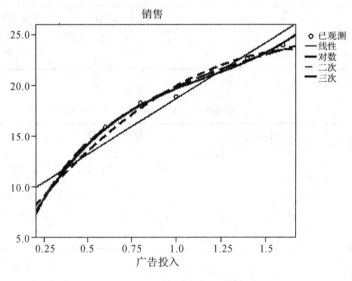

图 6-5-4   不同图形的拟合结果

数据文件中保存的新变量

由表 6-5-5 可以看出,数据文件中保存了新的变量。

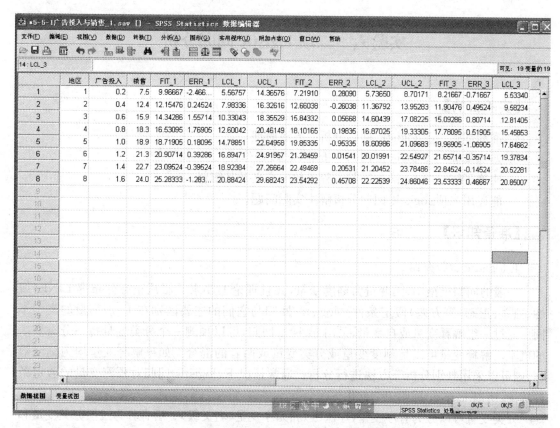

图 6-5-5　数据文件中的新变量保存情况

【实验作业】

6.5.1　某企业生产的一种产品生产过程中的半成品的废品率与它所含有的一种化学成分有关,为提高产品质量,公司通过收集一批数据,拟分析废品率与化学成分含量关系,作为产品质量改进的依据。

序号	成分	废品率	序号	成分	废品率
1	34	1.29	9	40	0.43
2	36	1.10	10	41	0.55
3	37	0.73	11	42	0.31
4	38	0.91	12	43	0.43
5	39	0.82	13	43	0.36
6	39	0.70	14	45	0.41
7	39	0.61	15	47	0.42
8	40	0.52	16	48	0.62

实验六　二项 logistic 回归分析

【实验目的】

1. 准确理解二项 logistic 回归分析的方法原理；
2. 熟练掌握二项 logistic 回归分析的 SPSS 操作；
3. 明确了解二项 logistic 回归方程参数的意义及其解释；
4. 能运用二项 logistic 回归分析解决实际问题。

【准备知识】

1. logistic 回归介绍

一般的回归模型中,因变量为刻度变量,并且理论上要求其服从正态分布等 LINE(线性、独立、正态、等方差)假定条件。logistic 回归与它们的主要区别在于:因变量的类型不同。通过一组解释变量或自变量,采用 logistic 回归,可以预测一个分类变量每一分类发生的概率。解释变量可以是刻度变量或分类变量或两者的混合。如果解释变量均为刻度数据,则可以采用判别分析等方法进行分析。通常情况下,logistic 回归对预测变量的假定条件较少,所以 logistic 回归更为常用。

分类变量可以分为有序变量(序次级)和无序变量(名义级)。后者分为二项分类变量和无序多项分类变量两种情况。如候选人是否会当选(二项分类)？消费者对某个产品使用满意程度分为很满意、一般、不满意,结果变量满意程度为有序分类变量;不同人群将会选择不同品牌(联想、苹果、戴尔等)的电脑,这里的结果变量电脑品牌为无序多项分类变量。

2. 二项 logistic 回归模型

令因变量 Y 服从二项分布,其二项分类的取值分别为 $0,1$, $Y=1$ 的总体概率为 $\pi(Y=1)$,则 K 个自变量分别为 $X_1, X_2, \cdots, X_K$ 所对应的 logistic 回归模型为：

$$\pi(Y=1) = \frac{\exp(\beta_0 + \beta_1 X_1 + \beta_2 X_2 + \cdots + \beta_k X_k)}{1 + \exp(\beta_0 + \beta_1 X_1 + \beta_2 X_2 + \cdots + \beta_k X_k)} \quad (6\text{-}6\text{-}1)$$

或

$$\text{logit}[\pi(Y=1)] = ln\left[\frac{\pi(Y=1)}{1 - \pi(Y=1)}\right] = \beta_0 + \beta_1 X_1 + \beta_2 X_2 + \cdots + \beta_K X_K \quad (6\text{-}6\text{-}2)$$

公式(6-6-1)与公式(6-6-2)可以互相推导。公式(6-6-1)通常被称为 logistic 回归预测模型,将某一个个体的自变量 Xj 值 $(x_1, x_2, \cdots,_k)$ 代入公式(6-6-1),在求得回归系数估计值的情况下,可以得到该个体概率 $\pi(Y=1)$ 的预测值(或称估计值,$\hat{p}$),即

$$\hat{p} = \frac{\exp(\beta_0 + \beta_1 x_1 + \beta_2 x_2 + \cdots + \beta_k x_k)}{1 + \exp(\beta_0 + \beta_1 x_1 + \beta_2 x_2 + \cdots + \beta_k x_k)} \quad (6\text{-}6\text{-}3)$$

logistic 回归模型实际上是对概率 $\pi(Y=1)$ 进行了 logit 变换后的线性回归模型,所以通常也称 logistic 回归模型为 logit 模型。通过 logit 变换,使 $0\sim1$ 范围取值的 $\pi(Y=1)$,变成了 $-\infty\sim+\infty$ 范围取值的 logit 值。

3. 二项 logistic 回归方程参数的意义及其解释

在一般线性回归模型中,通过普通最小二乘法求解回归系数。在二项分类 logistic 回归模型中,通过最大似然估计法求解回归参数。为了理解二项分类 logistic 回归模型参数的意义,需要先理解优势(Odds)与优势比(Odds Rations)的概念。

一个事件的优势被定义为它发生的可能性与不发生的可能性之比。例如,抛一枚硬币后,其正面向上的优势为 $0.5/0.5=1$;从 52 张桥牌中抽出一张 A 的优势为 $(4/52)/(48/52)=1/12$。这里不要把优势的含义与概率混淆,其概率值为 $4/52=1/13$,两者的关系可以用简单的公式来表示。如果事件概率为 $\hat{p}$(二项分类变量的非事件概率为 $1-\hat{p}$)表示,优势用 $\hat{O}$ 表示,则有优势

$$\hat{O} = \frac{\text{事件概率}}{\text{非事件概率}} = \frac{\hat{p}}{1-\hat{p}} \tag{6-6-4}$$

由公式(6-6-2)和公式(6-6-4)可得:

$$\text{logit}(p) = \ln\left[\frac{p}{1-p}\right] = \ln(\hat{O}) = b_0 + b_1 X_1 + b_2 X_2 + \cdots + b_K X_K \tag{6-6-5}$$

根据公式(6-6-5),回归系数 $b_j (j=1, 2, \cdots, K)$ 表示在其他自变量固定不变的情况下,某一个自变量 X_j 改变一个单位,$\text{logit}(\hat{p})$ 或对数优势的平均改变量。在实际应用中,logistic 回归不是直接用回归系数来解释,而是解释优势比。优势比被用来作为衡量效应大小的指标,度量某自变量对因变量优势影响程度的大小。某一个自变量 X_j 对应的优势比为

$$\hat{OR_j} = \exp(b_j) \tag{6-6-6}$$

将公式(6-6-5)等号两边同时取以自然对数 e 为底的指数,有

$$\text{优势} = \hat{O} = \exp(b_0 + b_1 X_1 + b_2 X_2 + \cdots + b_K X_K) \tag{6-6-7}$$

优势比的含义是在其他自变量固定不变的情况下,某一自变量 X_j 改变一个单位,因变量对应的优势比平均改变 $\exp(b_j)$ 个单位。如 X_1 从一个任意实数 α 变为 $\alpha+1$,则

$$\hat{OR_1} = \frac{\hat{O}_2}{\hat{O}_1} = \frac{\exp(b_0 + b_1 \times (\alpha+1) + b_2 X_2 + \cdots + b_K X_K)}{\exp(b_0 + b_1 \times \alpha + b_2 X_2 + \cdots + b_K X_K)} = \exp(b_1) \tag{6-6-8}$$

所以,当一个自变量的系数为正值,它意味着优势比将会增加,此值会大于 1;当系数为 0 时,此值等于 1。果系数为负值,它意味着优势比将会减少,此值将会小于 1。

4. 二项 logistic 回归方程的假设检验

(1)回归系数的显著性检验。对于较大样本的系数的检验,使用基于卡方分布的 Wald 统计量。Wald 统计量也有弱点,当回归系数的绝对值开始变大时,其标准误的值将发生更大的改变,这样 Wald 统计量的值开始变得很小,将导致拒绝回归系数的零假设,即认为变量的回归系数为零。因此,当变量的系数很大时,就不要依据 Wald 统计量,应建立两个包含与不包含药检测的变量的模型,利用对数似然比的变化值进行建设检验,可以选择 Backward LR 方式作为变量的选择方法。

(2)评价包含所有变量模型的拟合度。判别模型与样本之间的“想象度”是判别模型好坏的方法之一。在 SPSS 的“Model summary”输出结果中,给出了 Cox and Snell 决定系数和 Nagelkerke 决定系数。Cox and Snell 决定系数的缺点是最大值小于 1,使得解释变得困难。Nagelkerke 决定系数修改了 Cox and Snell 决定系数,使 R^2 的取值在 0~1。这里给出的决定系数不像一般回归模型,它不是真正意义上的决定系数,而是伪决定系数(Pseudo-R-

Square),解释时只能作为模型拟合优度的参考。

(3)模型判别与模型校对。经常用来检查模型判别能力的指标为C统计量,其取值范围从0.5～1。0.5表示模型对观测量的判别作用非常弱,1表示模型可以很好地去识别观测量的类别。在SPSS的逻辑回归过程中,为了计算C统计量,必须要保存预测概率,再利用ROC功能进行计算。

模型校对是评估观测概率、预测概率与整个概率之间的关系,它对观测量概率与预测概率之间的距离进行解释,常用的检测方法是Hosmer-Lemeshow卡方统计量。当协变量配对的数量十分巨大并且标准拟合度卡方检验不能被使用时,它们是非常有效的检测方法。

为了计算Hosmer-Lemeshow卡方统计量,实际操作方法是根据估计观测量的预测概率将观测量分成数量大致相等的10个组别,观察观测量与预测发生事件的数量以及预测不发生事件的数量之间的比较。卡方检测用来评价实际发生与预测事件发生之间的数量差别。Hosmer-Lemeshow卡方统计量一般要求观测量较大,如样本数大于100。

【实验内容】

为了分析孕妇顺产有否(1=顺产,0=其他)的影响因素,研究者收集了1402名产妇的相关信息:年龄、身高、体重、职业(1=工人、农民等体力者,2=管理者与知识分子等脑力人员,3=商人,4=其他)和文化程度(0=文盲,1=小学,2=中学,3=大学)等指标。数据编号为6-6。(数据来源:宇传华主编《SPSS与统计分析》,电子工业出版社,2007)

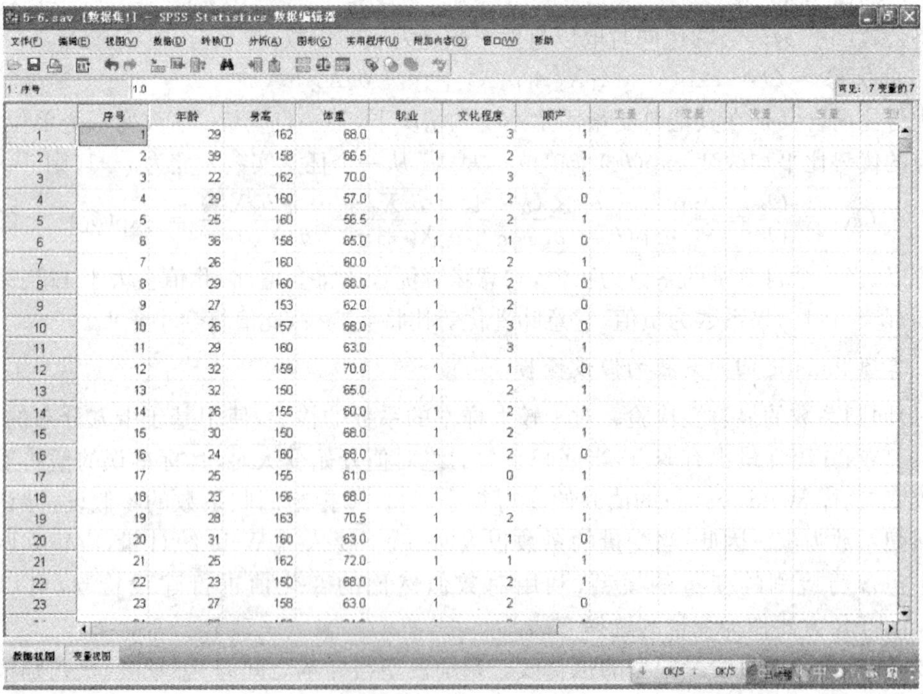

	序号	年龄	身高	体重	职业	文化程度	顺产
1	1	29	162	68.0	1	3	1
2	2	39	158	66.5	1	2	1
3	3	22	162	70.0	1	3	1
4	4	29	160	57.0	1	2	0
5	5	25	160	56.5	1	2	1
6	6	36	158	65.0	1	1	0
7	7	26	160	60.0	1	2	1
8	8	29	160	68.0	1	2	0
9	9	27	153	62.0	1	2	0
10	10	26	157	68.0	1	3	0
11	11	29	160	63.0	1	3	1
12	12	32	159	70.0	1	1	0
13	13	32	150	65.0	1	2	1
14	14	26	155	60.0	1	2	1
15	15	30	150	68.0	1	2	1
16	16	24	160	68.0	1	2	0
17	17	25	155	61.0	1	0	1
18	18	23	156	68.0	1	1	1
19	19	28	163	70.5	1	2	1
20	20	31	160	63.0	1	1	0
21	21	25	162	72.0	1	1	1
22	22	23	150	68.0	1	2	1
23	23	27	158	63.0	1	2	0

图6-6-1 数据文件

【实验步骤】

(1)选择 Logistic 回归分析对话框。依次单击"分析-回归分析-二元 Logistic 回归"命令,打开"Logistic 回归"对话框,如图 6-6-2 所示。

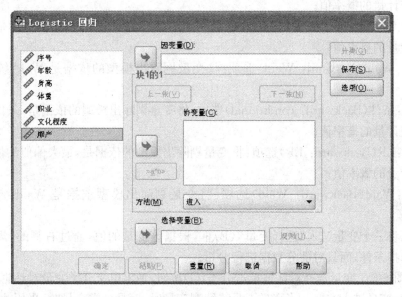

图 6-6-2 Logistic 回归对话框

(2)选择变量。在变量列框中选择"顺产"变量后,单击进入按钮到因变量(D)框中;然后选择"年龄""身高""体重""职业""文化程度"变量,单击进入按钮,将它们移到协变量(C)框中。如图 6-6-3 所示。

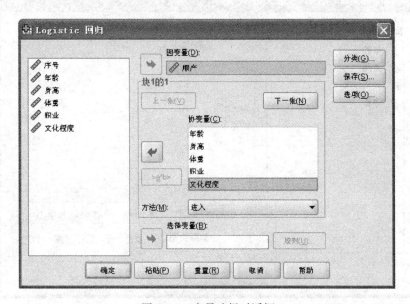

图 6-6-3 变量选择对话框

(3)方法(M)选择。在图 6-6-3 中单击方法(M)下拉菜单项,可以选择自变量进入模型的多种方法:

➤进入(Enter)选项:全部进入模型。

➤向前:条件(Forward:conditional)选项:将变量剔除出模型的依据是,条件参数估计的似然比统计量的概率值。

➤向前:LR(Forward:LR)选项:将变量剔除出模型的依据是,最大偏似然估计所得的似然比统计量的概率值。

➤向前:Wald(Forward:Wald)选项:将变量剔除出模型的依据是 Wald 统计量的概率值。

➤向后:条件(Backward:conditional)选项:将变量剔除出模型的依据是,条件参数估计的似然比统计量的概率值。

➤向后:LR(Backward:LR)选项:将变量剔除出模型的依据是,最大偏似然估计所得的似然比统计量的概率值。

➤向后:Wald(Backward:Wald)选项:将变量剔除出模型依据是 Wald 统计量的概率值。

还可以将一个变量选入"选择变量"(B)框,根据该变量的值,通过右侧的"规则"按钮,设置一个选择条件,而只对部分数据进行分析。

(4)在图 6-6-3 变量选择对话框单击分类(G)按钮,弹出定义分类变量对话框,见图 6-6-4。选择职业变量进入右框。当变量不是连续型变量时,而是分类变量时,采用此对话框,计算机可以自动对这类变量进行变量类型化。单击继续按钮,回到图 6-6-3 变量选择对话框状态。

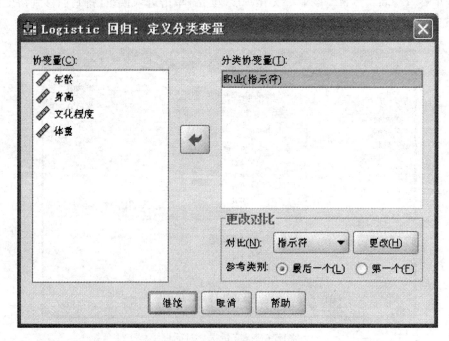

图 6-6-4　定义分类变量对话框

(5)保存(S)命令设置。单击保存按钮,弹出图 6-6-5 保存对话框。

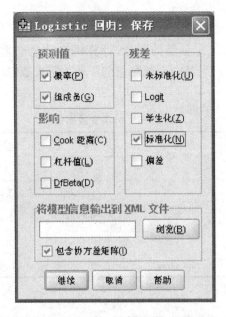

图 6-6-5 保存对话框

在 logistic 回归分析中,有很多重要信息可以通过该对话框保留下来,如预测值、影响点的分析等。本案例选择概率、组成员、标准化等选项。

(6)选项(O)设置。单击"选项"按钮,弹出图 6-6-6 选项对话框。选择分类图(C)、Hosmer-Lemeshow 拟合度(H)、个案的残差列表(W)、exp(B)的 CI(X)等选项。

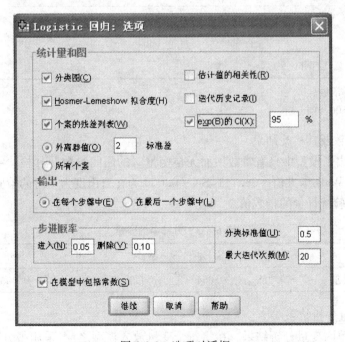

图 6-6-6 选项对话框

【实验结果与分析】

(1) 分类变量编码

由表 6-6-1 可以看出对于 4 分类的职业,计算机自动地产生了 3 个哑变量,即哑变量(1)、哑变量(2)、哑变量(3)。当某一个观测量的职业为工人或农民时,则三个哑变量参数编码为 1,0,0。

表 6-6-1　分类变量编码

		频率	参数编码		
			(1)	(2)	(3)
职业	1	310	1.000	0.000	0.000
	2	347	0.000	1.000	0.000
	3	208	0.000	0.000	1.000
	4	537	0.000	0.000	0.000

(2) 分类表

表 6-6-2 给出了模型中只有常数项而无自变量时,正确预测百分率为 58.1%。

表 6-6-2　分类表[a,b]

			已预测		已观测
			顺产		百分比校正
			0	1	
步骤 0	顺产	0	814	0	100.0
		1	588	0	0.0
	总计百分比			58.1	

a. 模型中包括常量。

b. 切割值为.500

(3) 回归参数及其检验结果

表 6-6-3 给出了模型中只有常数项而无自变量时的回归参数及其检验结果。B 检验统计量为 -0.325;Wals 卡方值 $=36.111$,Sig$=0.000$ 为在自由度为 1 时的检验 P 值;Exp(B) $=0.722$ 为 B 检验统计量的指数值。

表 6-6-3　方程中的变量

		B	S.E,	Wals	df	Sig.	Exp(B)
步骤 0	常量	-0.325	0.054	36.111	1	0.000	0.722

(4)单因变量分析结果

表 6-6-4 为单因变量分析结果。在将每个变量放入模型之前,采用得分检验方法,检验某一自变量与因变量之间有无联系。在 0.05 的显著性水平下,变量年龄、身高、体重与因变

量之间的联系有统计学意义,职业与因变量无统计学意义,文化程度处于临界检验状态。

表 6-6-4 还给出了,自变量全部放入模型后的得分检验结果,得到得分＝44.785,自由度为 7,说明模型全局性检验有统计学意义。

表 6-6-4　不在方程中的变量

			得分	df	Sig.
步骤 0	变量	年龄	13.704	1	0.000
		身高	14.761	1	0.000
		体重	4.602	1	0.032
		职业	2.311	3	0.510
		职业(1)	1.373	1	0.241
		职业(2)	0.314	1	0.575
		职业(3)	0.243	1	0.622
		文化程度	3.655	1	0.056
	总统计量		44.785	7	0.000

(5)模型系数全局性检验结果

表 6-6-5 为模型系数的全局性检验结果。对于 Enter 方法,这三种检验结果相同,说明至少有一个自变量具有统计学意义。

表 6-6-5　模型系数的综合检验

		卡方	df	Sig.
步骤 1	步骤	45.380	7	0.000
	块	45.380	7	0.000
	模型	45.380	7	0.000

(6)模型汇总

表 6-6-6 为模型摘要,给出了 Cox & Snell R 方决定系数和 Nagelkerke R 方决定系数分别为 0.032 和 0.043。与线性模型中的 R^2 相似,也说明了拟合不佳。

表 6-6-6　模型汇总

步骤	－2 对数似然值	Cox & Snell R 方	Nagelkerke R 方
1	1861.615[a]	0.032	0.043

a. 因为参数估计的更改范围小于.001,所以估计在迭代次数 4 处终止。

(7) Hosmer-Lemeshow 检验结果

表 6-6-7 为 Hosmer-Lemeshow 检验结果,拟合优度得到检验 P 值为 0.332,表明由预测概率获得的期望频数与观察频数之间差异无统计学意义,即模型拟合较好。与上面分析结果有所差异,所以还要进一步与其他统计量进行研判。

表 6-6-7　Hosmer 和 Lemeshow 检验

步骤	卡方	df	Sig.
1	9.126	8	0.332

(8)最终分类表

表 6-6-8 为最终观测量分类表,顺产中有 463 个被预测为非顺产,预测准确率只有 21.3%,总的正确判断率为 59.3%。显然这个回归方程不能在实际中有效应用。

表 6-6-8　分类表[a]

百分比校正	已观测		已预测		
			顺产		
			0	1	
步骤 1	顺产	0	707	107	86.9
		1	463	125	21.3
	总计百分比				59.3

a. 切割值为 0.500

(9)最终模型统计量

表 6-6-9 为模型中的各变量的相关统计量。年龄、身高、体重 3 个自变量具有统计学意义,文化程度在临界检验水平,职业无统计学意义。

表 6-6-9　方程中的变量

		B	S. E,	Wals	df	Sig.	Exp (B)	EXP(B) 的 95% C. I.	
								下限	上限
步骤 1[a]	年龄	0.055	0.017	10.780	1	0.001	1.056	1.022	1.091
	身高	−0.067	0.015	19.969	1	0.000	0.936	0.909	0.963
	体重	0.032	0.010	10.651	1	0.001	1.032	1.013	1.052
	职业			3.968	3	0.265			
	职业(1)	0.177	0.147	1.458	1	0.227	1.194	0.895	1.592
	职业(2)	0.273	0.156	3.079	1	0.079	1.314	0.969	1.783
	职业(3)	0.009	0.170	0.003	1	0.959	1.009	0.724	1.407
	文化程度	−0.183	0.095	3.701	1	0.054	0.833	0.691	1.003
	常量	6.962	2.266	9.443	1	0.002	1055.864		

a. 在步骤 1 中输入的变量:年龄,身高,体重,职业,文化程度。

如果要写预测概率模型,不是将职业变量放入,而是应将哑变量职业(1)、职业(2)和职业(3)放入模型中。本案例的预测模型为:

$$\hat{p} = \frac{exp(6.692 + 0.055\,年龄 - 0.067\,身高 + 0.032\,体重)}{1 + exp(6.692 + 0.055\,年龄 - 0.067\,身高 + 0.032\,体重)} \tag{6-6-9}$$

【实验作业】

6.6.1 继续分析上述例题的估计概率的直方图,判断分组效果如何? 利用获得的预测概率 $\hat{p}$ 作为检验变量,"顺产"为因变量作为"金标准",利用 ROC 曲线分析方法,来进一步判断拟合效果。

6.6.2 为了研究荨麻疹史(1=有,0=无)及性别与慢性气管炎(1=病例,0=对照)的关系,某调查结果如下表所示,试用 logistic 回归分析。(数据改变自:宇传华主编《SPSS 与统计分析》,电子工业出版社,2007)

表 6-6-10 慢性气管炎的影响因素

序号	性别	荨麻疹史	慢性气管炎	频数
1	1	1	0	17
2	0	1	0	13
3	1	0	0	153
4	0	0	0	99
5	1	1	1	30
6	0	1	1	20
7	1	0	1	139
8	0	0	1	95

第7章

聚类分析与判断分析

 本章学习目标

- ☞理解聚类分析、判别分析的基本思想与原理；
- ☞掌握聚类分析、判别分析方法；
- ☞掌握聚类分析、判别分析实验目的、实验内容和实验步骤；
- ☞掌握实验结果的分析与利用；
- ☞了解聚类分析、判别分析在经济管理数据分析中的应用。

类群划分是更好地发现特点，找出规律的一种常用方法。通过对不同群体的比较分析可以更好地理解事物之间的差异、规律和特点。俗话说："物以类聚，人以群分"，通过"类聚"，可以看出同一类别中的共性与特点，通过"群分"可以看出类别之间的差异。在社会经济研究中，有大量的问题可以通过分类加以解决。聚类分析（Cluster Analysis）是按照样本或指标在性质上的亲疏或相似程度进行分类的一种多元统计分析方法，也叫类群分析法或群分析。

聚类的原则是类内的规律和特点相似，类间的差异明显。聚类分析可以解决的问题：一、所有的样本可以分为几个类别？二、每个类别有什么规律？有哪些特点？三、类别之间是什么关系？哪些类别相似些，哪些类别差异大些？

判断分析的基本思想：从已知分类情况中总结规律，建立判断函数，并用以判断新样本的所属类别。常用的判断方法有距离判断、贝叶斯判断、费希尔判断与逐步判断。

聚类分析与判断分析同是多元统计方法中解决分类问题的方法，所不同的是：聚类分析是在未知分类的情况下进行分类，而判断分析是在已知分类的基础上对样本进行判断分类。因此，在实际应用中，往往可以先使用聚类分析得到分类结果，然后再利用判断分析加以确认。

实验一　系统聚类分析

【实验目的】

1. 明确聚类分析有关的概念；

2. 理解系统聚类基本思想与原理;

3. 熟练掌握系统聚类的过程;

4. 能用 SPSS 软件进行系统聚类分析;

5. 培养运用系统聚类方法解决身边实际问题的能力。

【准备知识】

1. 系统聚类分析的定义与基本思想

系统聚类分析又称为层次聚类分析,其基本思想是依据样品或变量之间的亲疏远近关系,将最相似的对象结合在一起,以逐次聚合的方式,将样品或变量进行分类,直到最后所有的样品或变量都聚成一类。系统聚类有两种形式:Q 型聚类和 R 型聚类。

2. 聚类统计量

为了对样品进行分类,首先要引进表示样品之间的相似或关联程度的度量,称为聚类统计量。常用的聚类统计量有三种:匹配系数、距离、相似系数。

(1)匹配系数

当分类指标 $x_1, x_2, \cdots, x_p$ 为类别标度变量时,通常可采用匹配系数作为聚类统计量。

匹配系数:第 i 个样品与第 j 个样品的匹配系数为:

$$s_{ij} = Z_1 + Z_2 + \cdots + Z_p \tag{7-1-1}$$

当 x_{ik} 等于 x_{jk} 时, $Z_k = 1$

当 x_{ik} 不等于 x_{jk} 时, $Z_k = 0$

显然匹配系数越大,说明两样品越相似,越应划归为同一类。

(2)距离

当指标中有间隔标度变量时,用匹配系数作聚类统计量已经不再适宜。此时,可将每个样品观测值看作 p 维空间中的一个点,这样两个样品之间的相似程度可以用 p 维的空间距离来度量。距离越小,相似程度越高,两样品越应归为一类。

计算距离的方法有:

①兰氏距离

兰氏距离仅适用与一切 $X_{ij} > 0$ 的情况,这个距离也可以克服各个指标之间量纲的影响,这是一个自身标准化的量,由于它对大的奇异值不敏感,它特别适合于高度偏倚的数据,但其没有考虑指标之间的相关性。

$$d_{ij}(L) = \frac{1}{p} \sum_{k=1}^{p} \frac{|X_{ik} - X_{jk}|}{X_{ik} + X_{jk}} \tag{7-1-2}$$

②闵可夫斯基距离

闵可夫斯基距离: $d_{ij}(q) = \left(\sum_{k=1}^{p} |X_{ik} - X_{jk}|^q \right)^{\frac{1}{q}}$ （7-1-3）

按 q 的取值不同又可分成:

绝对距离 $(q = 1) d_{ij}(1) = \sum_{k=1}^{p} |X_{ik} - X_{jk}|$ （7-1-4）

欧几里得距离 $(q = 2) d_{ij}(2) = \left(\sum_{k=1}^{p} |X_{ik} - X_{jk}|^2 \right)^{\frac{1}{2}}$ （7-1-5）

切比雪夫距离 $(q = \infty) d_{ij}(\infty) = \max_{1 \leqslant k \leqslant p} |X_{ik} - X_{jk}|$ (7-1-6)

③马氏距离

设 X_i 与 X_j 是来自均值向量为 μ，协方差为 $\sum (> 0)$ 的总体 G 中的 p 维样品，则两个样品间的马氏距离为：

$$d_{ij}(M) = (X_i - X_j)' \sum^{-1} (X_i - X_j)$$ (7-1-7)

马氏距离考虑了观测变量之间的相关性以及观测变量之间的变异性，不再受各指标量纲的影响。

(3)相似系数

有些事物的相似，并非一定要求数值上的一致或相近，例如相似三角形，父亲与儿子之间的相似，尽管尺寸、大小相差悬殊，却非常相似。这类事物的类别划分应用的统计量为相似系数。相似系数又可以分为夹角余弦与相关系数。

3.类与类间距离的确定方法

(1)最短距离法(Nearest Neighbor)。当前某个样本与已经形成小类中的各样本距离的最小值作为当前样本与该小类之间的距离。

(2)最长距离法(Furthest Neighbor)。当前某个样本与已经形成小类中的各样本距离的最大值作为当前样本与该小类之间的距离。

(3)组间平均衔接法 (Between-groups Linkage)。两个小类之间的距离为两个小类内所有样本间的平均距离。

(4)组内平均衔接法 (Within-groups Linkage)。与组间平均衔接法类似，这里的平均距离是所有样本对的距离求平均值，包括小类之间的样本对，小类内的样本对。

(5)重心法(Centroid Clustering)。将两小类间的距离定义成两小类重心间的距离，每一个小类重心就是该类中所有样本在各个变量上的均值代表点。

(6)离差平方和法(Ward Method)。离差平方和法是由 Ward 提出的，因此也称 Ward 方法。离差平方和聚类的原则是：聚类过程中使小类内离差平方和增加最小的两类应首先合并为一类。

【实验内容】

某牙膏公司为了调查消费者购买牙膏时考虑哪些因素，设计调查问卷进行调查，问卷如下：

1.您购买牙膏时，认为防蛀功能重要程度如何？

A非常重要　B比较重要　C重要　D一般　E不重要　F比较不重要　G非常不重要

2.您购买牙膏时，认为亮泽牙齿功能重要程度如何？

A非常重要　B比较重要　C重要　D一般　E不重要　F比较不重要　G非常不重要

3.您购买牙膏时，认为保护牙龈功能重要程度如何？

A非常重要　B比较重要　C重要　D一般　E不重要　F比较不重要　G非常不重要

4.您购买牙膏时，认为清新口气功能重要程度如何？

A非常重要　B比较重要　C重要　D一般　E不重要　F比较不重要　G非常不重要

5.您购买牙膏时，认为预防坏牙功能重要程度如何？

　　A非常重要　B比较重要　C重要　　D一般　E不重要　F比较不重要　　G非常不重要

6.您购买牙膏时,认为魅力牙齿功能重要程度如何?

　　A非常重要　B比较重要　C重要　　D一般　　E不重要　F比较不重要　　G非常不重要

　　共调查30位消费者,调查数据见表7-1-1。请对此30位消费者依据购买牙膏时考虑因素的不同进行分类,并分析出每一类群消费者的特点。

表 7-1-1　购买某品牌牙膏考虑因素调查数据表

序号	防蛀功能	亮泽牙齿	保护牙龈	清新口气	预防坏牙	魅力牙齿
1	7	3	6	4	2	4
2	1	3	2	4	5	4
3	6	2	7	4	1	3
4	4	5	4	6	2	5
5	1	2	2	3	6	2
6	6	3	6	4	2	3
7	5	3	6	3	4	3
8	6	4	7	4	1	4
9	3	4	2	3	6	3
10	2	6	2	6	7	6
11	6	4	7	3	2	3
12	2	3	1	4	5	4
13	7	2	6	4	1	3
14	4	6	4	5	3	6
15	1	3	2	4	6	4
16	6	4	6	3	3	4
17	5	3	6	3	3	4
18	7	3	7	4	1	4
19	2	4	3	3	6	3
20	3	5	3	6	4	6
21	1	3	2	3	5	3
22	5	4	5	4	2	4
23	2	2	1	5	4	4
24	4	6	4	6	4	7
25	6	5	4	2	1	4
26	3	5	4	6	4	7
27	4	4	7	2	2	5
28	3	7	2	6	4	3
29	4	6	3	7	2	7
30	2	3	2	4	7	2

【实验步骤】

考虑到调查问卷中所涉及的指标有 6 个,因此可以考虑先对六个指标进行因子分析,提取出公因子后以公因子为聚类指标进行聚类。聚类分析选用系统聚类法。系统聚类法由 SPSS 17.0 的 Classify 过程中的 Hierarchical cluster 过程实现。下面以案例说明系统聚类过程的基本操作步骤。

(1)准备工作。在 SPSS 17.0 中打开数据文件 7-1. sav,通过选择"文件—打开"命令将数据调入 SPSS 17.0 的工作文件窗口,如图 7-1-1 所示。首先对六个变量进行因子分析(操作过程参加因子分析一章)。共提取两个公因子,分别命名为"护牙因子"和"美牙因子"。

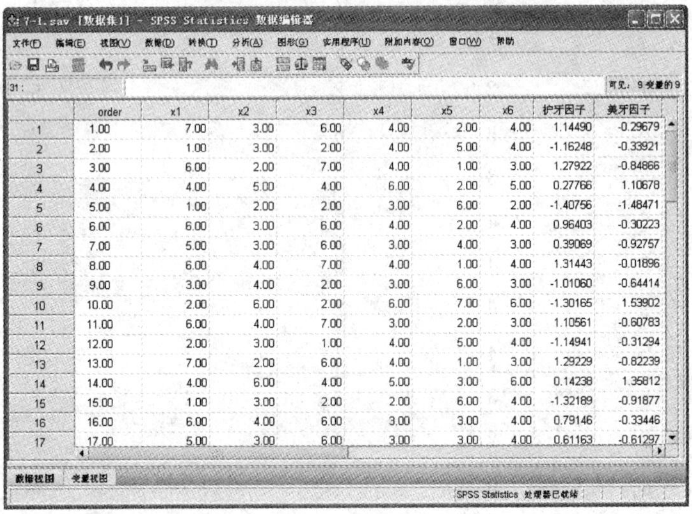

图 7-1-1   购买某品牌牙膏考虑因素调查数据文件

(2)从菜单上依次选择"分析—分类—系统聚类"命令,打开系统聚类对话框,如图 7-1-2 所示。

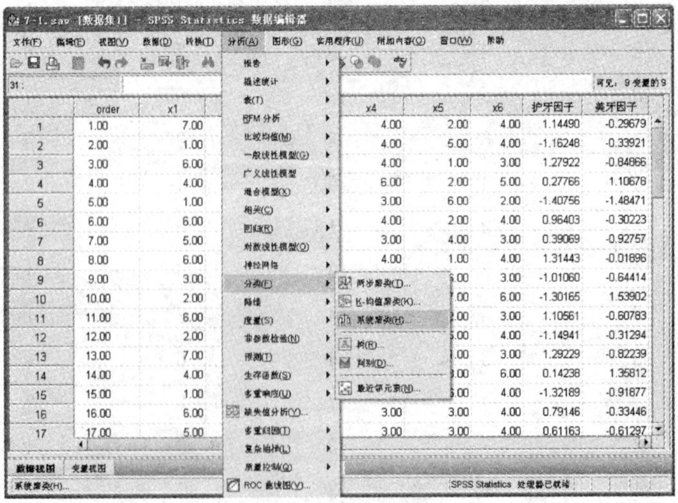

图 7-1-2   系统聚类命令

（3）在如图 7-1-3 所示的系统聚类主对话框中，相关内容介绍如下：

①检验变量列表：用于选择聚类指标的所有变量。

②变量：用于输入聚类指标。

本例在图 7-1-3 对话框左端的变量列表将要聚类指标添加到右边的检验变量列表中。本案例中选择因子分析得到的两个公因子"护牙因子"和"美牙因子"作为聚类指标变量。

③"标注各案"中选入具有唯一标识作用的变量以标注出 case。本案例选择 order 变量。

④"分群"下选择"各案"选项，表示对各案进行系统聚类，选择"变量"选项，表示对变量进行聚类分析。本案例选择"各案"选项。

⑤"输出"选项下有两个单选项："统计量"、"图"。选择"统计量"选项，右上角"统计量"功能按钮置亮；选择"图"选项，"绘制"功能按钮置亮。

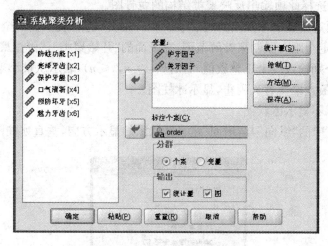

图 7-1-3　系统聚类主对话框

（4）单击"统计量"选项按钮定义其他选项，出现如图 7-1-4 所示对话框。

图 7-1-4　系统聚类分析：统计量

- 合并进程表选项,输出系统聚类进度表,聚类过程中每一步样品或类的合并情况。
- 相似性矩阵选项,输出相似性矩阵,显示各项间的距离。
- "聚类成员"选项确定输出样品隶属类表。
- ➤"无"选项表示不输出样品隶属类表。
- ➤"单一方案"选项选中后,在"聚类数"后的方框中输入大于 1 的整数 n,则显示划分为 n 类时的样品隶属类表。如输入 5,则表示,在输出结果中显示所有各案划分为五类时,每个个案的归属情况。
- ➤"方案范围"选项选中后,在"最小聚类数"与"最大聚类数"后的方框中分别输入要显示各案归属的类的范围。如分别输入 3 和 5,表示在输出结果中显示划分为 3 类、4 类和 5 类时的样品隶属类表。

(5)单击"绘制"功能按钮,出现如图 7-1-5 的对话框。
- "龙骨图",选择此项输出反映聚类结构的龙骨图。
- "冰柱"选项定义显示冰状图的类别数,"所有聚类"选项表示显示全部聚类结果的冰状图。"聚类的指定全距",限制聚类解范围,在下面的"开始聚类","停止聚类","排序标准"后的三个小框中分别输入三个正整数值 $m,n,k(m\leqslant n,k\leqslant n)$,表示从最小聚类解 m 开始,以增量 k 为步长,到最大聚类解 n 为止,显示冰柱图。

"无"选项表示不显示冰状图。
- "方向选项"中的"纵向"与"横向"定义冰状图的显示方向,垂直冰柱图或水平冰柱图。

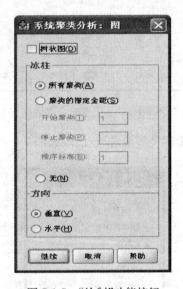

图 7-1-5 "绘制"功能按钮

(6)"方法(Method)"功能按钮,展开如图 7-1-6 的对话框,在此对话框中,定义类间距离的确定方法和类内距离的确定方法。

类间距离的确定方法如图 7-1-7 中的"聚类方法(Cluster Method)"。共有七种计算类与类的距离的方法。
- 聚类方法(M)
- ➤组间联接:合并两类使得两类间的平均距离最小,是系统默认选项。

图 7-1-6　聚类方法选择

➢组内联接：合并两类使得合并后的类中所有项间的平均距离最小。

➢最近邻元素：也称作最近距离法，以两类中最近的样品之间的距离为类间距离。

➢最远邻元素：也称作最远距离法，以两类中最远的样品之间的距离为类间距离。

➢质心聚类法：也称作重心法，以两类中各样品的重心之间的距离为类间距离。

➢中位数聚类法：也称作中位数法，以两类中各样品的中位数之间的距离为类间距离。

➢Ward 法：也称作华德最小偏差平方和法，聚类中使类内各样品的偏差平方和最小，类间偏差平方和尽可能大。

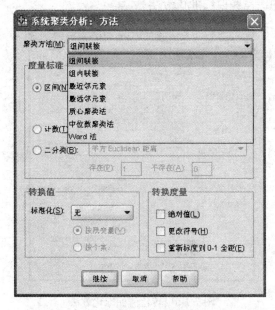

图 7-1-7　计算类间距离的方法选择

类内距离的计算方法确定,见图 7-1-8 中的"度量标准(Measure)"。

● 度量标准

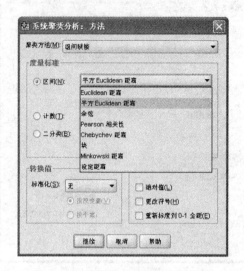

图 7-1-8　计算类内距离的方法选择

图 7-1-8 为类内样品间距离的计算方法,当聚类指标的测度水平不同时,会选择不同的计算聚类的方法。当聚类指标的测度水平为定比数据时,共有八种计算类内样品间距离的方法。当聚类指标为定类数据时,有"卡方度量"和"Phi 方度量"两种计算类内样品间距离的方法。当聚类指标为虚拟变量时,有"平方 Euclidean 距离"、"尺度差分"、"模式差别"、"方差"、"离散"、"形状"、"简单匹配"和"$\phi 4$ 点相关性"、"Lambda"、"Anderberg 的 D"、"骰子"、"Hamann"、等多种计算类内样品间距离的方法。

● "转换值(Transform Values)"选项栏

转换值选项栏用于选择数据标准化方法

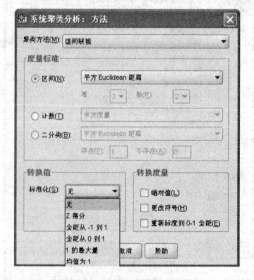

图 7-1-9　转化值标准化方法

标准化方法有七个选项：

➢"无"表示不进行标准化，为系统默认选项。

➢"Z得分"表示应用标准化计算公式进行标准化处理。

➢"全距从−1到1"表示，标准化结果分布在−1到+1之间。

➢"全距从0到1"表示，标准化结果分布在0到+1之间。

➢"1的最大量"，将数据标准化到最大值1。

➢"均值为1"，将数据标准化到均值为1。

➢"标准差为1"将数据标准化到标准差为1。

在选择标准化方法之后，要在选择框下的"标准化(s)"下的两个单选项中选择："按照变量"或"按个案"施行标准化。

● "转换度量"选项

➢"转换度量"选项用于选择测度转换方法。在距离测度选择完毕后，可以选择本栏选项对距离测度的结果进行测度转换。共有有三个选项：绝对值、更改符号、重新标度到0−1全距。

➢"绝对值"，绝对值转换法，将测度值的负号移去。一般当只对相关数量感兴趣的时候才使用此法。

➢"更改符合"，变号转换法，进行相似测度和不相似测度之间的相互转换。选择此项，通过改变符号来颠倒距离测度的顺序。

➢"重新标度到0−1全距"，采用此法将各距离测度值减去最小距离值再除以其全距，使距离测度标准化。

图 7-1-10 转换度量选项

(7)"保存"功能按钮

选择系统距离分析主对话框中的"保存"功能按钮,打开如图 7-1-11 的对话框。

"聚类成员"功能区下有三个单选项,该三个单选项与"统计量"对话框下的"聚类成员"功能区下的三个单选项完全相同,区别在于"保存"对话框中的聚类成员归属情况保存在数据文件中。"统计量"对话框下的"聚类成员"功能区中的选项选择后,结果显示在输出数据文件中。

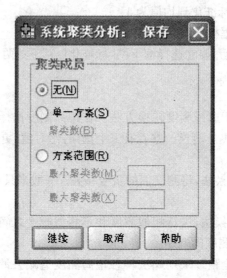

图 7-1-11   保存功能按钮

各选项选择完毕,点击主对话框中的"确定"按钮提交系统运行。

【实验结果与分析】

(1)观测量概述

表 7-1-1 为案例处理汇总表,对进行系统聚类的观测量个数、缺失值等情况进行概述。

表 7-1-1   案例处理汇总[a]

有效		缺失		总计	
N	百分比	N	百分比	N	百分比
30	100.0	0	0.0	30	100.0

a. 平均联结(组之间)

(2)聚类表

表 7-1-2 为系统聚类过程进度表,列出了聚类过程中,个案或类合并的顺序,本例中共有 30 个个案,经过 29 步聚类,所有的个案被合并为一类。聚类表显示了从 30 类到 1 类的全部聚类过程。

第一列"阶",聚类阶段,表示聚类过程中的步数,本案例一共聚类 29 此,因此共有 29 阶。

第二列"群集组合",表示集群 1 与集群 2 合并为一个新的类别。

第三列"系数",表示距离测度系数。

第四列"首次出现阶集群",该列群集 1 或群集 2 取值为 0 表示群集 1 或群集 2 为各案;群集 1 或群集 2 取值不为 0 表示群集 1 或群集 2 为类群而不是个案。如果群集 1 和群集 2 取值均为 0,表示在此阶合并的是两个个案;如果群集 1 和群集 2 取值均不为 0,表示在此阶合并的是两个类别;如果群集 1 和群集 2 取值一个为 0,一个不为 0,则表示在此阶是一个个案与一个类群进行合并。

第五列"下一阶",表示此阶合并后的类在下一次聚类出现在哪一阶。如本例中第一行为 15,表示个案 9 和个案 19 合并后的类将出现在第 15 阶。

在本案例中,聚类表显示,第一步先将所有 30 个个案中聚类最近的个案 9 与个案 19 合并为一类,因为二者之间的距离测度系数仅为 0.001,为最小。此阶中合并的两个群集在"首次出现阶群集"的取值都为 0,因此第一阶是两个个案的合并。"下一阶"取值为 15,表示合并后的类在第 15 阶中将再次参与合并。

在第 15 阶中,群集 1 是个案 2,群集 2 是个案 9,二者之间的距离测度系数为 0.134,"首次出现阶群集"中群集 1 为 8,群集 2 为 1,表示参与本次聚类的群集 1,即个案 2 为类,不是个案,该类来源于第 8 阶聚类的结果。群集 2 也是类,该类来源于第 1 阶聚类的结果,第 15 阶是两个类的合并,合并后的类将在第 23 阶再次参与聚类分析。依次追踪,可以在聚类表中看出所有的聚类过程。

表 7-1-2　聚类表

阶	群集组合		系数	首次出现阶群集		下一阶
	群集 1	群集 2		群集 1	群集 2	
1	9	19	0.001	0	0	15
2	3	13	0.001	0	0	11
3	2	12	0.001	0	0	8
4	16	27	0.002	0	0	5
5	16	25	0.011	4	0	7
6	15	30	0.012	0	0	9
7	6	16	0.024	0	5	12
8	2	23	0.034	3	0	15
9	15	21	0.039	6	0	19
10	4	14	0.081	0	0	24
11	3	11	0.085	2	0	22
12	1	6	0.090	0	7	18
13	8	18	0.105	0	0	21
14	24	26	0.110	0	0	20
15	2	9	0.134	8	1	23
16	7	17	0.148	0	0	25
17	20	28	0.160	0	0	26
18	1	22	0.188	12	0	21
19	5	15	0.331	0	9	23
20	24	29	0.351	14	0	24

续表

阶	群集组合		系数	首次出现阶群集		下一阶
	群集 1	群集 2		群集 1	群集 2	
21	1	8	0.368	18	13	22
22	1	3	0.447	21	11	25
23	2	5	0.556	15	19	28
24	4	24	0.621	10	20	27
25	1	7	0.648	22	16	28
26	10	20	0.731	0	17	27
27	4	10	1.230	24	26	29
28	1	2	5.094	25	23	29
29	1	4	6.108	28	27	0

(3) 群集成员

表 7-1-3 群集成员,也称聚类分析结果归属表。表中共显示了分成 5 类、4 类和 3 类时的聚类结果,如分成 5 类时,聚类结果显示,第一类包括(1,3,6,7,8,11,13,16,17,18,22,25,27);第二类包括(2,5,9,12,15,19,21,23,30);第三类包括(4,14,24,26,29);第四类包括(10);第五类包括(20,28)。

表 7-1-3 群集成员

案例			5 群集	4 群集	3 群集
1:	1.00		1	1	1
2:	2.00		2	2	2
3:	3.00		1	1	1
4:	4.00		3	3	3
5:	5.00		2	2	2
6:	6.00		1	1	1
7:	7.00		1	1	1
8:	8.00		1	1	1
9:	9.00		2	2	2
10:	10.00		4	4	3
11:	11.00		1	1	1
12:	12.00		2	2	2
13:	13.00		1	1	1
14:	14.00		3	3	3
15:	15.00		2	2	2
16:	16.00		1	1	1
17:	17.00		1	1	1
18:	18.00		1	1	1
19:	19.00		2	2	2
20:	20.00		5	4	3
21:	21.00		2	2	2

续表

案例		5 群集	4 群集	3 群集
22：	22.00	1	1	1
23：	23.00	2	2	2
24：	24.00	3	3	3
25：	25.00	1	1	1
26：	26.00	3	3	3
27：	27.00	1	1	1
28：	28.00	5	4	3
29：	29.00	3	3	3
30：	30.00	2	2	2

（4）冰柱图

图 7-1-12 冰柱图显示聚类过程与类群的归属问题,左侧 y 轴为集群数标识出划分类群的个数,横轴表示个案,用一个直尺与横轴平行放置在冰柱图上,如直尺放置在集群数为 5 的位置,直尺割断突出的冰状,则没有被割断的冰柱表示的个案就归为一类。本案例中,从割断冰状的情况可以看出,个案 20 与个案 28 归为一类;个案 10 自成一类;个案 29,26,24, 14,4 归为一类;个案 21,30,15,5,19,9,23,12,2 归为一类;其余个案归为一类。

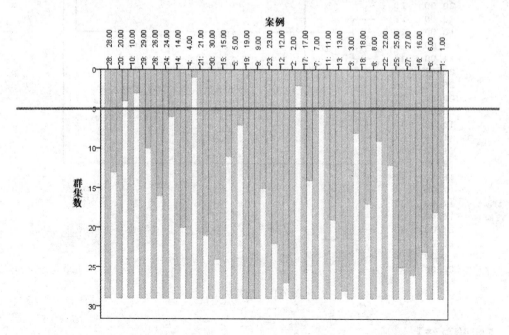

图 7-1-12　冰柱图

（5）树状图

图 7-1-13 为树状图，也叫龙骨图。树状图与冰柱图基本相似，也是直观地显示了聚类的过程。从图中也可以清楚地看出聚类的过程与个案的归属情况。

在树状图的最上方，"Rescaled Distance Cluster Combine"表示聚类重新标定距离。即相当于冰柱图中的纵轴"集群数"。树状图的解读方法与冰柱图类似，用一把直尺切割树状图的横线，当直尺放置在集群数为 5 的位置，直尺垂直放置后，可以切割 5 条横线，表示可以将 30 个个案划分为 5 个类群，每一类群所包含的个案就是该被割断的横线所包含的个案数。在树状图中的纵轴有两列，第一列表示聚类主对话框中所选入"标注个案"中的变量的取值。第二列表示个案的观测量序号。

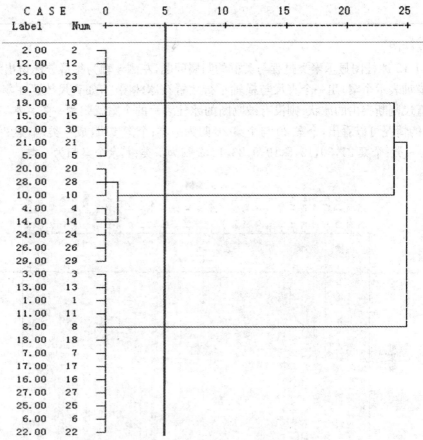

图 7-1-13　树状图

【实验总结】

1. 系统聚类可以分为两种类型，一种是对个案进行分类，一种是对变量进行分类。比较常用的是对个案进行分类。

2. 系统聚类首先要根据解决的问题,选择聚类指标,聚类指标的选择是为能反映类群特点,因此,聚类指标的选择非常重要。不同的聚类指标,聚类的结果大相径庭,同时能反映各类别的特点与规律也存在较大的差异。聚类的指标不宜过多,如果过多,则特点与规律不明显,且类别的划分比较复杂,也不宜过少,如果只有一个聚类指标,则无需聚类。如果变量数量过多,可以考虑先对变量进行因子分析,用提取出的公因子作为聚类指标,会使问题的分析简化且规律明显。

3. 系统聚类可以帮助我们选择聚类数目。但不能告诉我们每一类别的聚类中心的位置,因此具有一定的局限性,因此可以选择快速聚类方法进行深入分析。

4. 值得注意的是,选用不同的聚类方法,计算距离的方法不同,所得到的分类结果会存在差异,建议选用其他聚类方法,对多种聚类结果进行比较。比较的方法有两种,一是根据对分类问题本身有关的专业知识来判断哪种分类结果更合理;二是将各种结果中的共性取出来,将有疑问的个案先放在一边待判,先将其余个案进行分类。最后用最短距离法对待判的个案作特殊处理以决定它们的归属。

【实验作业】

7.1.1 某家具公司对购买家具的顾客的偏好情况进行调查,主要调查对家具样式、图案、颜色三方面的偏好情况,获得 10 位顾客的数据资料,请对该 10 位顾客作聚类分析。调查指标如表 7-1-4 所示:

$X1$:喜欢的式样:老式记为 1,新式记为 2

$X2$:喜欢的图案:素式记为 1,格子式记为 2,花式记为 3

$X3$:喜欢的颜色:蓝色记为 1,黄色记为 2,红色记为 3

表 7-1-4 顾客购买家具偏好调查

顾客序号	式样	图案	颜色
1	1	3	1
2	1	2	2
3	2	3	3
4	2	2	3
5	1	1	1
6	1	1	2
7	1	2	1
8	2	2	2
9	2	3	3
10	2	3	3

7.1.2 某运动队对 13 名运动员的生理状况和心理状况进行评估,获得的数据如下表。利用生理分与心理分对 13 名运动员进行类别划分。

表 7-1-5   运动员的生理状况和心理状况评估

运动员编号	生理分	心理分
1	8.00	7.00
2	6.00	6.00
3	7.00	8.00
4	4.00	3.00
5	9.00	3.00
6	4.00	2.00
7	4.00	4.00
8	4.00	4.00
9	6.00	6.00
10	3.00	3.00
11	4.00	5.00
12	8.00	2.00
13	8.00	7.00

实验二   快速聚类分析

【实验目的】

1. 找出各类别的聚类中心及类别归属情况；
2. 理解快速聚类的基本思想与原理；
3. 熟练掌握应用 SPSS 软件进行快速聚类的方法；
4. 能对快速聚类结果进行深入分析；
5. 培养运用快速聚类方法解决身边实际问题的能力。

【准备知识】

1. 快速聚类的思想

快速聚类是在知道该样本可以划分为几个类别，然后依据一定的聚类方法将样本中的个案按照最短距离法进行归类，并最后算出每一类别的聚类中心的方法。快速聚类的具体过程是，如果已知要聚为 n 类，则先按照一定的方法选择 n 个聚类中心(Cluster Center)，然后计算每一个个案与各聚类中心的距离，依照距离最短的原则，将个案向最近的聚类中心凝聚，形成初始分类，然后按照最近距离原则不断修改不合理的分类，直至合理为止。

2. 快速聚类的步骤

(1)找出原始聚类中心

(2)计算距离

(3)归类并调整直至合理

3. 应用 spss 软件进行快速聚类的步骤

(1)选择聚类指标

(2)确定聚类数目

(3)选择聚类方法

(4)选择快速聚类各选项

【实验内容】

以系统聚类实验数据为本实验的数据,对牙膏购买时考虑的"护牙因子"和"美牙因子"为聚类指标,对 30 个个案进行快速聚类,对划分为三类时的个案归属及各类特点进行分析。分析每一类别的特点和规律。

【实验步骤】

快速聚类由 SPSS 17.0 中的"分类"过程中"K-均值聚类"子过程实现。下面以案例说明快速聚类过程的基本操作步骤。

(1)在 SPSS 17.0 中打开数据文件 7-1. sav,通过选择"文件—打开"命令将数据调入 SPSS 17.0 的工作文件窗口。

(2)从菜单上依次选择"分析—分类—K-均值聚类",打开其对话框,如图 7-2-1 所示,执行上述操作即可打开快速聚类主对话框,如图 7-2-2 所示。

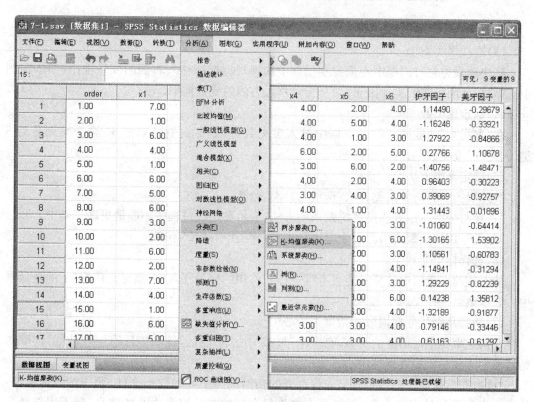

图 7-2-1 快速聚类过程

图 7-2-2   快速聚类主对话框

（3）选择聚类指标

从快速聚类主对话框中左侧源变量框中选择聚类指标移入右侧的变量框中，如本案例中选择"护牙因子"和"美牙因子"两个变量移入右侧的变量框中。

（4）确定聚类数

在"聚类数"功能区右侧的方框中输入聚类数目，如本案例已知把 30 个个案划分为 3 类，因此在"聚类数"后的方框内输入 3。

（5）确定聚类方法

快速聚类中有两种聚类方法：迭代与分类、分类。

"迭代与分类"，该方法是系统默认的方法，表示在迭代过程中不断地更新聚类中。

"分类"，用初始聚类中心对个案进行聚类，聚类中心始终不变。

（6）选择标记变量

从左侧源变量框中选择一个具有唯一标识作用的变量移入"个案标记依据"下的变量框中。如本案例选择"order"变量。

（7）选择是否从外部提取初始聚类中心

在快速聚类主对话框的下方，有一个"聚类中心"功能区，该功能区有两项功能：读取初始聚类中心和写入最终聚类中心。

"读取初始聚类中心"，当有事先保存好的初始聚类中心的数据文件，调用该数据文件，作为本案例的初始聚类中心，如果没有事先保存好的初始聚类中心的信息，则不用选择此项。本案例不选择此项。

"写入最终聚类中心",单击此项后,"新数据集"和"数据文件"两个单选项置亮,可以进行选择。如果选择"新数据集",则在其后的方框中输入建立的新数据集的名称。如果选择"数据文件",打开文件保存的路径,定义路径和文件名,则将当前聚类分析的最终聚类中心数据保存到该路径下的该文件名中。提供给其他个案聚类分析时作为初始聚类中心数据使用。

(5)到(7)的操作结果见图 7-2-3。

图 7-2-3 快速聚类主对话框的选项操作结果

(8)"迭代"选项

单击"迭代"功能按钮,展开如图 7-2-4 的对话框,设置迭代的参数。

➤在"最大迭代次数"后输入一个整数以限定最大的迭代步数,系统默认值为 10,即最多进行 10 步迭代。

➤"收敛性标准"后输入一个不超过 1 的正数作为判定迭代收敛的标准。缺省的收敛标准值为 0.02,表示当两次迭代计算的聚类中心之间距离的最大改变量小于初始聚类中心间最小距离的 2%时终止迭代。

➤"使用运行均值"复选项。选择这个选项表示在迭代过程中,当每个观测量被分配到一类后,随即计算新的聚类中心,并且,数据文件中观测量的次序可能会影响聚类中心。不选择此项则在所有观测量分配完后再计算各类的聚类中心,可以节省迭代时间。

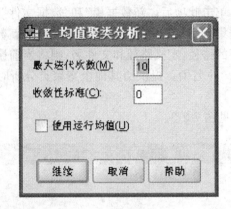

图 7-2-4 迭代功能按钮

(9)单击"保存"功能按钮

保存对话框总选择保存新变量的方式。

➤"聚类成员",在工作文件中建立一个名为"QCL-1"的新变量,其值为各观测量隶属于哪一类别的状况。本案例中"QCL-1"变量的取值为1,2,3。

➤"与聚类中心的距离",在工作文件中建立一个名为"QCL-2"的新变量,其值为各观测量与所属类聚类中心之间的欧氏距离。

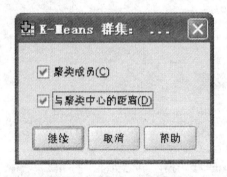

图 7-2-5 保存功能按钮

(10)单击"选项"功能按钮

选项对话框中定义输出的统计量值及缺失值的处理方法。"统计量"栏用于指定输出的统计量。

➤"初始聚类中心"选项为系统默认选项,输出初始聚类中心表。

➤"ANOVA"选项输出方差分析表。

➤"每个个案的聚类信息"选项,选中后,在输出结果中显示各观测量最终被聚入的类别、各观测量与最终聚类中心之间的欧氏距离以及最终各类聚类中心之间的欧氏距离。

"缺失值"栏用于指定缺失值的处理方式。

➤"按列表排除个案",该选项为系统默认选项,当聚类指标中有缺失值时,剔除该观测量。

➤"按对排除个案",选择此选项,只有当一个观测量的全部聚类指标变量值均缺失时才将其从分析中剔除,否则根据所有其他非缺失变量值,把它分配到最近的一类中去。

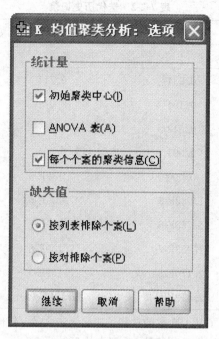

图 7-2-6　选项功能按钮

(11)单击"继续"按钮,返回快速聚类主对话框,单击"确定"按钮,SPSS 自动完成计算。

【实验结果与分析】

(1)初始聚类中心

表 7-2-1 给出了初始聚类中心数据。

表 7-2-1　初始聚类中心

	聚类		
	3	1	2
护牙因子	−1.30165	−1.40756	1.49635
美牙因子	1.53902	−1.48471	−0.28659

(2)迭代历史记录

表 7-2-2 为迭代历史记录表,展示了迭代过程中各类聚类中心的演变。本案例共进行了 10 次迭代,每次迭代类中心与上次迭代类中心的变化量。

表下的注释显示,本案例完成了最大次数的迭代,迭代无法收敛。即表示任何中心的最大绝对坐标更改为 2.41E-009,初始中心间的最小距离为 3.026。

表 7-2-2   迭代历史记录

迭代	聚类中心内的更改		
	1	2	3
1	0.934	0.714	0.503
2	0.104	0.071	0.036
3	0.012	0.007	0.003
4	0.001	0.001	0.000
5	0.000	7.139E-5	1.310E-5
6	1.582E-5	7.139E-6	9.357E-7
7	1.758E-6	7.139E-7	6.683E-8
8	1.953E-7	7.139E-8	4.774E-9
9	2.170E-8	7.139E-9	3.410E-10
10	2.412E-9	7.139E-10	2.436E-11

a. 迭代已停止，因为完成了最大次数的迭代。迭代无法收敛。任何中心的最大绝对坐标更改为 2.41E-009。当前迭代为 10。初始中心间的最小距离为 3.026。

（3）聚类成员

表 7-2-3 给出了聚类成员归属结果，也叫做样品隶属类表。指出了聚类后各个案所隶属的类。从表中的数据可以看出，个案 4，10，14，24，28，29 共 6 个样品归为第一类。表中的第四列"距离"表示该个案与聚类中心之间的距离。个案 2，5，9，12，15，21，30 共 7 个样品归为第二类；其余样品归为第三类。

此表中最后两列的数据分别作为变量"QCL-1"和"QCL-2"的观测值保存于当前工作的数据文件中。

表 7-2-3   聚类成员

案例号	order	聚类	距离
1	1	3	0.218
2	2	2	0.385
3	3	3	0.515
4	4	1	0.669
5	5	2	0.793
6	6	3	0.131
7	7	3	0.765
8	8	3	0.536
9	9	2	0.191
10	10	1	1.051
11	11	3	0.218
12	12	2	0.412
13	13	3	0.502

续表

案例号	order	聚类	距离
14	14	1	0.424
15	15	2	0.239
16	16	3	0.208
17	17	3	0.405
18	18	3	0.542
19	19	2	0.170
20	20	1	0.230
21	21	2	0.174
22	22	3	0.553
23	23	2	0.489
24	24	1	0.436
25	25	3	0.245
26	26	1	0.104
27	27	3	0.180
28	28	1	0.629
29	29	1	0.838
30	30	2	0.338

（4）最终聚类中心

表 7-2-4 为最终聚类中心表，列出了最终的类中心位置。可以根据该数据将划分的三个类群中心点画在二维图形中。如图 7-2-6。

表 7-2-4   最终聚类中心

	聚类		
	1	2	3
护牙因子	−0.25076	−1.18484	0.97459
美牙因子	1.51761	−0.72344	−0.43308

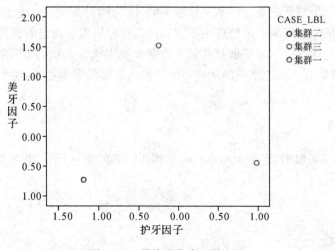

图 7-2-7   最终聚类中心散点图

(5)最终聚类中心间的聚类

表 7-2-5 给出了最终聚类中心间的距离。表中的数据显示,集群一与集群二两类聚类中心间的距离为 2.428,集群一与集群三两类聚类中心间的距离为 2.304。依次可以分析任意两类中心之间的距离。

表 7-2-5　最终聚类中心间的距离

聚类	1	2	3
1		2.428	2.304
2	2.428		2.179
3	2.304	2.179	

(6)每个聚类中心中的案例数

表 7-2-6 给出了每个聚类中的案例数,从表中的数据可以看出,本例中的 30 个个案,集群一包含 8 个个案,集群二包含 9 个,集群三包含 13 个。

表 7-2-6　每个聚类中的案例数

聚类	1	8.000
	2	9.000
	3	13.000
有效	30.000	
缺失	0.000	

【实验总结】

1.快速聚类要事先知道划分为多少类。

2.快速聚类分析的重点是会解读最终的聚类中心的坐标,该聚类中心就表示了该类的特点和规律。

3.快速聚类结果与系统聚类的结果往往不同,因为两种聚类方法思路和步骤存在很大的区别,因此,要依据对案例个案的理论了解通过比较分析确定最终的聚类结果。

4.系统聚类的优点是能很好地判断划分为多少类别比较合适,判断的依据是类内的差异最小,类间差异最大。快速聚类的优点是能计算出最终的聚类中心,对类的特点有一个较好的把握。

【实验作业】

7.2.1　表 7-2-8 列出了 11 个国家出生率和死亡率的指标,请用快速聚类法将 11 个国家划分为 2 类。

表 7-2-8　不同国家出生率和死亡率数据

序号	国别	出生率	死亡率
1	中国	19	8
2	日本	10	8
3	法国	13	11
4	德国	10	11
5	意大利	10	10
6	俄罗斯	11	13
7	英国	13	11
8	美国	16	9
10	智利	24	7
11	印度	29	10

实验三　判别分析

【实验目的】

1. 明确判别分析有关的概念；
2. 熟练掌握判别的过程；
3. 能用 SPSS 软件进行判别分析；
4. 培养运用判别分析方法解决身边实际问题的能力。

【准备知识】

1. 判别分析的定义与基本思想

根据历史上划分类别的有关资料和某种最优准则,确定一种判别方法,判定一个新的样本归属哪一类。也就是希望利用调查数据,找出一种判别函数,使得这一函数具有某种最优性质,能把属于不同类别的样本点尽可能地区别开来,并对测得同样 p 项指标数据的一个新样本,能判断这个样本归属于哪一类。

SPSS 软件提供的判别分析过程根据已知的观测量分类和表明观测量特征的变量值推导出判别函数,并把各观测量的自变量值代回到判别函数中,根据判别函数对观测量所属类别进行判别。对比原始数据的分类和按判别函数所判的分类,给出错分概率。

2. 判别分析的过程

第一阶段,分析和解释各组的指标特征之间存在的差异,并建立判别函数。

在这部分工作中,一要处理的是已知分组属性的那些案例。(1)确定是否能在特征变量数据的基础上判别出已知的分组来;(2)分组能被判别的程度;(3)哪些特征变量是最有用的判别因素。

二是为了分组的目的推导一个或多个数学方程,这些数学方程称为"判别函数",他们以某种数学形式将表示特征的判别变量与分组属性结合起来,是我们能辨识一个案例所最近似的分组。

第二阶段要处理的是未知分组属性的案例,以第一阶段的分析结果为根据将这些案例进行判别分组。这相当于根据以往经验来"预测"案例的分组属性。

3. 判别分析的类别

(1)按判别的总体数来区分

①两个总体判别分析;

②多个总体判别分析。

(2)按区分不同总体所用的数学模型来分

①线性判别;

②非线性判别。

(3)按判别时所处理的变量方法不同

①逐步判别;

②序惯判别。

4. 判别准则

(1) 马氏距离最小准则

(2) Fisher 准则

(3) 平均损失最小准则(贝叶斯判别法)

(4) 最小平方准则

(5) 最大似然准则

(6) 最大概率准则

5. 判别分析的基本假设

当被解释变量是属性变量而解释变量是度量变量时,判别分析是合适的统计分析方法。其假设条件:

(1)每一个判别变量(解释变量)不能是其他判别变量的线性组合。即解释变量之间不存在多重共线性。

(2)各组变量的协方差矩阵相等。

(3)各判别变量之间具有多元正态分布,即每个变量对于所有其他变量的固定值有正态分布。

(4)分组类型在两种以上,各鉴别变量的测度水平在间距测度等级以上;各分组的案例在各鉴别变量的数值上能够体现差别;要求案例数量(n)比变量的个数(K)多于两个。

6. 判别分析的基本模型

判别分析的基本模型就是判别函数,它表示为分组变量与满足假设的条件的判别变量的线性函数关系:$y=b_0+b_1x_1+b_2x_2+\cdots+b_kx_k$

判别函数值 y 又称为判别值(Discriminant Score),它代表各分组在某一空间上的坐标。b_i 为各判别变量对于判别函数值的影响。

判别模型的几何含义是：各判别变量代表了 k 维空间。每个案例按其判别变量值成为这一 k 维空间中的一个点，如果各组案例就其判别变量值有明显不同，就意味着每一组将会在这一空间的某一部分形成明显分离的蜂集点群。即使这些组的点群在空间位置上有少量重叠，其各自的"领域"也大体可以分清。为了概况这个组的位置，我们可以计算它的领域的中心。中心位置可以用这个组别中各案例在每个变量上的组平均值作为其坐标值。因为每个中心代表了所在组的基本位置，我们可以通过研究他们来取得对于这些分组之间差别的理解。

判别分析的实质就是希望利用已经测得的变量数据，找出一种判别函数，使得这一函数具有某种最优性质，能把属于不同类别的样本点尽可能地区别开来。

7. 判别分析模型的各参数指标及其统计检验

(1)非标准化判别系数

判别系数又称函数系数（Function Coefficient），包括两种：非标准化的判别系数（Unstandardized Discriminant Coefficient）和标准化的判别系数。

非标准化的判别系数也称为粗系数（Raw Coefficient）。将原始变量值直接输入模型，得到的系数估计就是非标准化的粗系数。

非标准化系数是用来计算判别值（Discriminant Score）的。将案例的各判别变量值代入上述两个判别函数就可以分别计算出每一个案例的两个判别值，于是就得到了其在二维空间中的位置。SPSS 可以直接在数据文件中保存各案例点的判别变量值。如果做出散点图，就可以表示在判别空间中各案例的点，并可以进一步分析具体案例点与组别之间的位置。

(2)标准化判别系数

标准化使得每个变量都以自己的平均值作为数轴原点，以自己的标准差作为单位，这样一来，每个案例的原始变量值，一方面表现为与平均值之间的距离，另一方面以正负号形式表示了自己偏离平均值的方向、并且各标准化系数之间具有横向可比性。哪个变量的标准化系数绝对值大，就意味着将对判别值有更大的影响，于是可以用来比较各变量对判别值的相对作用。

(3)结构系数

判别分析中的结构系数（Structural Coefficient）又称为判别负载（Discriminant Loading），它实际上是某个判别变量 x_i 与判别值 y 之间的相关系数，它表达了两者之间的拟合水平。当这个系数的绝对值很大时，这个判别函数表达的信息与这个变量的信息几乎相同，当这个系数接近于 0 时，它们之间就没有什么共同之处。如果一些变量与一个函数之间有很大的结构系数值，我们就可以用这些变量的名字命名这个函数。

(4)分组的矩心

分组的矩心（Group Centroid）描述在判别空间中每一组案例的中心位置。其计算过程是将每一组别的每一个判别变量的平均值分别代入两个判别函数。分组的矩心表示每个分组在各判别轴上的坐标值。考察在判别空间中每个案例点与各组的矩心之间的距离，便于分析具体案例分组属性的倾向。

(5)判别力指数

有时判别分析可以推导出多个判别函数,然而这些判别函数不一定都很有用。可以根据一定指标来描述其对于判别的效益。这里所说的判别力,既包括了每个判别变量对于判别函数的作用,也包括了本判别函数对于所有原始变量总方差的代表性。

判别力指数(Potency Index)就是这样一个指标,有时它也叫做方差百分比(Percent of Variance)。判别分析通过判别函数所能代表的所有原始变量的总方差百分比来表示每个判别函数的判别力。在判别分析中,一个判别函数所代表的方差量用所对应的特征值(Eigenvalue)来相对表示。特征值的合计就相对代表了总方差量。而每个特征值占这一合计的比例就是相应判别函数能够代表的总方差比例,即它的判别力指数,判别力指数越大的判别函数越重要。而那些判别力指数很小的判别函数则可以被精简掉。

(6)残余判别力

残余判别力的含义是,在以前计算的函数已经提取过原始信息之后,残余的变量信息对于判别分组的能力。

残余判别力用统计量 Wilks' Lambda 来测量,其值是一个反面度量,值越小表示越高的判别力,即分组矩心极大地分离,并且相对于分组内部的离散程度非常明显。当 Wilks' Lambda 增加到最大值 1 时,组矩心就完全吻合了,这时没有分组之间的差别。

8. 判别分析的步骤

(1)解释变量和被解释变量的选择

① 解释变量为定量变量;

② 被解释变量为定性变量。

(2)样本的分割

分割成两个子样本,一个用于估计判别函数,另一个用于验证。

(3)估计判别模型

①全模型法

②先前选择法

③向后选择法

④逐步选择法

注意:当样本容量与解释变量个数之比低于 20 时,逐步估计变得不稳定。这些情况下用多种方法来验证结果尤其重要。

(4)评估判别函数的统计显著性

在计算了判别函数以后,必须评估它的显著性。Wilk's Lamada,Hotelling 和 Pillai 准则都是评估判别函数的判别效力的显著性统计量。Roy 最大特征根只检验第一个判别函数。

如果使用逐步法来估计判别函数,则马氏距离和 Rao'sV 测量是最合适的。

(5)评估整体拟合

一旦判别方程通过了显著性检验,注意力转向确定保留的判别函数的整体拟合。这个评估包括三个任务:计算每个观测的判别 Z 得分,检验各组在判别 Z 得分上的差异和评估组的关系的预测精度。

(6)利用判别函数对观测量进行分类

用判别分析过程导出的线性判别函数的数目与类别数目相同。确定一个观测量属于哪一类,可以把该观测量的各变量值代入每一个判别函数,哪个判别函数值大,该观测量就属于哪一类。

【实验内容】

利用聚类分析一章的某牙膏公司调查消费者购买牙膏时考虑哪些因素的数据。该数据中,消费者购买牙膏时考虑的因子有两大类"护牙因子"和"美牙因子",应用聚类分析,可以将30位顾客划分为三个类群。应用该数据,计算判别函数。

【实验步骤】

判别分析由 SPSS 17.0 的"分类"过程中的"判别"子过程实现。下面以案例说明判别分析的基本操作步骤。

(1)准备工作。在 SPSS 17.0 中打开数据文件 7-1. sav,通过选择"文件—打开"命令将数据调入 SPSS 17.0 的工作文件窗口。数据文件中,因子分析提取出的两个公因子"美牙因子"和"护牙因子"作为研究对象特征的变量,聚类分析得到的类别归属保存在"类别"变量中。

(2)打开判别分析主对话框

执行"分类-判别"命令,打开判别分析的主对话框。操作过程见图 7-3-1。判别分析主对话框见图 7-3-2。

图 7-3-1 判别分析操作过程

（3）选择自变量

从判别分析主对话框左侧的源变量框中选择反映研究对象特征的变量作为自变量，移入右侧的"自变量"下的变量框中。本案例选择"护牙因子"和"美牙因子"作为自变量。

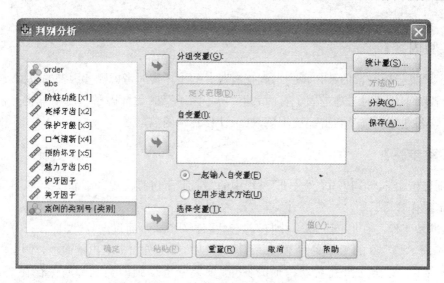

图 7-3-2　判别分析主对话框

（4）选择分组变量并定义分组变量的范围

从判别分析主对话框左侧的源变量框中选择保存分组信息的变量作为分组变量，移入右侧的"分组变量"下的变量框中。注意，这里所选择的分组变量是离散型变量，且其分组数至少多于两类。本案例选择"类别"变量作为分组变量移入"分组变量"框中，此时矩形框下面的定义范围置亮，单击该按钮，打开定义分组范围的小对话框，如图 7-3-3 所示。在"最小值"框中输入该分组变量的最小值，本案例输入"1"。

"最大"框中输入该分组变量的最大值，本案例中输入"3"。

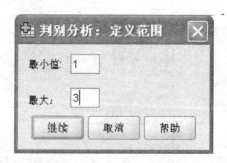

图 7-3-3　定义分组变量的范围

（5）选择观测量

如果希望使用一部分观测量进行判别分析，推导出判别函数，而另一部分观测量用于验证判别函数的盘错率，而且，在数据文件中有一个变量的某个值可以作为这些观测量的标识，则应用判别分析主对话框中的"选择变量"功能进行选择。操作方法是从左侧原变量框中选择标识变量，移入"选择变量"框中，点击其后的"值"按钮，可以打开图 7-3-4 所示的对话框。在展开的"设置值"子对话框中,键入标识参与分析的观测量所具有的该变量值。本案例中的标识变量为"abs",其标识参与分析的观测量取值为"1"。因此,在"设置值"子对话框中,键入"1"。然后点击"继续",返回主对话框。

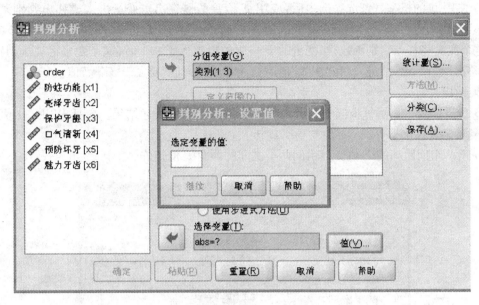

图 7-3-4 选择观测量子对话框

(6)选择分析方法

在主对话框中,自变量矩形框下面有两个单选项,可以从中选择判别分析的方法。

"一起输入自变量"选项,当认为所有自变量都能对观测量的特性提供丰富的信息,且彼此独立时使用该选项。判别分析过程将不加选择地使用自变量进行判别分析,建立全模型。

"使用步进行方法"选项,当不认为所有的自变量都能对观测量的特性提供丰富的信息时使用该选项。可以对自变量进行选择,选择的依据是其对判别贡献的大小。单击此选项后,判别分析主对话框右侧的"方法"功能按钮置亮。单击"功能"按钮,打开"步进法"子对话框,如图 7-4-5 所示。在"步进法"子对话框中选择判别分析的方法。

● 方法

➤"Wilks' lambda"选项,每步都是 Wilk 的 λ 统计量最小的变量进入判别函数。

➤"未解释方差"选项,每步都使个类不可解释的方差之和最小的变量进入判别函数。

➤"Mahalanobis'距离"选项,每步都使靠得最近的两类间的 Mahalanobis 距离最大的变量进入判别函数。

➤"最小 F 值"选项,每步都使任何两类间的最小的 F 值最大的变量进入判别函数。

➤"Rao's V"选项,Rao's V 统计量值是类间均值蝉翼的测度。每步选择使 Rao's V 值的增量最大化的变量进入判别函数。选择此项后,需要在下面的"V 至输入值"的矩形框中指定一个 V 值最小增量值,当变量的 V 值增量大于这个指定的增量值时,该变量进入判别函数。

● 标准

➤使用 F 值。这是系统默认选项,当一个变量的 F 值大于指定的"进入值"时,选择这个变量进入判别函数,系统默认的"进入值"为 3.84;当变量的 F 值小于指定的"删除"值时,这个变量将被从判别函数中移出,系统默认的"删除"值为 2.71。自行设置"进入值"和"删除"值时要注意,"进入值"要大于"删除"值。

➢使用 F 的概率。该选项选中后,应用 F 检验的概率决定变量进入或移出判别函数,"进入"的默认值为 0.05,"删除"的默认值为 0.1,表示,当变量的 F 检验的概率小于 0.05 时,这个变量将移入判别函数;当变量的 F 检验的概率大于 0.1 时,这个变量将被从判别函数中移出。自行设置"进入"和"删除"值时要注意,"进入值"要大于"删除"值。

- 输出

➢步进摘要。显示每步选中变量之后各变量的统计量概述结果。包括 Wilks' λ 值、容差、F 值、显著性水平等。

➢两两组间距离的 F 值。显示两两类之间的两两 F 值矩阵。

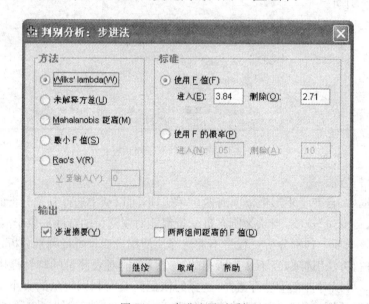

图 7-3-5　步进法子对话框

(7)定义输出选项

单击"统计量"功能按钮,打开统计量对话框,如图 7-3-6 所示。该对话框包括三个功能区:

- 描述性

➢均值:输出各自变量在各类中的观测量和全部观测量的均值、标准差。

➢单变量 ANOVA:单变量方差分析,对各类中同一自变量均值进行假设检验,输出单变量方差分析表。

➢"Box's M":输出对各类协方差矩阵相等的假设进行 Box's M 检验的结果。

- 函数系数

➢Fisher:计算 Fisher 判别函数系数。可直接用于对新样本的分类,对每一类都给出一组系数,并且指出该类中具有最大判别分数的观测量。

➢"未标准化"选项,输出非标准化的判别函数系数。

- 矩阵

➢组内相关:输出组内相关系数矩阵。

➢组内协方差:输出组内协方差矩阵。

➢分组协方差:输出每一类的协方差矩阵。

➢总体协方差:输出总体样本的协方差矩阵。

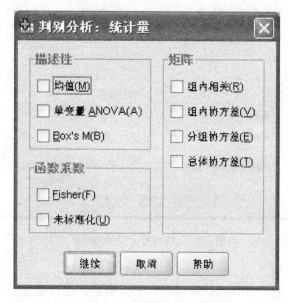

图7-3-6　统计量子对话框

(8)指定分类参数和判别结果

单击判别分析主对话框中的"分类"按钮,打开分类对话框,如图7-3-7所示。

- 先验概率

➢所有组相等:各先验概率相等,若分为 m 类,则各类先验概率均为 $1/m$。

➢根据组大小计算:基于各类样本占总样本的比例计算先验概率。

- 输出

➢个案结果:输出每个观测量的实际类、预测类、后验概率以及判别分数。

➢摘要表:输出分类小结表。对每一类输出判定正确和判错的观测量数。

➢不考虑该个案时的分类:输出每一个观测量的分类结果,所依据的判别函数为由除它之外的其他观测量导出的,因此也称为交互校验结果。

- 使用协方差矩阵

➢在组内:使用合并组内协方差矩阵进行分析。

➢分组:使用各组协方差矩阵进行分析。

- 图

➢合并组:生成全部类的散点图,该图是据前两个判别函数值作出的。如果只有一个判别函数,则显示直方图。

➢分组:对每一类生成一张散点图,这些图是据前两个判别函数值作出的。如果只有一个判别函数,则显示直方图。

➢区域图：生成根据判别函数值将观测量分到各类去的边界图。图中每一类占据一个区域，各类的均值用星号标记出来，如果只有一个判别函数，则不显示该图。

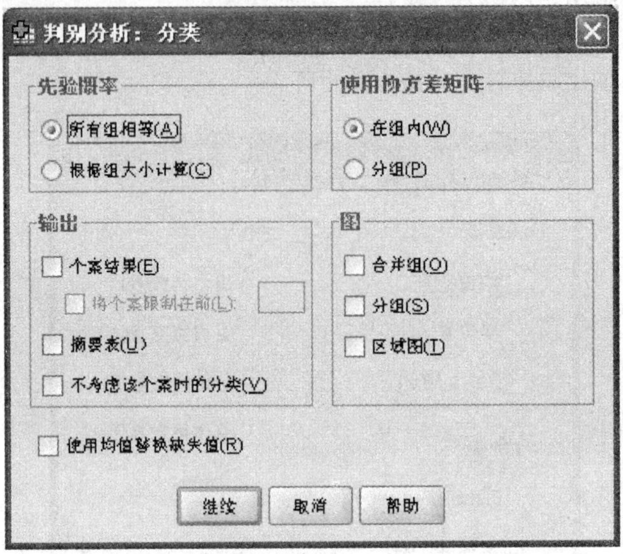

图 7-3-7　统计量分类子对话框

(9)"保存"功能按钮

单击"保存"按钮，打开保存对话框，如图 7-3-8 所示。选择建立新变量将判别分析结果保存到当前工作文件中去。

● 保存

➢所测组成员：建立新变量，保存预测观测量所属类的值，系统默认的变量名为 dis-1。

➢判别得分：建立新变量保存判别分数。该分数是由未标准化的判别系数乘自变量的值，将这些乘积求和后加上常数得来。每次运行判别分析都给出一组表明判别分数的新变量。建立几个判别函数就有几个判别分数变量。参与分析的观测量共分为 m 类，则建立 $m-1$ 个典则判别函数，指定该选项后，就可以生成 $m-1$ 个表明判别分数的新变量。第一次运行判别分析建立的新变量名为 dis1-1、dis1-2、dis1-3、…、dis1-m-1。第二次运行判别分析建立的新变量名为 dis2-1、dis2-2、dis2-3、…、dis2-m-1。

➢组成员概率：建立新变量，保存各观测量属于各类的概率值。有 m 类，对一个观测量就会给出 m 个概率值，因此建立 m 个新变量。本案例中原始和预测分类数是 3，指定该选项，在第一次运行判别分析过程后，给出的表明分类概率的新变量名为 dis1-1、dis1-2、dis1-3。

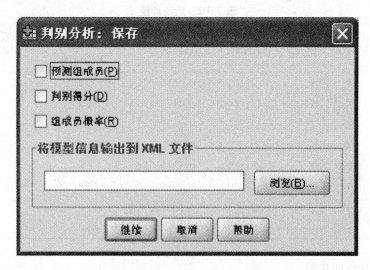

图 7-3-8　保存子对话框

(10)所有选项选择好后,点击判别分析主对话框的"确定"按钮,提交系统运行。

【实验结果与分析】

1. 分析案例摘要

表 7-3-1 为分析案例处理摘要,给出了参加判别分析的观测量总数为 60,而有效观测量数为 50,占 83.3%;包含缺失值或分类变量范围之外的观测量数为 10,占 16.7%。

表 7-3-1　分析案例处理摘要

未加权案例		N	百分比
有效		50	83.3
排除的	缺失或越界组代码	10	16.7
	至少一个缺失判别变量	0	0.0
	缺失或越界组代码还有至少一个缺失判别变量	0	0.0
	未选定的	0	0.0
	合计	10	16.7
合计		60	100.0

2. 组统计量

表 7-3-2 为组统计量,给出了两个自变量按照区划类别以及全部观测量计算的均值、标准差等描述统计量。

表 7-3-2　组统计量

案例的类别号		均值	标准差	有效的 N(列表状态)	
				未加权的	已加权的
1	护牙因子	−0.2912468	0.56385271	13	13.000
	美牙因子	1.4748663	0.41733306	13	13.000
2	护牙因子	−1.2185692	0.20570285	14	14.000
	美牙因子	−0.8032027	0.33515560	14	14.000
3	护牙因子	0.9513300	0.32125512	23	23.000
	美牙因子	−0.4807072	0.29613140	23	23.000
合计	护牙因子	0.0206882	1.00327503	50	50.000
	美牙因子	−0.0625568	0.98880044	50	50.000

3. 组均值相等的检验

表 7-3-3 为组均值的均等性的检验结果。由于"护牙因子"和"美牙因子"两个变量的 Wilks 的 Lambda 检验和 F 值检验的显著性概率 sig 均显著小于 0.05,这表明,类均值检验均通过显著性,表示两个变量类内均值都存在显著差异,可以进行判别分析。

表 7-3-3　组均值的均等性的检验

	Wilks 的 Lambda	F	df1	df2	Sig.
护牙因子	0.135	151.168	2	47	0.000
美牙因子	0.114	181.964	2	47	0.000

4. 协方差矩阵的均等性的箱式检验

检验协方差矩阵相等的 Box's M 统计量值为 18.149,显著大于 0.05,从而在显著性水平 0.05 下认为各类协方差矩阵相等。

F 检验的显著性概率为 0.01,小于 0.05,从而认为判别分析达到显著水平,说明判错率会很小。

表 7-3-4　检验结果

箱的 M		18.149
F	近似	2.822
6		df1
	df2	20550.967
	Sig.	0.010

对相等总体协方差矩阵的零假设进行检验。

5. 典则判别函数的特征值

表 7-3-5 为典则判别函数的特征值。本例有两个判别函数用于分析,第一个判别函数的特征值为 12.276,方差百分比为 72.1%,第二个判别函数的特征值为 4.761,方差百分比为 27.9%,两个判别函数的累积方差百分比为 100%,正则相关系数分别为 0.962 和 0.909。

表 7-3-5 特征值

函数	特征值	方差的 %	累积 %	正则相关性
1	12.276[a]	72.1	72.1	0.962
2	4.761[a]	27.9	100.0	0.909

a. 分析中使用了前 2 个典型判别式函数。

6. 判别函数显著性的检验

表 7-3-6 为 Wilks 的 Lambda 检验。两个判别函数的 Wilks' Lambda 值都非常小,卡方检验的显著性概率显著小于 0.05,从而认为判别函数有效。

表 7-3-6 Wilks 的 Lambda

函数检验	Wilks 的 Lambda	卡方	df	Sig.
1 到 2	0.013	201.673	4	0.000
2	0.174	81.425	1	0.000

7. 标准化判别系数

表 7-3-7 为标准化的典型判别式函数系数。根据表中的数据可知,判别函数分别为:

$$F_1 = -0.843 \times 护牙因子 + 0.957 \times 美牙因子$$
$$F_2 = 0.683 \times 护牙因子 + 0.512 \times 美牙因子$$

根据这两个判别函数代入各变量数值可以计算出判别分数。

表 7-3-7 标准化的典型判别式函数系数

	函数	
	1	2
护牙因子	−0.843	0.683
美牙因子	0.957	0.512

8. 结构矩阵

表 7-3-8 为结构矩阵,结构矩阵式判别变量与标准化判别函数之间的合并类内相关系数,变量按照相关系数的绝对值大小排列,表明判别变量与判别函数之间的相关性,如本案例中,护牙因子与第二个判别函数的相关系数最大,表明二者之间的关系最密切。

表 7-3-8 结构矩阵

	函数	
	2	1
护牙因子	−0.472	0.882*
美牙因子	0.630	0.777*

判别变量和标准化典型判别式函数之间的汇聚组间相关性

按函数内相关性的绝对大小排序的变量。

*. 每个变量和任意判别式函数间最大的绝对相关性

9.非标准化判别系数

表 7-3-9 为典型判别式函数的非标准化函数系数,根据表中的数据可以列出非标准化的判别函数:

$$F_1 = -2.242 \times 护牙因子 + 2.82 \times 美牙因子 + 0.222$$
$$F_2 = 1.819 \times 护牙因子 + 1.499 \times 美牙因子 + 0.056$$

根据这两个非标准化判别函数,代入各变量数值可以计算出判别值。

表 7-3-9　典型判别式函数系数

	函数	
	1	2
护牙因子	−2.242	1.819
美牙因子	2.802	1.499
(常量)	0.222	0.056

非标准化系数

10.判别函数各类矩心

表 7-3-10 列出了组质心处的函数,该数值是按照非标准化判别函数计算的函数类心,即利用判别函数在各类均值处的判别分数值。与所有组的散点图中的质心相对应,见图 7-3-9。

表 7-3-10　组质心处的函数

案例的类别号	函数	
	1	2
1	5.007	1.737
2	0.704	−3.364
3	−3.258	1.066

在组均值处评估的非标准化典型判别式函数

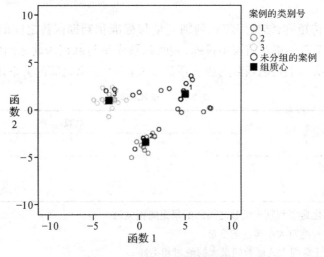

图 7-3-9　典型判断函数图

11. 组的先验概率

表 7-3-11 为组的先验概率值,按照在 图 7-3-7 的统计量分类子对话框中所选择的所有类的先验概率相等,所以三个组的先验概率均为 33.3%。

表 7-3-11　组的先验概率

案例的类别号	先验	用于分析的案例	
		未加权的	已加权的
1	0.333	13	13.000
2	0.333	14	14.000
3	0.333	23	23.000
合计	1.000	50	50.000

12. 分类函数系数

表 7-3-12 为分类函数系数,也就是 Fisher 线性判别函数系数,根据此表中的数据可以建立各类线性判别模型。

表 7-3-12　分类函数系数

	案例的类别号		
	1	2	3
护牙因子	-7.673	-7.301	9.640
美牙因子	15.924	-3.774	-8.236
（常量）	-13.959	-7.063	-7.663

Fisher 的线性判别式函数

区划 1: $q_1 = -7.673 \times$ 护牙因子 $+ 15.924 \times$ 美牙因子 $- 13.959$

区划 2: $q_2 = -7.301 \times$ 护牙因子 $- 3.774 \times$ 美牙因子 $- 7.063$

区划 3: $q_3 = 9.640 \times$ 护牙因子 $- 8.236 \times$ 美牙因子 $- 7.663$

利用这三个线性判别函数,判断未知分类案例的归属。具体方法是将位置案例的各变量值代入此三个线性判别函数进行计算,所得的三个数值进行比较,哪个数值大,则将此案例归入哪一类。如 q_1 最大,则归入第一类。

13. 分类结果

表 7-3-13 为分类结果。对于选定的案例,对于原始数据中分别属于区划类 1,区划类 2 和区划类 3 的各观测量,仍然归于原类,判对率为 100%。交叉校验的判对率也为 100%。对待判的 10 个观测量,有 3 个归入区划类 1,3 个归入区划类 2,4 个归入区划类 3。

表 7-3-13　分类结果[b,c,d]

			案例的类别号	预测组成员			合计
				1	2	3	
选定案例	初始	计数	1	13	0	0	13
			2	0	14	0	14
			3	0	0	23	23
		%	1	100.0	0.0	0.0	100.0
			2	0.0	100.0	0.0	100.0
			3	0.0	0.0	100.0	100.0
13	交叉验证[a]	计数	1	1	13	0	0
			2	0	14	0	14
			3	0	0	23	23
		%	1	100.0	0.0	0.0	100.0
			2	0.0	100.0	0.0	100.0
			3	0.0	0.0	100.0	100.0
未选定的案例	初始	计数	1	0	0	0	0
			2	0	0	0	0
			3	0	0	0	0
			未分组的案例	3	3	4	10
		%	1	0.0	0.0	0.0	100.0
			2	0.0	0.0	0.0	100.0
			3	0.0	0.0	0.0	100.0
			未分组的案例	30.0	30.0	40.0	100.0

　　a. 仅对分析中的案例进行交叉验证。在交叉验证中,每个案例都是按照从该案例以外的所有其他案例派生的函数来分类的。

　　b. 已对选定初始分组案例中的 100.0% 个进行了正确分类。

　　c. 已对未选初始分组案例中的 .0% 个进行了正确分类。

　　d. 已对所选交叉验证分组案例中的 100.0% 个进行了正确分类。

【实验总结】

　　1. 判别分析的目的主要有四个:①确定在两个或更多事先定义的组上的一组变量的平均得分剖面是否存在显著性差异。②确定哪些变量在各组的平均得分剖面的差异中解释最多。③在一组变量得分的基础上,建立将对象分类的步骤。④由这组变量形成的组与组之间判别维数的数目及构成。

　　2. 判别分析可以列出标准化的判别函数、未标准化的判别函数和 Fisher 线性判别函数。标准化的判别函数可以计算出判别分数,未标准化的判别函数可以计算出判别值,Fisher 线性判别函数可以判别出待判案例的类群归属状况。

【练习与作业】

7.3.1 浙江省杭州市 1986—2010 年的固定资产投资、就业人数和 GDP 的数据见表 7-3-14。数值来源取值为 1 时表示该观测量的数据来源于《统计年鉴》,取值为 0 表示对该年份的估计值。根据 GDP 与固定资产投资和就业总数之间的关系,将 1986—2010 年的 25 年分成三个年份,1 表示就业拉动型经济发展模式,2 表示投资拉动型经济发展模式,3 表示人力资本拉动型经济发展模式。请根据下面的数据进行判别分析,并判断 2011—2020 年分别属于哪种经济发展模式(基本数据见 7-3. sav)。

表 7-3-14 杭州市 1986—2010 年经济指标与就业数据

年份	数值来源	分段年份	GDP	固定资产投资	就业总数
1986	1	1	1053589	182398	347.9
1987	1	1	1260162	200516	347.2
1988	1	1	1525427	205967	357.4
1989	1	1	1662945	202131	360.2
1990	1	1	1896216	229214	363.5
1991	1	1	2279545	255696	382.3
1992	1	1	2900690	384136	385.5
1993	1	1	4247094	825382	393.2
1994	1	1	5855239	1059437	421.2
1995	1	1	7620055	1566280	422.6
1996	1	2	9066133	1819333	420.3
1997	1	2	10363299	2139012	420.1
1998	1	2	11348899	2681740	417.1
1999	1	2	12252795	3233609	414.2
2000	1	2	13825616	3766473	408.11
2001	1	2	15680138	4634929	413.18
2002	1	3	17818302	5623366	441.14
2003	1	3	20997744	8952090	450.59
2004	1	3	25431796	11081993	477.63
2005	1	3	29438430	12777972	481.1
2006	1	3	34434972	13734482	512.21
2007	1	3	41040117	15837775	533.09
2008	1	3	47889748	18822936	569.15
2009	1	3	50875529	21951706	597.47

续表

年份	数值来源	分段年份	GDP	固定资产投资	就业总数
2010	1	3	59491687	26518839	626.33
2011	0	3	45388917	18499098	563.61
2012	0	3	47556507	19433837	573.23
2013	0	3	49724097	20368575	582.85
2014	0	3	51891687	21303314	592.48
2015	0	3	54059278	22238053	602.1
2016	0	3	56226868	23172791	611.72
2017	0	3	58394458	24107530	621.34
2018	0	3	60562048	25042268	630.97
2019	0	3	62729638	25977007	640.59
2020	0	3	64897228	26911745	650.21

　　7.3.2　某公司调查顾客对其产品的满意度状况,主要调查了价格满意度、质量满意度和品牌文化满意度三个方面,并根据顾客的人口统计学特性分为三类,分别用1,2,3表示。请根据下表的数据作判别分析。并判别另外收集的三个顾客的类别归属。

表 7-3-15　某公司顾客满意度调查数据

顾客类型	价格满意度	质量满意度	品牌文化满意度
1	46	52	62
1	53	48	65
3	50	68	66
1	51	68	64
2	61	62	55
1	66	64	54
1	71	57	60
3	66	66	75
2	62	70	88
1	62	73	81
2	67	67	79
1	70	64	70
1	72	66	61
3	71	68	61
3	79	59	62
3	84	56	54

顾客类型	价格满意度	质量满意度	品牌文化满意度
1	87	51	74
1	84	62.5	59
2	76	75	71
1	83	67.5	52
3	88	55	62
2	85	63	73
2	74	82	84
3	83	65	81
2	89	55	78
2	82	75	72
3	79	80	77
2	83	68	89
2	90	67	52
2	78	85	70
2	85	71	77
1	89	71	58
2	82	77	88.5
1	93	69	56
2	94	66	66
3	90	66	93
2	92	75	64
3	91	74	76
3	87	82	93
3	94	73	81
2	94	77	76
2	93	79	86
2	94	81	81
2	96	77	82
2	96	78	79

第 8 章

主成分分析和因子分析

 本章学习目标

- 理解主成分分析和因子分析的原理与基本思想；
- 掌握主成分分析和因子分析实验目的、实验内容和实验步骤；
- 掌握实验结果的统计分析；
- 理解主成分分析和因子分析的异同点。

主成分分析(Primary Component Analysis)主要是通过降维过程，将多个相关联的数值转化为少数几个互不相关的综合指标的统计方法，即用较少的指标代替和综合反映原来较多的信息，这些综合后的指标就是原来多指标的主要成分。主成分分析作为一种探索性的技术，是在分析者进行多元数据分析之前用来分析数据，对数据有一个大致的了解，这对于实际应用是非常重要的。因子分析(Factor Analysis)是主成分分析的推广和发挥，也是利用降维方法进行统计分析的一种多元统计方法。因子分析研究相关矩阵或协方差的内部依赖关系，由于它将多个变量综合为少数几个因子，以再现原始变量与因子之间的相互关系，故得到了广泛的应用。

实验一　主成分分析

【实验目的】

1. 明确与主成分分析有关的基本概念；
2. 理解主成分分析的基本思想与原理；
3. 理解主成分分析的方法；
4. 熟练应用 SPSS 软件进行主成分分析；
5. 培养运用主成分分析解决实际问题的能力。

【准备知识】

1. 主成分分析的定义与基本思想

主成分分析是利用降维的思想，在损失很少信息的前提下把多个指标转化为几个综合指标的多元统计方法。通常把转化生成的综合指标称之为主成分,其中每个主成分都是原始变量的线性组合,且各个主成分之间互不相关,这就使得主成分比原始变量具有某些更优越的性能。

主成分分析的基本思想:它通过对原始变量相关矩阵或协方差矩阵内部结构关系的研究,利用原始变量的线性组合形成几个综合指标(主成分),在保留原始变量主要信息的前提下起到降维与简化问题的作用,使得在研究复杂问题时更容易抓住主要矛盾。

2. 主成分分析的基本理论

设有 n 个样本,每个样本都有 p 个变量 $x_1,x_2,\cdots,x_p$,对其作线性组合得到:

$$\begin{cases} y_1 = \mu_{11}x_1 + \mu_{12}x_2 + \cdots + \mu_{1p}x_p \\ y_2 = \mu_{21}x_1 + \mu_{22}x_2 + \cdots + \mu_{2p}x_p \\ \cdots\cdots \\ y_p = \mu_{p1}x_1 + \mu_{p2}x_2 + \cdots + \mu_{pp}x_p \end{cases} \tag{8-1-1}$$

其中 $\mu_{i1}^2 + \mu_{i2}^2 + \cdots + \mu_{ip}^2 = 1 (i=1,2,3,\cdots,p)$。

上式的系数应按以下原则求解:y_i 与 $y_j(i\neq j;i,j=1,2,3,\cdots,p)$ 互相独立。

y_1 是 $x_1,x_2,\cdots,x_p$ 的一切线性组合中方差最大的;y_2 是与 y_1 不相关的 $x_1,x_2,\cdots,x_p$ 的一切线性组合中方差最大的;y_p 是 $y_1,y_2,\cdots,y_p$ 一次原始数据 $x_1,x_2,\cdots,x_p$ 的一切线性组合中方差最大的。

根据以上原则确定的变量 $y_1,y_2,\cdots,y_p$ 一次的原始变量 $x_1,x_2,\cdots,x_p$ 的第一、第二、$\cdots$、第 p 个主成分。其中 y_1 在总方差中所占比例依次递减,这原始变量的能力也一次减弱。可以证明系数向量 $(\mu_{1j},\mu_{2j},\cdots,\mu_{pj})$,$(i=1,2,\cdots,p)$ 恰好协方差矩阵 Σ 的特征值 $(\lambda_1 \geqslant \lambda_2 \geqslant \cdots \geqslant \lambda_p)$ 所对应的特征向量,而且 $y_1,y_2,\cdots,y_p$ 的方差也是上述的特征值,所以主成分的名次是按特征值的顺序排序的。在主成分分析的实际应用中,一般只选取前几个方差较大的主成分,这样既减少了变量数目,又能够用较少的主成分反映原始变量的大部分信息。

第 i 个主成分的贡献率为:

$$\lambda_i / \sum_{i=1}^{p} \lambda_i \tag{8-1-2}$$

反映了相应的主成分代表原来 p 个指标多大的信息,有多大的综合能力。

前 k 个主成分的累计贡献率为:

$$\sum_{i=1}^{k} \lambda_i / \sum_{i=1}^{p} \lambda_i \tag{8-1-3}$$

表明了前 k 个主成分包含了原始变量所具有的信息量,共有多大的综合能力。

3. 主成分分析的基本步骤

在理论分析和具体 SPSS 操作方面,主成分分析过程需经过如下几个重要步骤:

(1)将原始数据标准化,以消除量纲的影响;

(2)建立变量之间的相关系数矩阵 A;

(3)求 R 的特征值和特征向量;

(4)写出主成分并进行分析。

SPSS 中选取主成分的方法有两种:一种是根据特征根大于等于 1 来选取;另一种是根

据用户直接规定主成分的个数来选取。

特征值的贡献还可以从 SPSS 的碎石图中看出。

可以把第一和第二主成分的点画出一个二维图，以直观地显示它们是如何解释原来的变量的。

【实验内容】

2011 年浙江省 11 座城市国民经济主要指标：$x1$—人均生产总值(元)，$x2$ —全社会从业人员年末数(万人)，$x3$—社会消费品零售总额(亿元)，$x4$—固定资产投资(亿元)，$x5$—出口总额(亿美元)，$x6$ —财政总收入(亿元)，$x7$—地方财政收入，$x8$—城乡居民储蓄存款年末余额(亿元)，$x9$—城镇居民人均可支配收入(元)，$x10$—农村居民人均纯收入(元)。对浙江省 11 座城市的国民经济发展水平进行主成分分析，并计算 11 个城市国民经济主要指标主成分综合得分。

【实验步骤】

主成分分析的计算是由 SPSS 的因子分析子过程来实现的。在 SPSS 中，主成分分析与因子分析均在因子分析模块中完成。

(1)准备工作。在 SPSS 17.0 中打开数据文件 8-1.sav，通过选择“文件—打开”命令将数调入 SPSS 17.0 的工作文件窗口，如图 8-1-1 所示。

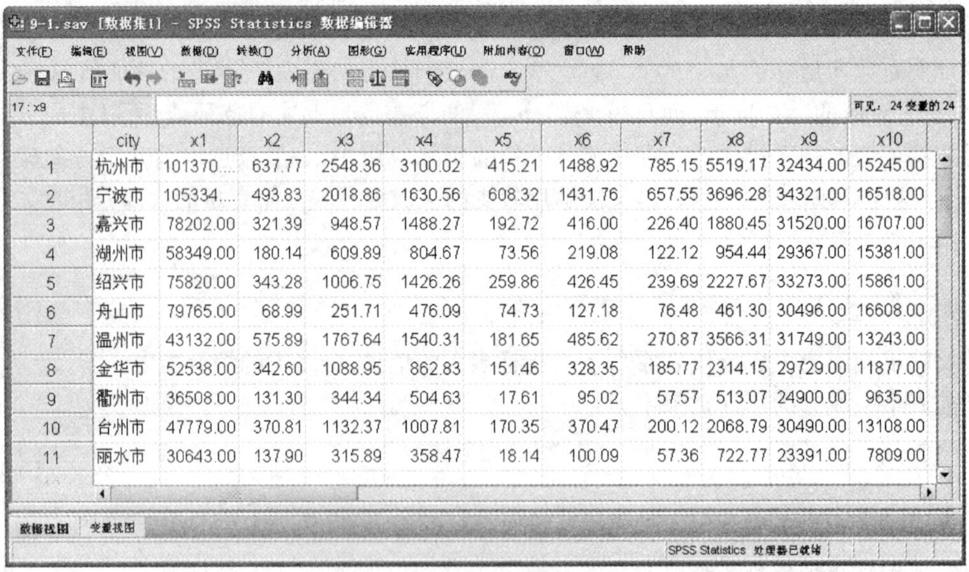

	city	x1	x2	x3	x4	x5	x6	x7	x8	x9	x10
1	杭州市	101370....	637.77	2548.36	3100.02	415.21	1488.92	785.15	5519.17	32434.00	15245.00
2	宁波市	105334....	493.83	2018.86	1630.56	608.32	1431.76	657.55	3696.28	34321.00	16518.00
3	嘉兴市	78202.00	321.39	948.57	1488.27	192.72	416.00	226.40	1880.45	31520.00	16707.00
4	湖州市	58349.00	180.14	609.89	804.67	73.56	219.08	122.12	954.44	29367.00	15381.00
5	绍兴市	75820.00	343.28	1006.75	1426.26	259.86	426.45	239.69	2227.67	33273.00	15861.00
6	舟山市	79765.00	68.99	251.71	476.09	74.73	127.18	76.48	461.30	30496.00	16608.00
7	温州市	43132.00	575.89	1767.64	1540.31	181.65	485.62	270.87	3566.31	31749.00	13243.00
8	金华市	52538.00	342.60	1088.95	862.83	151.46	328.35	185.77	2314.15	29729.00	11877.00
9	衢州市	36508.00	131.30	344.34	504.63	17.61	95.02	57.57	513.07	24900.00	9635.00
10	台州市	47779.00	370.81	1132.37	1007.81	170.35	370.47	200.12	2068.79	30490.00	13108.00
11	丽水市	30643.00	137.90	315.89	358.47	18.14	100.09	57.36	722.77	23391.00	7809.00

图 8-1-1　2011 年浙江省 11 座城市国民经济主要指标

(2) 选择“分析—降维—因子分析”命令，如图 8-1-2 所示，打开因子分析

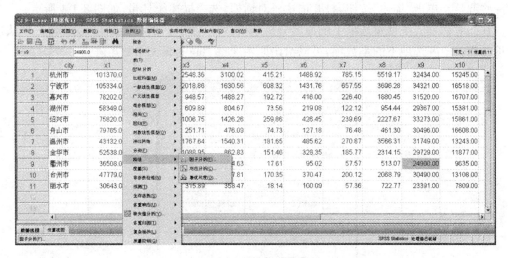

图 8-1-2　因子分析菜单

（3）指定参与分析的变量。在"因子分析"主对话框中，从左侧的变量列表中选择参与分析的变量，单击向右的箭头按钮，使之添加到右边的变量框中，如图 8-1-3 所示。本例中从因子分析对话框左侧的变量列表中依次将变量 $x1, x2, x3, x4, x5, x6, x7, x8, x9, x10$ 选中并点向右的箭头按钮，使这 10 个变量被选入右边的变量框中。

图 8-1-3　选入变量

（4）运行主成分分析过程。其他选项均为 SPSS 系统默认值。单击"因子分析"对话框左下方的确定按钮，即可得 SPSS 主成分分析有关的计算结果。

上面的主成分分析中，SPSS 默认是从相关矩阵出发求解主成分，且默认保留特征根大于 1 的主成分。

（5）主成分分析其他结果的计算。由 SPSS 软件默认选项输出的结果，直接得不到用原始变量表示出主成分的表达式及其他一些有用的结果，这就需要对因子分析模块中的设置做一些调整。单击"描述"按钮,打开描述子对话框,选择描述统计量,如图 8-1-4 所示。

在此对话框的统计量选项下的原始分析结果,可以输出初始分析结果,为 SPSS 默认选择项。相关矩阵选项下的系数项,可以给出原始变量之间的相关系数矩阵。

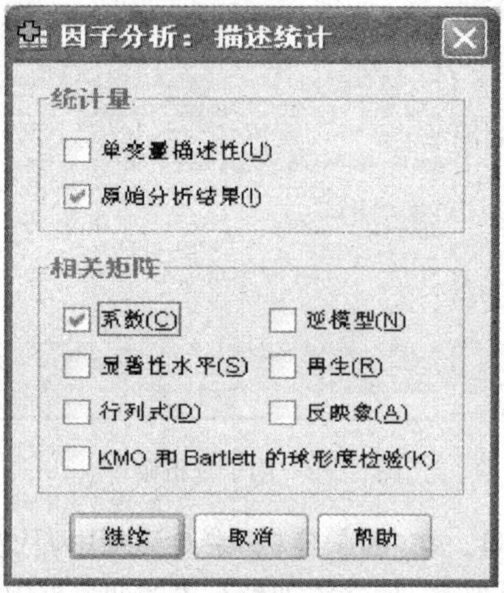

图 8-1-4 "因子分析:描述"对话框

本例选择"原始分析结果"、"系数",单击"连续"按钮,回到因子分析对话框。

单击"抽取"按钮,打开抽取对话框,如图 8-1-5 所示,由分析设置可见系统默认的提取公因子的方法为主成分法,由分析设置可见 SPSS 默认是从相关矩阵出发求解主成分的。由抽取选框可以自己确定主成分的个数,默认的选择是基于特征值提取主成分,后面的文本框可以输入数值来指定 SPSS 软件保留特征根的大小,即提取特征根大于输入数值的主成分,系统默认保留特征根大于 1 的主成分;另外还可以选择因子的固定数量主成分,固定数量后的文本框直接确定主成分的个数。在输出复选框中的未旋转的因子解(默认选择)即显示主成分提取的结果;碎石图则可以显示按特征值大小排列的主成分序号与特征值为两个坐标轴的碎石图。

图 8-1-5 "因子分析:抽取"对话框

本例选择"方法"选项和"分析"选项均为 SPSS 系统默认;选取"输出"中的未旋转的因子解和碎石图;在"抽取"选框选择基于特征值,单击"继续"按钮,回到因子分析对话框。

单击"确定"按钮,SPSS 自动完成计算。SPSS 结果输出窗口中就会给出主成分分析的有关结果。

【实验结果与分析】

表 8-1-1 给出的是 10 个变量之间的相关系数矩阵,可以看出这 10 个变量之间的相关性很高,因此有必要进行主成分分析。表 8-1-2 给出了主成分分析从每个原始变量中提取信息的多少。可以看出,提取的主成分包含了原始变量至少 86.5% 的信息。表 8-1-3 前两个主成分的累计贡献率:

表 8-1-1 相关矩阵

		$x1$	$x2$	$x3$	$x4$	$x5$	$x6$	$x7$	$x8$	$x9$	$x10$
相关	$x1$	1.000	0.442	0.586	0.676	0.814	0.781	0.773	0.574	0.781	0.823
	$x2$	0.442	1.000	0.971	0.874	0.749	0.801	0.829	0.969	0.670	0.304
	$x3$	0.586	0.971	1.000	0.912	0.840	0.913	0.932	0.991	0.687	0.369
	$x4$	0.676	0.874	0.912	1.000	0.743	0.861	0.903	0.935	0.665	0.474
	$x5$	0.814	0.749	0.840	0.743	1.000	0.942	0.917	0.801	0.773	0.550
	$x6$	0.781	0.801	0.913	0.861	0.942	1.000	0.995	0.891	0.651	0.443
	$x7$	0.773	0.829	0.932	0.903	0.917	0.995	1.000	0.921	0.655	0.443
	$x8$	0.574	0.969	0.991	0.935	0.801	0.891	0.921	1.000	0.662	0.341
	$x9$	0.781	0.670	0.687	0.665	0.773	0.651	0.655	0.662	1.000	0.867
	$x10$	0.823	0.304	0.369	0.474	0.550	0.443	0.443	0.341	0.867	1.000

表 8-1-2 公因子方差

	初始	提取
$x1$	1.000	0.903
$x2$	1.000	0.907
$x3$	1.000	0.983
$x4$	1.000	0.879
$x5$	1.000	0.865
$x6$	1.000	0.919
$x7$	1.000	0.946
$x8$	1.000	0.978
$x9$	1.000	0.868
$x10$	1.000	0.949

提取方法:主成分分析。

表 8-1-3 显示了各主成分解释原始变量总方差的情况。可以看出本例保留了两个主成分,第一个主成分对应的特征值 λ_1 为 7.791,即第一个主成分描述了 10 个原始变量中的 7.791,第一个主成分解释 10 个原始变量信息的 77.911%(即主成分贡献率);第二个主成分对应的特征值 λ_2 为 1.406,即第二个主成分描述了 10 个原始变量中的 1.406,第一个主

成分解释 10 个原始变量信息的 14.062%，说明两个主成分提供了原始变量足够信息，主成分分析的效果比较好。

标准化后的原始变量总的变差：

$$\sum_{i=1}^{10}\lambda_i = 7.791+1.406+0.498+0.243+0.032+0.024+0.005+0.001+0.000$$
$$=10$$

第一个主成分的贡献率

$$\lambda_1/\sum_{i=1}^{10}\lambda_1) \times 100\% = (7.791/10) \times 100\% = 77.91\%$$

前两个主成分的累计贡献率：

$$\left[(\lambda_1+\lambda_2)/\sum_{i=1}^{10}\lambda_i\right] \times 100\% = \left[(7.791+1.406)/10\right] \times 100\% = 91.973\%$$

表 8-1-3　解释的总方差

成分	初始特征值			提取平方和载入		
	合计	方差的 %	累积 %	合计	方差的 %	累积 %
1	7.791	77.911	77.911	7.791	77.911	77.911
2	1.406	14.062	91.973	1.406	14.062	91.973
3	0.498	4.980	96.953			
4	0.243	2.425	99.378			
5	0.032	0.318	99.697			
6	0.024	0.241	99.938			
7	0.005	0.053	99.990			
8	0.001	0.008	99.998			
9	0.000	0.002	100.000			
10	2.194E-5	0.000	100.000			

提取方法：主成分分析。

图 8-1-6 输出的是主成分碎石图，由特征值的变化趋势由陡峭开始趋于平稳的转折点，可以看出本例保留 2 个主成分为宜。

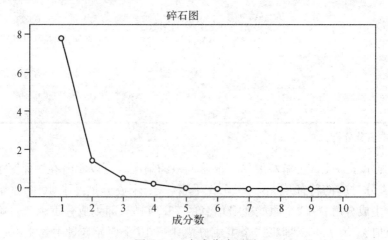

碎石图

图 8-1-6　主成分碎石图

表 8-1-4 输出的是第一主成分、第二主成分与原始变量的关系。而两个主成分对应的特征根 $\lambda_1=7.791$，$\lambda_2=1.406$ 可得 $\sqrt{\lambda_1}$ 为 2.7912，$\sqrt{\lambda_2}$ 为 1.1857，用其除以结果表 8-1-4 中的第二列和第三列可以得到主成分表达式的系数（即每个特征值对应的单位特征向量），由此可以得到各个主成分表达式：

$$y_1 = 0.289x_1 + 0.316x_2 + 0.339x_3 + 0.331x_4 + 0.332x_5 + 0.341x_6 + 0.345x_7 + 0.335x_8 + 0.295x_9 + 0.217x_{10}$$

$$y_2 = 0.421x_1 - 0.306x_2 - 0.248x_3 - 0.138x_4 + 0.062x_5 - 0.095x_6 - 0.117x_7 - 0.272x_8 + 0.367x_9 + 0.644x_{10}$$

表 8-1-4　成分矩阵

	成分	
	1	2
$x1$	0.808	0.499
$x2$	0.881	−0.363
$x3$	0.947	−0.294
$x4$	0.923	−0.164
$x5$	0.927	0.073
$x6$	0.952	−0.113
$x7$	0.963	−0.139
$x8$	0.935	−0.323
$x9$	0.824	0.435
$x10$	0.605	0.763

提取方法：主成分分析法。

a. 已提取了 2 个成分。

另外通常还可以将标准化后的原始数据代入主成分表达式计算各个样本的主成分得分。

首先，将原始数据标准化处理。选择"分析—描述统计—描述"命令打开"描述"对话框，如图 8-1-7 所示。

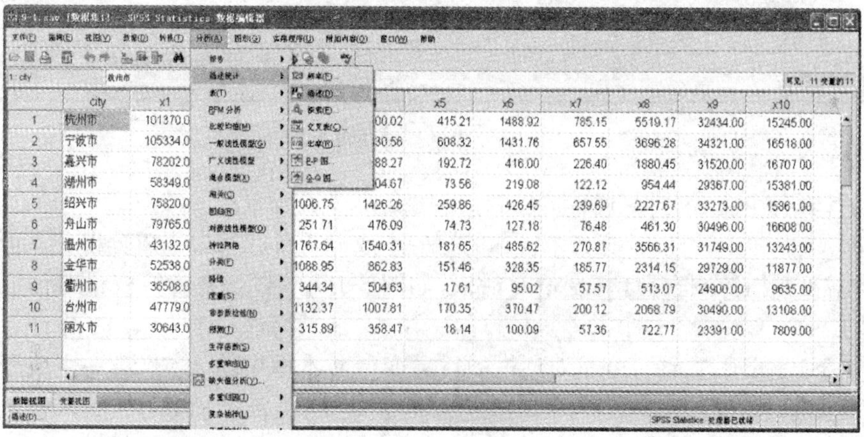

图 8-1-7　描述统计

在打开的描述的对话框中，如图 8-1-7 所示，从左端对话框中依次选择变量 $x1,x2,x3,x4,x5,x6,x7,x8,x9,x10$，移动到对话框右端的变量中，钩选"将标准化得分另存为变量"，保存标注化后的结果。

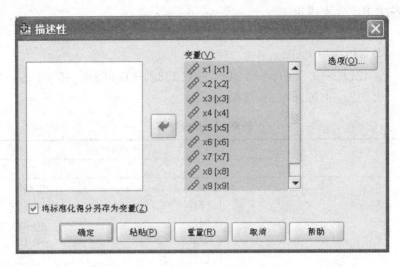

图 8-1-8　选入变量

标准化后的变量依次为 $zx1,zx2\cdots,zx10$ 保存在数据编辑窗口，如图 8-1-9 所示。

	x5	x6	x7	x8	x9	x10	Zx1	Zx2	Zx3	Zx4	Zx5	Zx6	Zx7	Zx8	Zx9	Zx10
1	415.21	1488.92	785.15	5519...	3243...	15245.00	1.45505	1.65541	1.94951	2.43910	1.22511	2.00122	2.17471	2.12140	0.68477	0.47511
2	608.32	1431.76	657.55	3696...	3432...	16518.00	1.61147	0.88712	1.23976	0.55273	2.30776	1.88567	1.64455	0.96505	1.25097	0.89878
3	192.72	416.00	226.40	1880...	3152...	16707.00	0.54088	-0.033...	-0.19485	0.37007	-0.022...	-0.16778	-0.146...	-0.18681	0.41053	0.96168
4	73.56	219.08	122.12	954.44	2936...	15381.00	-0.242...	-0.787...	-0.64882	-0.507...	-0.690...	-0.56587	-0.580...	-0.77422	-0.23549	0.52037
5	259.86	426.45	239.69	2227...	3327...	15861.00	0.44689	0.08355	-0.11687	0.29046	0.35415	-0.14666	-0.091...	0.03345	0.93652	0.68012
6	74.73	127.18	76.48	461.30	3049...	16608.00	0.60255	-1.380...	-1.12892	-0.929...	-0.683...	-0.75166	-0.769...	-1.08704	0.10327	0.92873
7	181.65	485.62	270.87	3566...	3174...	13243.00	-0.842...	1.32512	0.90303	0.43687	-0.084...	-0.02704	0.03796	0.88261	0.47924	-0.19119
8	151.46	328.35	185.77	2314...	2972...	11877.00	-0.471...	0.07992	-0.00669	-0.432...	-0.253...	-0.34497	-0.315...	0.08830	-0.12687	-0.64581
9	17.61	95.02	57.57	513.07	2490...	9635.00	-1.104...	-1.047...	-1.00476	-0.892...	-1.004...	-0.81667	-0.848...	-1.05420	-1.57582	-1.39198
10	170.35	370.47	200.12	2068...	3049...	1311E+...	-0.659...	0.23049	0.05151	-0.246...	-0.147...	-0.25982	-0.256...	-0.06734	0.10147	-0.23612
11	18.14	100.09	57.36	722.77	2339...	7809.00	-1.335...	-1.012...	-1.04290	-1.080...	-1.001...	-0.80642	-0.849...	-0.92118	-2.02859	-1.99970

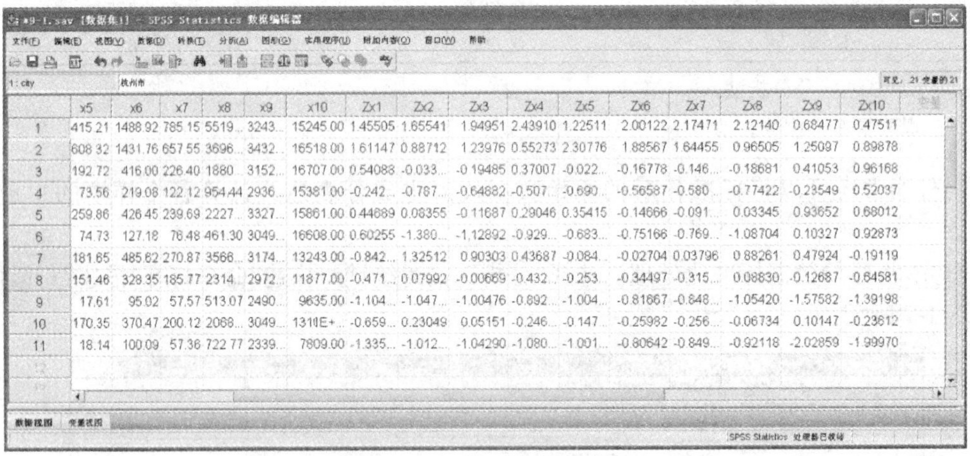

图 8-1-9　变量标准化得分

其次，计算各个主成分得分。本例将标准化变换以后变量值 $zx1,zx2\cdots,zx10$ 代入式(8-1-2)和式(8-1-3)中，可以计算各个样本的第一主成分得分和第二主成分得分。可以选择"转换—计算变量"命令打开计算变量对话框，如图 8-1-10 所示，在计算变量对话框中设置公式完成。

如图 8-1-10 所示，在计算变量对话框的目标变量文本框中输入 y1(第一主成分得分)，标准化之后的原始变量 $zx1,zx2\cdots,zx10$ 组成的表达式：$0.289*Zx1+0.361*Zx2+0.339*Zx3+0.331*Zx4+0.332*Zx5+0.341*Zx6+0.345*Zx7+0.335*Zx8+0.295*Zx9+0.217*Zx10$ 把上面的表达式键入数字表达式文本框中，单击确定

按钮,在 SPSS 数据编辑窗口将会出现一个名为 y1 的变量,即为第一主成分得分。

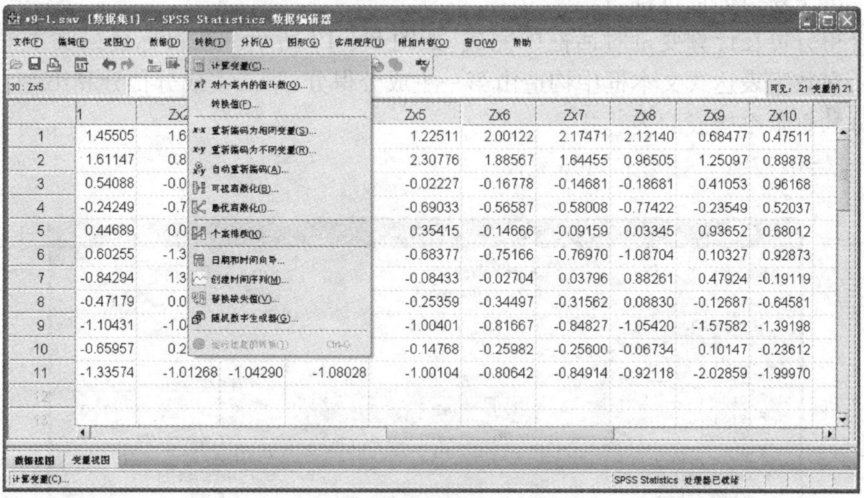

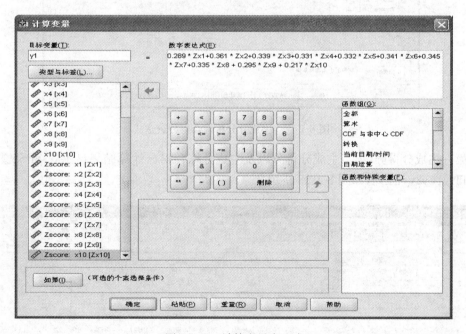

图 8-1-10   计算变量

图 8-1-11   计算变量表达式

同理,在计算变量对话框的目标变量文本框中输入 y2(第二主成分得分),标准化之后的原始变量 $zx1, zx2\cdots, zx10$ 组成的表达式: $0.421 * Zx1 - 0.306 * Zx2 - 0.248 * Zx3 - 0.138 * Zx4 + 0.062 * Zx5 - 0.095 * Zx6 - 0.117 * Zx7 - 0.272 * Zx8 + 0.367 * Zx9 + 0.644 * Zx10$ 把上面的表达式键入数字表达式文本框中,单击确定按钮,在 SPSS 数据编辑窗口将会出现一个名为 y2 的变量,即为第二主成分得分,即为第二主成分得分。

最后,计算综合得分。如果要计算各个地区的综合得分,按照下式:

$y = 0.7791 * y1 + 0.1406 * y2$

　　其中 $y1$ 为样本第一主成分得分,$y2$ 为样本第二主成分得分,由综合得分可以对各个地区国民经济主要指标进行排名。

　　综合得分可在计算变量对话框中完成,如图 8-1-12 所示。在目标变量文本框中输(综合得分),在数字表达式文本框中构造由第一主成分得分、第二主成分得分和第一主成分、第二主成分的贡献率构成的表达式:

　　$y=0.7791*y1+0.1406*y2$

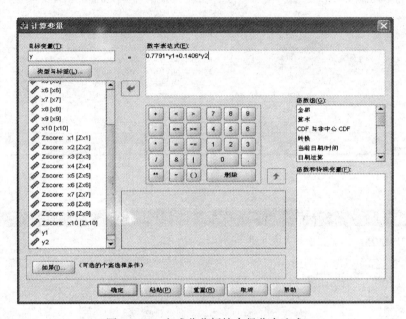

图 8-1-12　主成分分析综合得分表达式

　　第一主成分得分、第二主成分得分以及主成分综合得分计算结果显示在 SPSS 数据编辑窗口 $y1,y2,y$ 三列,如图 8-1-13 所示。

		Zx2	Zx3	Zx4	Zx5	Zx6	Zx7	Zx8	Zx9	Zx10	y1	y2	y
1	05	1.65541	1.94951	2.43910	1.22511	2.00122	2.17471	2.12140	0.68737	0.47511	5.3415	-1.1024	4.01
2	47	0.88712	1.23976	0.55273	2.30776	1.88567	1.64455	0.96505	1.25097	0.89878	4.2531	0.5702	3.39
3	38	-0.03329	-0.19485	0.37007	-0.02227	-0.16778	-0.14681	-0.18681	0.41053	0.96168	0.3527	1.0877	0.43
4	49	-0.78722	-0.64882	-0.50748	-0.69033	-0.56587	-0.58008	-0.77422	-0.23549	0.52037	-1.5804	0.9078	-1.10
5	39	0.08355	-0.11687	0.29046	0.35415	-0.14666	-0.09159	0.03345	0.93652	0.68012	0.6869	0.9707	0.67
6	55	-1.38049	-1.12892	-0.92929	-0.68377	-0.75166	-0.76970	-1.08704	0.10327	0.92873	-1.8956	2.1351	-1.18
7	94	1.32512	0.90303	0.43687	-0.08433	-0.02704	0.03796	0.88261	0.47924	-0.19119	1.0569	-1.2390	0.65
8	79	0.07992	-0.00069	-0.43232	-0.25359	-0.34497	-0.31562	0.08830	-0.12687	-0.64581	-0.7117	-0.5942	-0.64
9	31	-1.04791	-1.00476	-0.89265	-1.00401	-0.81667	-0.84827	-1.05420	-1.57582	-1.39198	-3.3581	-0.8453	-2.74
10	57	0.23049	0.05151	-0.24671	-0.14768	-0.25982	-0.25600	-0.06734	0.10147	-0.23612	-0.4414	-0.3780	-0.40
11	74	-1.01268	-1.04290	-1.08028	-1.00104	-0.80642	-0.84914	-0.92118	-2.02859	-1.99970	-3.7040	-1.5126	-3.10

图 8-1-13　综合得分计算结果

注：主成分分析和因子分析都在"因子分析"模块下进行，因此主成分得分和因子得分也容易混淆。主成分得分是精确值，具体计算是将原始数据标准化以后代入主成分表达式计算出各个样本的主成分得分，而因子分析中因子的个数一般小于变量的个数，因此不能精确计算出因子得分，只能对因子得分进行估计。所以不能用"因子得分"作为主成分值，y1 是由式 8-1-2 和式 8-1-3 计算得到，而因子分析中数据编辑窗口出现的新变量 FAC_1 和 FAC_2 是因子得分，更不能用因子得分对话框中的显示因子得分矩阵选项输出的矩阵作为主成分得分系数矩阵，它输出的是因子得分系数矩阵。也不能直接通过图 8-1-5 写出主成分表达式，为主成分系数。

因为主成分系数矩阵和因子载荷矩阵元素之间的关系为 $\alpha_{ij} = \sqrt{\lambda_i} \times \gamma_{ij}$，其中 α_{ij} 为因子载荷，γ_{ij} 为主成分系数。

第一主成分得分（y1）、第二主成分得分（y2）以及主成分综合得分（y）计算进行整理，内容见表 8-1-4。

表 8-1-4　11 个城市国民经济主要指标主成分综合得分

城市	y1	y2	y
杭州市	5.3415	−1.1024	4.01
宁波市	4.2531	0.5702	3.39
嘉兴市	0.3527	1.0877	0.43
湖州市	−1.5804	0.9078	−1.10
绍兴市	0.6869	0.9707	0.67
舟山市	−1.8956	2.1351	−1.18
温州市	1.0569	−1.2390	0.65
金华市	−0.7117	−0.5942	−0.64
衢州市	−3.3581	−0.8453	−2.74
台州市	−0.4414	−0.3780	−0.40
丽水市	−3.7040	−1.5126	−3.10

注：这里的正负仅表示该城市与平均水平的位置关系，所有城市国民经济主要指标平均水平作为零点，这是数据标准化的结果。

【实验总结】

1. 主成分分析不能看做是研究的结果，它经常与其他方法相结合使用，在主成分分析的基础上继续采用其他多元统计方法来解决实际问题。

2. 一般来说，由协方差矩阵出发求解主成分所得结果与由相关矩阵出发求解主成分所得结果有很大不同。对于度量单位不同的指标或取值范围彼此差异非常大的指标，不能直接由其协方差矩阵出发进行主成分分析，而应该考虑将数据标准化（从相关矩阵出发）。对于同度量单位或取值范围在同量级的数据还是直接从协方差矩阵求解。

3. 主成分分析适用于变量之间存在较强相关性的数据，如果原始数据相关性较弱，应用主成分分析后不能起到很好的降维作用,所得的各个主成分浓缩原始变量信息的能力相差不大。一般认为,当原始数据大部分变量的相关系数都小于 0.3 时,应用主成分分析取得的效果不理想。

4. 为了分析各样本在主成分所反映的经济意义方面的情况,还可以将标准化后的原始数据代入主成分表达式计算出各样本的主成分综合得分,例如可以按照主成分得分对样本进行排序、分类等。

【实验作业】

8.1.1 1984 年洛杉矶奥运会中各个国家和地区男子若干径赛记录数据,其中 $x1$:100 米(秒),$x2$:200 米(秒),$x3$:400 米(秒),$x4$:800 米(秒),$x5$:1500 米(秒),$x6$:5000 米(秒),$x7$:10000 米(秒),$x8$:马拉松(分)。进行主成分分析,用少量的变量来描述各个国家和地区男子若干径赛运动成绩(基本数据见 8-2.sav。资料来源:徐秋艳等,SPSS 统计分析方法与应用实验教程,中国水利水电出版社,2011)。

8.1.2 居民食品消费包括:粮油类、肉禽蛋水产品类、蔬菜类、调味品、糖烟酒饮料类、干鲜瓜果类、糕点及奶制品类以及饮食服务等。2009 年 1—2 季度中国大中城市居民食品消费如数据 8-3.sav 所示,运用主分成分析法,分析各个城市食品消费支出的主成分综合得分,并对各个城市的食品消费水平进行评价。(基本数据见 8-3.sav。资料来源:杨维忠等,SPSS 统计分析与行业应用,清华大学出版社,2011)。

实验二 因子分析

【实验目的】

1. 明确因子分析有关的基本概念;
2. 理解因子分析的基本思想与原理;
3. 理解因子分析的方法;
4. 熟练应用 SPSS 软件进行因子分析;
5. 培养运用因子分析解决实际问题的能力。

【准备知识】

1. 因子分析的定义与基本思想

因子分析(Factor Analysis)是一种将多变量化简的技术,它可以被看成是主成分分析的推广。因子分析的目的是分解原始变量,从中归纳出潜在的“类别”,相关性较强的指标归为一类,不同类间变量的相关性则降低。每一类变量代表了一个“共同因子”,即一种内在结构、因子分析就是要寻找该结构。

因子分析一般要求提取出的公因子有实际含义,如果分析中各因子难以找到合适的意义,则可以运用适当的旋转,以改变信息量在不同因子上的分析,最终方便对结果的解释。

因子分析的基本思想:根据相关性的大小把原始变量分组,使得同组内的变量之间相关性较高,而不同组的变量间的相关性较低。每组变量代表一个基本结构,并用一个不可观测的综合变量表示,这个综合变量即为公共因子。对于所研究的某一具体问题,原始变量可以分解成两部分之和的形式,一部分是由所有变量共同具有的少数几个不可测的所谓公共因子组成的线性函数,另一部分是每个变量独自具有的因素,即特殊因子,这一部分是与公共因子无关的。

2. 因子分析的基本理论

(1) 因子分析模型及基本概念。因子分析的出发点是用较少的互相独立的因子变量来代替原始变量的大部分信息,可以通过下面的数学模型来表示:

$$\begin{cases} x_1 = \alpha_{11}f_1 + \alpha_{12}f_2 + \cdots + \alpha_{1k}f_k + \varepsilon_1 \\ x_2 = \alpha_{21}f_1 + \alpha_{22}f_2 + \cdots + \alpha_{2k}f_k + \varepsilon_2 \\ \cdots\cdots \\ x_p = \alpha_{p1}f_1 + \alpha_{p2}f_2 + \cdots + \alpha_{pk}f_k + \varepsilon_p \end{cases} \tag{8-2-1}$$

其中 $x_1, x_2, \cdots, x_p$ 为原始的 p 个变量,且都为均值为 0,标准差为 1 的标准化变量,$f_1, f_2, \cdots, f_k(k<p)$ 为 k 个因子变量,分别是均值为 0,标准差为 1 的随机变量。$\varepsilon_1, \varepsilon_2, \cdots, \varepsilon_p$ 为 p 个特殊因子,分别是均值为 0,方差为 $\sigma_1^2, \sigma_2^2, \cdots, \sigma_p^2$ 的随机变量。表示成矩阵的形式为:

$$\underset{p\times 1}{X} = \underset{p\times k}{A}\,\underset{k\times 1}{F} + \underset{p\times 1}{\varepsilon} \tag{8-2-2}$$

其中 F 称为因子变量,由于它出现在每个原始变量的线性表达式中,所以又称为公共因子,可以将它们理解为在高维空间中互相垂直的 K 个坐标轴,它的各个分量是互相独立且不可观测的随机变量。公共因子的含义必须结合实际问题的具体意义确定。A 称为因子载荷矩阵,$\alpha_{ij}(i=1,2,\cdots,p;j=1,2,\cdots,k)$ 称为因子载荷,即第 i 个原始变量在第 j 个因子变量上的载荷;k 为公共因子的数目;ε 称为特殊因子,它的各个分量也是互相独立且不可观测的随机变量,而且它与公共因子 F 也是互相独立的,它表示了原始变量不能被公共因子解释的部分,使用公共因子作线性组合对于原始变量的信息丢失由特殊因子来补充。

因子分析中还有几个重要的相关概念说明如下:

① 因子载荷:因子分析表达式中各因子的系数值,它的统计意义是第 i 个变量与第 j 个因子的相关系数,用来反映公共因子与各个原始变量之间的相关程度。因子载荷绝对值越大,说明各个因子对变量影响程度越大。高载荷的变量可以帮助理解公共因子的意义并据此给公共因子命名。

② 变量共同度:即公因子方差或公共方差,变量 x_i 的共同度是因子载荷矩阵 A 中第 i 行元素的平方和,数学定义为 $h_i^2 = \sum\limits_{i=1}^{m} \alpha_{ij}^2$。

h_i^2 反映了公共因子 f 对 x_i 的影响,为公共因子 f 对 x_i 的"贡献"。h_i^2 实际反映了变量 x_i 对公共因子 f 的依赖程度。

在变量 x_i 标准化时则有:

$$1 = h_i^2 + \sigma_i^2 (i=1,2,\cdots,p) \tag{8-2-3}$$

可见原始变量 x_i 的方差可以分解为两部分:一部分为变量共同度,是公共因子对变量 x_i 方差解释说明的比例,体现了所有的公共因子对变量 x_i 的解释贡献程度。变量共同度越接近1,说明全体公共因子解释说明了原始变量 x_i 的较大部分方差,如果用全体公共因子

描述原始变量 x_i,则信息丢失较少。另一部分为特殊因子 ε_i 所能解释的变差 σ_i^2,也称为特殊因子方差或剩余方差,反映了原始变量 x_i 方差中不能由全体公共因子解释说明的比例。其值越小,说明原始变量 x_i 的信息丢失越少。如果大部分变量的共同度都高于 0.8,则说明提取出的公共因子已经基本反映了各原始变量 80% 以上的信息,仅有较少的信息丢失,因子分析效果较好。

③ 因子的方差贡献:考虑指定的一个公共因子对各个变量 x_i 的影响。实际上 f_j 对各个变量 $_i$ 的影响可由因子载荷矩阵 A 中第 j 列的元素来描述,数学定义为 $g_j^2 = \sum_{i=1}^{p} \alpha_{ij}^2$。

g_j^2 称为公共因子 f_j 对所有的原始变量 x_i 的方差贡献。它反映了因子对原始变量总方差的解释能力,显然该值越大,说明相应因子 f_j 对原始变量的影响就越大,重要性越高,g_j^2 成为衡量因子重要性的一个主要尺度。实际上因子的方差贡献和方差贡献率是衡量因子重要性的关键指标。

那么,因子载荷矩阵 A 的统计意义就非常清楚:α_{ij} 是 x_i 和 f_j 的相关系数;$h_i^2 = \sum_{i=1}^{m} \alpha_{ij}^2$ 是 x_i 对公共因子 f 的依赖程度;$g_j^2 = \sum_{i=1}^{p} \alpha_{ij}^2$ 是公共因子 f_j 对 X 的各个分量总的影响。

(2) 因子分析前提条件检验。因子分析的目的是从众多的原始变量中构造出少数几个具有代表意义的因子变量,这必定有一个潜在的前提条件,即原始变量之间要具有较强的相关性。如果原始变量之间不存在较强的相关关系,那么就无法从中综合出能反映某些变量共同特性的少数公共因子变量。因此,在因子分析时,需要对原始变量相关性进行分析。通常可以采取以下几种方法。

① 计算相关系数矩阵(correlation coefficients matrix)。最简单的方法是计算原有变量的简单相关系数矩阵并进行统计检验。如果相关系数矩阵中的大部分相关系数值均小于0.3,即各个变量间大多为弱相关,那么原则上这些变量是不适合进行因子分析的。

② 巴特利特球形检验(Bartlett test of sphericity)。巴特利特球形检验以原始变量的相关系数矩阵为出发点,其零假设是相关系数矩阵为单位矩阵,即相关系数矩阵主对角元素均为 1,非主对角元素均为 0。巴特利特球形检验统计量依据相关系数矩阵的行列式计算得到,近似服从卡方分布。如果统计量值较大且对应的伴随概率(Sig)值小于给定的显著性水平时,零假设不成立,即说明相关系数矩阵不太可能是单位矩阵,变量之间存在相关关系,适合做因子分析。

③ 计算反映像相关矩阵(Anti-image correlation matrix)。反映像相关矩阵检验以变量的偏相关系数矩阵为出发点,将偏相关系数矩阵的每个元素取反,得到反映像相关矩阵。如果其主对角线外的元素大多绝对值较小,对角线上的元素值较接近 1,则说明这些变量的相关性较强,适合进行因子分析。

④ KMO(Kaiser-Meyer-Olkin)检验。KMO 检验的统计量是用于比较变量间简单相关系数矩阵和偏相关系数的指标,数学定义为:

$$KMO = \frac{\sum\sum_{j=1} r_{ij}^2}{\sum\sum_{j=1} r_{ij}^2 + \sum\sum_{j=1} p_{ij}^2} \tag{8-2-4}$$

其中 r_{ij}^2 是变量 i 和变量 j 之间的简单相关系数，p_{ij}^2 是变量 i 和变量 j 之间的偏相关系数。

KMO 的取值在 0 和 1 之间，其值越接近 1，表示变量间的相关性越强，原有变量适合做因子分析；越接近 0，表示变量间的相关性越弱，越不适合做因子分析。Kaiser 给出的 KMO 度量标准：0.9 以上非常适合；0.8 表示适合；0.7 表示一般；0.6 表示不太适合；0.5 以下表示极不适合。

(3) 因子提取和因子载荷矩阵的求解。由上面的讨论可以知道，因子分析的关键是根据样本数据求解因子载荷矩阵。因子载荷矩阵的求解方法有基于主成分模型的主成分分析法、基于因子分析模型的主轴因子法、极大似然法、最小二乘法、α 因子提取法、映像分析法等。这些方法求解因子载荷的出发点不同，所得的结果也不完全相同。

主成分法确定因子载荷是进行因子分析之前先对数据进行一次主成分分析，然后把前面几个主成分作为未旋转的公共因子。相对于其他确定因子载荷的方法而言，主成分法比较简单。当用主成分法进行因子分析时，也可以借鉴确定主成分个数的准则，根据相应的特征值的大小或者累计贡献率来选择公共因子，也有直观的公共因子碎石图等，选择的标准也与主成分个数的选取类似。

第 i 个公共因子的贡献率为：

$$\lambda_i / \sum_{i=1}^{p} \lambda_i \tag{8-2-5}$$

如果数据已经标准化，第 i 个公共因子的贡献率为：

$$\lambda_i / p \tag{8-2-6}$$

前 k 个公共因子的累计贡献率为：

$$\sum_{i=1}^{k} \lambda_i / \sum_{i=1}^{p} \lambda_i \tag{8-2-7}$$

如果数据已经标准化，前 k 个公共因子的累计贡献率为：

$$\sum_{i=1}^{k} \lambda_i / p \tag{8-2-8}$$

具体选择几个公共因子还要看实际情况而定，具体问题具体分析，总之要使所选取的公因子能够合理地描述原始变量相关阵的结构，同时要有利于因子模型的解释。

(4) 因子命名和因子载荷矩阵的旋转。因子变量的命名解释是因子分析的另外一个核心问题，对模型中的公共因子给予合理的解释，以便进行进一步的分析。在实际分析中，主要是通过对载荷矩阵 A 的值进行分析，得到因子变量和原始变量的关系，从而对新的因子变量进行命名。如果因子载荷 α_{ij} 的绝对值在第 i 行的多个列上都有较大的取值（一般大于 0.5），则表明原始变量 x_i 可能同时与多个公共因子有较大的相关关系。载荷矩阵 A 的某一列中也有可能有多个 α_{ij} 比较大，说明某个因子变量可能解释多个原始变量的信息。

因子旋转的方法主要有正交旋转和斜交旋转。而正交旋转方式通常有四次方最大法（quartmax）、最大方差法（varimax）、最大平衡值法（equamax）等，其中最常用的是最大方差法法。

（5）计算因子得分。因子得分是因子分析的最终体现。在因子分析的实际应用中，当因子确定以后，便可计算各因子在每个样本上的具体数值，这些数值称为因子得分，形成的变量称为因子变量。在后面的分析中就可以用因子变量代替原始变量进行建模，或利用因子变量对样本进行分类、回归、排序与评价等研究，进而实现降维和简化问题的目标。

计算因子得分首先将因子变量表示为原始变量的线性组合，即因子得分函数：

$$f_j = b_{j1}x_1 + b_{j2}x_2 \cdots + b_{jp}x_p \quad (j=1,2,\cdots,k) \tag{8-2-9}$$

3. 因子分析的基本步骤

（1）因子分析的前提条件。变量之间是否存在较强的相关关系，因子分析的主要任务之一就是对原有变量中信息重叠的部分提取和综合成因子，最终实现减少变量个数的目的。

（2）因子提取。变量综合成少数几个因子。

（3）因子旋转。将原有变量综合成少数几个公共因子后，通过正交旋转或斜交旋转使提取出的因子具有可解释性。

（4）计算因子得分。因子分析的最终目的是减少变量个数，以便在进一步的分析中用较少的因子代替原有变量参与建模，通过各种方法求解各样本在各因子上的得分，为进一步分析奠定基础。

【实验内容】

2006年省会城市和计划单列市主要经济指标数据，其中 $x1$：年底总人口（万人），$x2$：地区生产总值（万元），$x3$：货运量（万吨），$x4$：地方财政预算内收入（万元），$x5$：固定资产投资总额（万元），$x6$：城乡居民储蓄年末余额（万元），$x7$：在岗职工平均工资（元），$x8$：社会商品零售总额（万元），$x9$：货物进出口总额（万美元），$x10$：年末实有公共汽电车营运车辆数（辆），$x11$：普通高等学校在校学生数（人），$x12$：医院与卫生院个数（个）。试作因子分析，对35个城市的经济发展水平进行评价（基本数据见 8-4.sav。资料来源：徐秋艳等，SPSS统计分析方法与应用实验教程，中国水利水电出版社，2011）。

【实验步骤】

因子分析的计算是由 SPSS 的因子分析子过程来实现的。下面以案例来说明因子分析及因子分析子过程的操作过程。

（1）准备工作。在 SPSS 17.0 中打开数据文件 8-4.sav，通过选择"文件—打开"命令将数据调入 SPSS 17.0 的工作文件窗口，如图 8-2-1 所示。

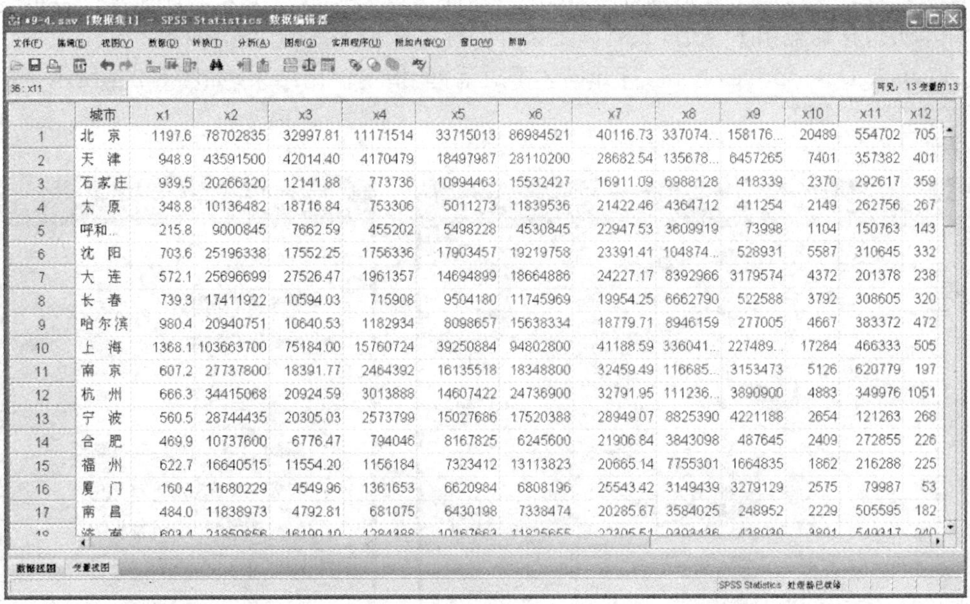

图 8-2-1　2006 年省会城市和计划单列市主要经济指标

（2）选择"分析—降维—因子分析"命令，打开因子分析主对话框，如图 8-2-2 所示。

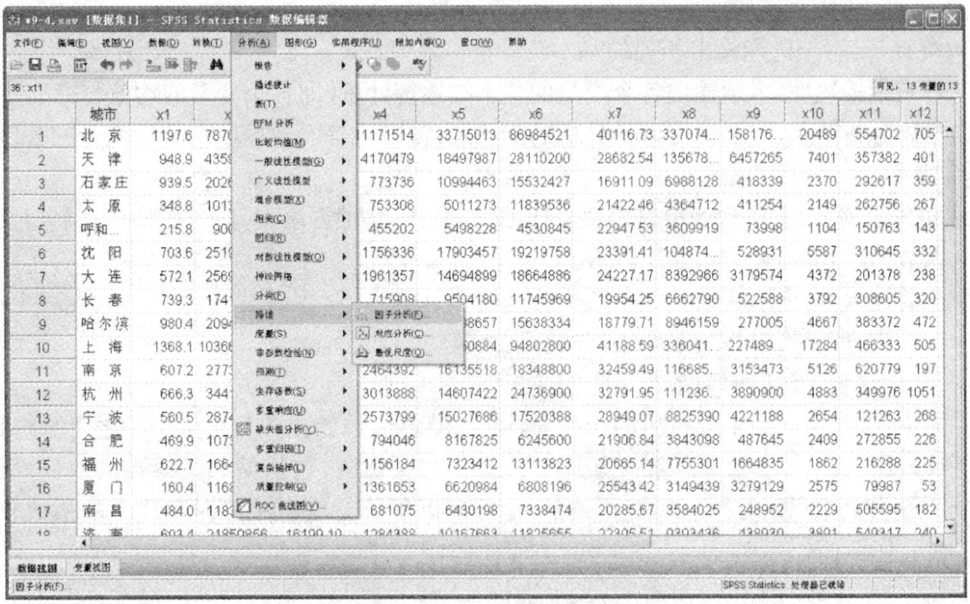

图 8-2-2　"分析：降维—因子分析"对话框

　　（3）选择参与因子分析的变量。在因子分析主对话框中，从左侧的变量列表中选择参与因子分析的变量，单击向右的箭头按钮，使之添加到右边的变量框中，如图 8-2-3 所示。

　　本例因子分析对话框左侧的变量列表中选择参与因子分析的变量 $x1, x2, x3, x4, x5,$ $x6, x7, x8, x9, x10, x11, x12$，单击向右的箭头按钮，使之添加到右边的变量框中。

还可以选择参与因子分析的样本，把作为条件变量的变量指定到选择变量下方的文本框中并单击值按钮输出变量值，只有满足条件的样本数据才参与因子分析。

（4）单击 Descriptives 按钮，打开描述子对话框，指定输出结果，如图 8-2-4 所示。描述对话框各个选项如下：

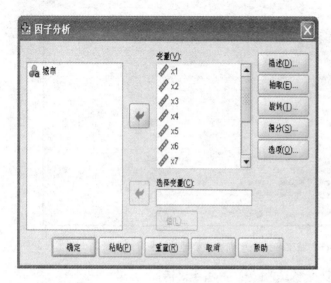

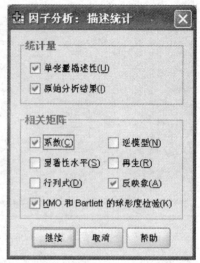

图 8-2-3 选入变量   图 8-2-4 "因子分析：描述统计"对话框

- 统计量：用于选择输出相关的基本统计量。其中：

➢单变量描述性：表示输出各个变量的基本描述统计量（即各个变量的均值与标准差）。

➢原始分析结果：表示输出因子分析的初始解，输出的是因子提取前分析变量的公因子方差。

- 相关矩阵：用于检验变量是否适合作因子分析的几种方法。其中：

➢系数：表示输出相关系数矩阵 R。

➢显著性水平：表示输出相关系数检验的概率 p 值。

➢行列式：可以给出相关系数矩阵的行列式值。

➢逆模型：表示输出相关系数矩阵的逆矩阵。

➢再生：选择给出因子分析后的相关阵，还给出残差，原始相关与再生相关之间的差值。

➢反映像：表示输出反映像相关矩阵。反映像相关矩阵，包括偏相关系数的取反；反映像协方差矩阵，包括偏协方差的取反。在一个好的因子分析模型中除对角线上的系数较大外，其他元素应该比较小。

➢KMO 和 Bartlett 的球形检验：表示进行 KMO 检验和巴特利特球形检验。

KMO 检验给出了对采样充足度 Kaiser-Meyer-Olkin 测度，检验变量间的偏相关是否很小；巴特利特球形检验，检验相关矩阵是否是单位矩阵。

本例选中选取"单变量描述"和"原始分析结果"选项；并在相关矩阵框选择"系数"选项，"反映像"选项和"KMO 和 Bartlett 的球形检验"选项。然后单击"继续"按钮，回到上一级菜单因子分析对话框。

（5）单击"抽取"按钮，打开"抽取"对话框，选择因子提取的方法，如图 8-2-5 所示，选项如下：

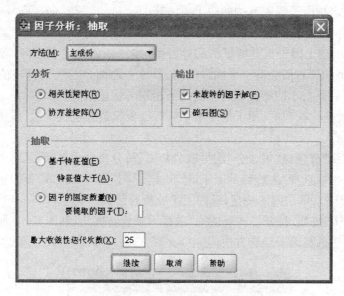

图 8-2-5 "因子分析:抽取"对话框

● "方法"框中提供了 7 种提取因子的方法:

➤主成分分析法,是 SPSS 默认的方法。该方法假定原变量是因子变量的线性组合。

➤未加权的最小二乘法,该方法使观察的和再生的相关矩阵之差的平方和最小。

➤广义最小二乘法,用变量的倒数值加权,使得观察的和再生的相关矩阵之差的平方和最小。

➤极大似然法,此方法不要求多元正态分布,给出参数估计,如果样本来自多元正态总体,它们与原始变量的相关矩阵极为相似。

➤主轴因子法,使用多元相关系数的平方作为对公因子方差的初始估计值。

➤因子法,此方法把分析的变量看作来自一个潜在总体的样本,使因子的可靠性最大。

➤映像因子提取法,也称多元回归法,把部分映像(变量的公共部分)看作剩余变量的多元线性回归。

● 分析框:用于选择提取因子变量的依据。其中:

➤相关性矩阵:表示依据相关系数矩阵提取公共因子,可用于分析度量单位不同的变量,为系统默认选择项。

➤协方差矩阵:指定以分析变量的协方差矩阵为提取公共因子的依据。统计分析方法及应用实验教程。

● 抽取框:对给出了因子的提取数目界定的标准。其中:

➤基于特征根:后面的文本框可以输入数值来指定 SPSS 软件保留特征根的大小,SPSS 将提取特征值大于该值的因子。在此项后面的框中系统给出的默认值为 1,即要求提取那些特征根大于 1 的因子。

➤因子的固定数量:表示选取固定数量的公共因子,后面的文本框可以输入要提取因子的个数,SPSS 将提取指定个数的因子。可以根据方差累计贡献率达到一定要求来输入提取的因子的数目。

● 输出框：指定与因子提取有关的输出项。其中：

➢未旋转的因子解：表示输出未经旋转的因子载荷矩阵，系统默认选择。

➢碎石图：显示输出因子与其特征值的碎石图，按特征值的大小排列，有助于确定保留多少个因子。典型的碎石图会有一个明显的拐点，该点之前是与大的特征值对应的因子连接的陡峭折线，之后是与小的特征值对应的因子相连的缓坡折线。

● 最大收敛性迭代次数框：用于指定因子分析收敛的最大迭代次数，系统默认的最大迭代次数为 25 次。

本例中在"分析"框选择"主成分"法提取公共因子；分析框中选项，从相关系数矩阵出发提取公共因子；输出框选择"未旋转的因子解"和"碎石图"选项；"抽取"框因子的固定数量后面的文本框中输入 3。单击继续按钮，返回因子分析对话框。

（6）单击"旋转"按钮，打开旋转对话框，选择因子旋转方法，如图 8-2-6 所示，选项如下：

● 旋转框：用于选择因子旋转方法，其中：

图 8-2-6 "因子分析：旋转"对话框

➢无：不作因子旋转，系统默认选项。

➢最大方差法：它使得每个因子上的具有最高载荷的变量数目最小，因此可以简化对因子的解释。

➢直接 Oblimin 方法：直接斜交（非正交）旋转，指定该项可以在下面的矩形框中输入 Delta 值，此值在 0—1 之间。当 Delta 为零，结果为最大斜交，产生最高的相关系数；Delta 值越小，因子斜交的程度越小。

➢最大四次方值法：使需要解释每个变量的因子数最少，可以简化对观测变量的解释。

➢最大平衡值法：相等最大正交旋转法，是最大方差法方法与最大四次方值法方法的结合，对变量和因子均作旋转。

➢Promax(P) 法：斜交旋转方法，允许因子间相关。它比直接斜交旋转计算速度快，适用于大样本数据，同时给出 Kappa 值，默认值为 4。

● 输出框：用于选择输出与因子旋转相关的信息，其中：

➢旋转解：输出旋转后的因子载荷矩阵。对于正交旋转，可以显示旋转后的因子矩阵模式、因子旋转矩阵；对于斜交旋转，可以显示旋转后的因子矩阵模式、因子结构矩阵和因子间的相关矩阵。

➢载荷图：表示输出旋转后的因子载荷散点图。指定此项将给出两两为坐标的各个变量的载荷散点图。如果有两个因子，则给出各原始变量在因子1和因子2坐标系中的散点图；如果多于两个，则给出前3个因子的三维因子载荷散点图；如果只提取一个因子，则不会输出散点图。

本例中选择最大方差法，并选中旋转解和散点图项，输出旋转后的因子载荷矩阵和载荷散点图，单击"继续"按钮，返回因子分析对话框。

(7)单击"得分"按钮进入因子分析对话框，选择计算因子得分的方法，如图8-2-7所示，选项如下：

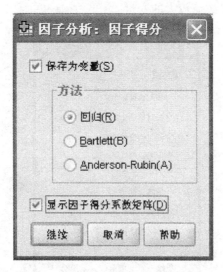

图8-2-7 "因子分析：因子得分"对话框

● 保存为变量：将因子得分作为新变量保存在数据文件中，程序运行结束后，在数据编辑窗口将显示出新变量，生成几个因子便会产生几个SPSS变量。变量名的形式为FACn_m，其中n是因子编号，m表示是第几次分析的结果。

方法框：用于指定计算因子得分的方法。其中：

➢回归法：因子得分的均值为0，方差等于估计因子得分与实际因子得分数值之间的多元相关系数平方。

➢巴特利特法(Bartlette)：因子得分均值为0，超出变量范围的因子的平方和被最小化。

➢安德森—鲁宾法(Anderson-Rubin)：为保证因子的正交性对Bartlett因子得分进行调整，因子得分的均值为0，标准差为1。

● 显示因子得分系数矩阵：表示输出因子得分系数矩阵，是标准化的得分系数，原始变量值进行标准化后，可以根据该矩阵给出的系数计算各观测变量的因子得分。

本例中因子得分选择"回归"选项；选择"最大方差法"；选中"显示因子得分系数矩阵"，

输出因子得分系数矩阵;选择"保存为变量",把因子得分作为新变量保存在数据编辑窗口;单击"继续"按钮,返回因子分析对话框。

(8) 单击"选项"按钮,进入选项对话框,指定缺失值的处理方法和因子载荷矩阵的输出方法,如图 8-2-8 所示。

- 缺失值框:用于指定缺失值的处理方法。选择项有:
➢按列表排除个案:去掉所有含缺失值的个案以后再进行分析。
➢按对排除个案:成对剔除含有缺失值的个案以后再进行分析。
➢使用平均值替换:用平均值替代缺失值。
- 系数显示框:用于指定因子载荷矩阵的输出方式。其中:
➢按大小排序:载荷系数按照数值的大小排列使得在同一因子上具有较高载荷的变量排列在一起,为因子解释提供了方便,便于得出结论。
➢取消小系数:不显示那些绝对值小于指定值的载荷系数。选中此项,需要在后面的框中输入一个择此项可以突出载荷较大的变量。

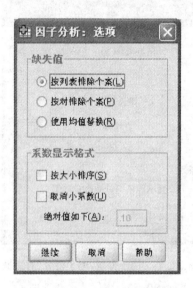

8-2-8　"因子分析:选项"对话框

本例中选择 SPSS 系统默认值 选择"按列表排除个案" 选项,单击"继续"按钮,返回因子分析对话框。

【实验结果与分析】

表 8-2-1 列出了 12 个原始变量的描述性统计结果,包括平均值、标准差和分析的样本数。

表 8-2-1　描述统计量

	均值	标准差	分析 N
$x1$	676.637	535.3316	35
$x2$	24565226.43	$2.192E7$	35

	均值	标准差	分析 N
		续表	
x3	18242.2240	15213.13945	35
x4	2230251.29	3103973.134	35
x5	11612817.09	8449194.898	35
x6	19674194.00	2.076E7	35
x7	24361.0209	6269.62966	35
x8	9214560.72	7696048.613	35
x9	3033882.17	5883552.203	35
x10	4983.03	4796.109	35
x11	313631.54	188000.655	35
x12	344.23	280.763	35

表 8-2-2 给出了原始变量的相关系数矩阵,可以看出 12 个变量中许多变量之间存在高度相关性,能够从中提取公共因子,故可以进行因子分析。

表 8-2-2　相关矩阵

	$x1$	$x2$	$x3$	$x4$	$x5$	$x6$	$x7$	$x8$	$x9$	$x10$	$x11$	$x12$
$x1$	1.000	0.448	0.613	0.396	0.660	0.453	0.070	0.505	0.127	0.354	0.442	0.779
$x2$	0.448	1.000	0.835	0.949	0.909	0.965	0.840	0.973	0.868	0.891	0.427	0.317
$x3$	0.613	0.835	1.000	0.795	0.861	0.796	0.608	0.803	0.569	0.601	0.421	0.421
$x4$	0.396	0.949	0.795	1.000	0.880	0.959	0.814	0.928	0.859	0.857	0.330	0.297
$x5$	0.660	0.909	0.861	0.880	1.000	0.894	0.685	0.927	0.662	0.766	0.534	0.502
$x6$	0.453	0.965	0.796	0.959	0.894	1.000	0.809	0.976	0.813	0.883	0.443	0.355
$x7$	0.070	0.840	0.608	0.814	0.685	0.809	1.000	0.797	0.829	0.771	0.228	0.137
$x8$	0.505	0.973	0.803	0.928	0.927	0.976	0.797	1.000	0.787	0.886	0.546	0.362
$x9$	0.127	0.868	0.569	0.859	0.662	0.813	0.829	0.787	1.000	0.910	0.070	0.069
$x10$	0.354	0.891	0.601	0.857	0.766	0.883	0.771	0.886	0.910	1.000	0.296	0.267
$x11$	0.442	0.427	0.421	0.330	0.534	0.443	0.228	0.546	0.070	0.296	1.000	0.254
$x12$	0.779	0.317	0.421	0.297	0.502	0.355	0.137	0.362	0.069	0.267	0.254	1.000

表 8-2-3 输出的是 KMO 检验和 Bartlett 球度检验的结果。KMO 检验比较了观测到的变量间的相关系数和偏相关系数的大小,用于检验指标是否适合进行因子分析。一般而言,KMO 值大于 0.5 意味着因子分析可以进行,本例的 KMO 值为 0.813,说明所选变量很适合做因子分析。同时,Bartlett 球度检验是通过转化为 χ^2 检验来完成对变量之间是否独立进行检验。可以看出,Bartlett 球度检验统计量的观测值为 694.102,相应的伴随概率为 0.000,小于显著性水平 0.05,因此拒绝 Bartlett 球度检验的零假设,认为相关系数矩阵与单位矩阵有显著差异,即原有变量适合进行因子分析。

表 8-2-3   KMO 和 Bartlett 的检验

取样足够度的 Kaiser-Meyer-Olkin 度量。		0.813
Bartlett 的球形度检验	近似卡方	694.102
	df	66
	Sig.	0.00

    表 8-2-4 是因子分析的初始结果,显示了各个变量的三个因子共同度。第一列给出了12 个原始变量名。第二列是根据因子分析的初始解给出的变量共同度,它表明对原始的 12个变量采用主成分分析方法提取所有特征根(12 个),每个原始变量的方差都可以被因子变量解释,因此每个原始变量的共同度都为1(原始变量标准化后的方差为 1)。第三列是根据因子分析最终解给出的变量共同度,即按指定提取条件(本例设置提取 3 个公共因子)提取特征根时的共同度,这时因子变量个数少于原始变量的个数,共同度必然小于 1。可以看出,第二行中的 0.920 表示 3 个公共因子变量共同解释了原变量 x1 方差的 92%;3 个公共因子很好地解释了 12 个原始变量,因为每个原始变量的共同度都在 75%以上。

表 8-2-4 公因子方差

	初始	提取
$x1$	1.000	0.920
$x2$	1.000	0.984
$x3$	1.000	0.764
$x4$	1.000	0.939
$x5$	1.000	0.936
$x6$	1.000	0.957
$x7$	1.000	0.834
$x8$	1.000	0.980
$x9$	1.000	0.945
$x10$	1.000	0.860
$x11$	1.000	0.962
$x12$	1.000	0.870

    表 8-2-5 为因子分析后因子提取和因子旋转的结果,是整个输出中最重要的部分。第 1列是因子分析 12 个初始解序号,它们按照特征根从大到小的次序排列;第二列是因子变量的方差贡献(特征根),它是衡量因子重要程度的指标;第三列是各因子变量的方差贡献率,表示该因子描述的方差占原始变量总方差的比例;第四列是因子分析的累计贡献率,表示前m 个公共因子描述的方差占原始总方差的比例;第五列至第七列是从初始解中按标准(本例设置提取 3 个公共因子)得到的公共因子解的情况;第八列至第十列是旋转以后得到的公共因子对原始变量总体的说明情况。

    可以看出,第 1 个公共因子的特征根为 $\lambda_1 = 8.254$,解释了 12 个原始变量总方差的68.784%;第二个公共因子的特征根为 $\lambda_2 = 1.881$,解释了 12 个原始变量总方差的

15.674％,其余数据含义类似。在初始解中提取了 12 个公共因子,原始变量总方差均被解释。由于指定提取 3 个公共因子,3 个公共因子共同解释了原始变量总方差的 91.264％,而被放弃的其他 9 个因子解释的方差仅占不到 10％,信息丢失较少,因子分析效果理想,旋转后 3 个因子累计贡献率没有变化,特征值和贡献率发生变化,即没有影响原始变量的共同度,但却重新分配了各个因子解释原始变量的方差,改变了各因子的方差贡献,使得因子易于解释。

表 8-2-5　解释的总方差

成分	初始特征值			提取平方和载入			旋转平方和载入		
	合计	方差的 ％	累积 ％	合计	方差的 ％	累积 ％	合计	方差的 ％	累积 ％
1	8.254	68.784	68.784	8.254	68.784	68.784	6.952	57.932	57.932
2	1.881	15.674	84.457	1.881	15.674	84.457	2.480	20.668	78.599
3	0.817	6.806	91.264	0.817	6.806	91.264	1.520	12.664	91.264
4	0.393	3.275	94.538						
5	0.306	2.546	97.085						
6	0.115	0.959	98.044						
7	0.084	0.704	98.748						
8	0.062	0.520	99.268						
9	0.045	0.371	99.638						
10	0.030	0.253	99.892						
11	0.009	0.073	99.965						
12	0.004	0.035	100.000						

图 8-2-9 给出公共因子碎石图,实际上就是按特征值从大到小排列的主因子散点图。它的横坐标为公共因子,纵坐标为公共因子特征值,可见前 3 到 4 个公共因子,特征根变化非常明显,到第四个特征根以后,特征根变化趋于平稳,因此提取 3 个公共因子是合适的能够概括绝大部分信息。

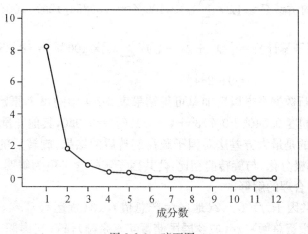

图 8-2-9　碎石图

表 8-2-6 输出的是因子载荷矩阵,是因子分析的核心内容。由此可以得出本例的因子分析模型:

$$x_1 = 0.540f_1 + 0.733f_2 - 0.176f_3$$
$$x_2 = 0.985f_1 - 0.111f_2 + 0.022f_3$$
$$\cdots$$
$$x_{12} = 0.424f_1 + 0.718f_2 - 0.417f_3$$

表 8-2-6   成分矩阵

	1	2	3
$x1$	0.540	0.773	-0.176
$x2$	0.985	-0.111	0.022
$x3$	0.851	0.201	-0.004
$x4$	0.955	-0.159	-0.051
$x5$	0.946	0.200	0.033
$x6$	0.975	-0.075	0.029
$x7$	0.816	-0.411	0.001
$x8$	0.983	-0.011	0.119
$x9$	0.823	-0.486	-0.176
$x10$	0.894	-0.230	-0.090
$x11$	0.472	0.432	0.744
$x12$	0.424	0.718	-0.417

注:表 8-2-4、表 8-2-5、表 8-2-6 有如下关系:

标准化后的原始变量总的方差 $= \sum_{i=1}^{12}\lambda_i = 8.254 + 1.818 + \cdots + 0.004 = 12$

公共因子 f_i 的贡献率 $= (\lambda_i / \sum_{i=1}^{12}\lambda_i) \times 100\% = (8.254/12) \times 100\% = 68.784\%$

前 3 个公共因子累计贡 $= \lceil (\lambda_1 + \lambda_2 + \lambda_3)/\sum_{i=1}^{12}\lambda_i \rceil \times 100\% = (8.254/12) \times 100\%$
$$= 91.264\%$$

表 8-2-6 的每行数据平方以后加总可得结果表 8-2-4 中的每个原始变量的共同度。第一个变量 x1 的共同度 $0.540^2 + 0.773^2 + (-0.176)^2 = 0.920$,其他变量类似。

表 8-2-7 输出的是最大方差法对因子载荷旋转后的结果,旋转后的因子载荷矩阵中的元素已经明显呈两极分化,与旋转前相比,公共因子实际含义更为鲜明和清晰,便于对公共因子实际意义作出合理的解释。

可以看出,公共因子 $f1$ 在 $x2$(地区生产总值),$x3$(货运量),$x4$(地方财政预算内收入),$x5$(固定资产投资总额),$x6$(城乡居民储蓄年末余额),$x7$(在岗职工平均工资),$x8$(社会商品零售总额),$x9$(货物进出口总额),$x10$(年末实有公共汽电车营运车辆数)上的载荷都很大,该因子可以称为城市规模和经济发展水平因子。公共因子 $f2$ 在 $x1$(年底总人口),$x12$(医院与卫生院个数)上有很大的正载荷,该因子可以称为健康水平因子。公共因子 $f3$ 在 $x11$(普通高等学校在校学生数)上有很大的正载荷,该因子可以称为教育成就因子。

表 8-2-7　旋转成分矩阵

	成分		
	1	2	3
$x1$	0.158	0.905	0.276
$x2$	0.927	0.251	0.249
$x3$	0.671	0.471	0.304
$x4$	0.927	0.234	0.158
$x5$	0.753	0.487	0.363
$x6$	0.901	0.274	0.265
$x7$	0.909	−0.045	0.073
$x8$	0.871	0.289	0.371
$x9$	0.966	−0.024	−0.110
$x10$	0.908	0.171	0.081
$x11$	0.162	0.188	0.949
$x12$	0.101	0.927	0.010

提取方法:主成分分析法。

旋转法:具有 Kaiser 标准化的正交旋转法。

a. 旋转在 4 次迭代后收敛。

表 8-2-8 输出的是因子旋转中的正交变换矩阵,用来说明旋转前后主因子间的系数对应关系,据此可以对主因子进行相互转换。

表 8-2-8　成分得分协方差矩阵

成分	1	2	3
1	1.000	0.000	0.000
2	0.000	1.000	0.000
3	0.000	0.000	1.000

提取方法:主成分分析法。

旋转法:具有 Kaiser 标准化的正交旋转法。

构成得分。

图 8-2-10 输出的旋转后因子载荷散点图,这里是 3 个因子的三维载荷散点图,可以看出公共因子 $f1,f2,f3$ 与 12 个原始变量之间的关系。

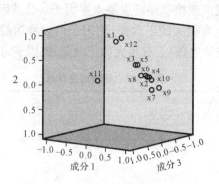

图 8-2-10　旋转后因子载荷散点图

表 8-2-9 输出的是成分(因子)得分系数矩阵,这是根据回归法计算出来的因子得分函数的系数,由此可得因子得分函数:

$$f_1 = -0.103x_1 + 0.130x_2 + \cdots - 0.075x_{12}$$
$$f_2 = 0.457x_1 - 0.018x_2 + \cdots + 0.560x_{12}$$
$$f_3 = -0.022x_1 + 0.035x_2 + \cdots - 0.299x_{12}$$

表 8-2-9　成分得分系数矩阵

	成分		
	1	2	3
$x1$	−0.103	0.457	−0.022
$x2$	0.130	−0.018	0.035
$x3$	0.045	0.127	0.063
$x4$	0.146	0.000	−0.055
$x5$	0.052	0.110	0.107
$x6$	0.120	−0.006	0.049
$x7$	0.184	−0.144	−0.053
$x8$	0.095	−0.028	0.160
$x9$	0.223	−0.079	−0.260
$x10$	0.161	−0.012	−0.113
$x11$	−0.135	−0.201	0.909
$x12$	−0.075	0.560	−0.299

提取方法:主成分分析法。

旋转法:具有 Kaiser 标准化的正交旋转法。

构成得分。

　　SPSS 将根据这 3 个因子得分函数,自动计算所有样本的 3 个因子得分,并且将 3 个因子得分作为新变量,保存在数据编辑窗口中(分别为 FAC1_1,FAC2_1,FAC3_1),如图 8-2-11 所示。

	x7	x8	x9	x10	x11	x12	FAC1_1	FAC2_1	FAC3_1
1	40116.73	33707447	15817669	20489	554702	705	2.71266	0.59229	0.63564
2	28682.54	13567865	6457265	7401	357382	401	0.65924	0.40138	0.18753
3	16911.09	6988128	418339	2370	292617	359	-0.61281	0.44249	0.04096
4	21422.46	4364712	411254	2149	262756	267	-0.46045	-0.31985	-0.14076
5	22947.53	3609919	73998	1104	150763	143	-0.42684	-0.66887	-0.58727
6	23391.41	10487404	528931	5587	310645	332	-0.07207	0.12695	0.21347
7	24227.17	8392966	3179574	4372	201378	238	0.13451	-0.05897	-0.35175
8	19954.25	6662790	522588	3792	308605	320	-0.49358	0.07445	0.05999
9	18779.71	8946159	277005	4667	383372	472	-0.56320	0.50155	0.28612
10	41188.59	33604142	22748930	17284	466333	505	3.55136	0.72463	0.39473
11	32459.49	11668519	3153473	5126	620779	197	0.16052	-0.81989	1.67554
12	32791.95	11123676	3890900	4883	349976	1051	0.23922	1.20307	-0.58068

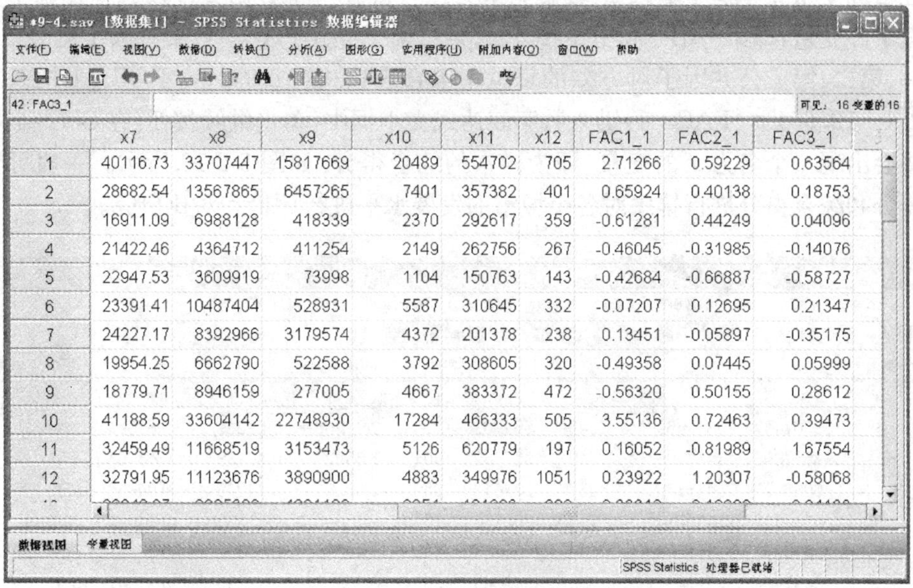

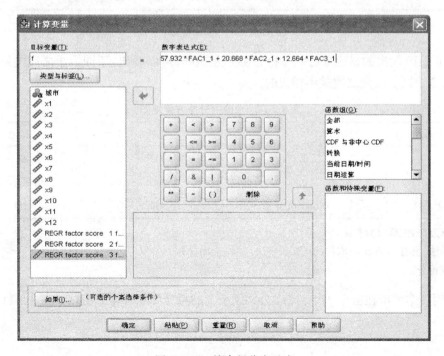

图 8-2-11 因子得分

另外，进行综合评价需要计算综合得分，将个因子的方差贡献率占 3 个因子总方差贡献率的比重作为权数进行加权汇总便可得到各个城市的综合得分 f，即

$$f=\frac{57.932\times f_1+20.668f_2+12.664f_3}{91.264}$$

SPSS 计算综合得分时，选择“转换-计算变量”命令，打开计算对话框，如图 8-2-12 所示。

图 8-2-12 综合得分表示式

在目标变量文本框中输入 f（城市竞争力综合得分），将数据文件通过上述因子分析产生的三个心变量，即第一因子得分 FAC1_1、第二因子得分 FAC2_1、第三因子得分 FAC3_1 及第一、第二、第三公共因子对方差的贡献率组合表达式（57.932 * FAC1_1+20.668 * FAC2_1+12.664 * FAC3_1)键入数字表达式文本框中，单击继续按钮，在 SPSS 数据编辑窗口将会出现一个名为 f 的变量，即为样本的综合得分，如图 8-2-13 所示。一般可以应用因子得分和综合得分进行排序对各个城市的发展水平进行评价和对比研究。

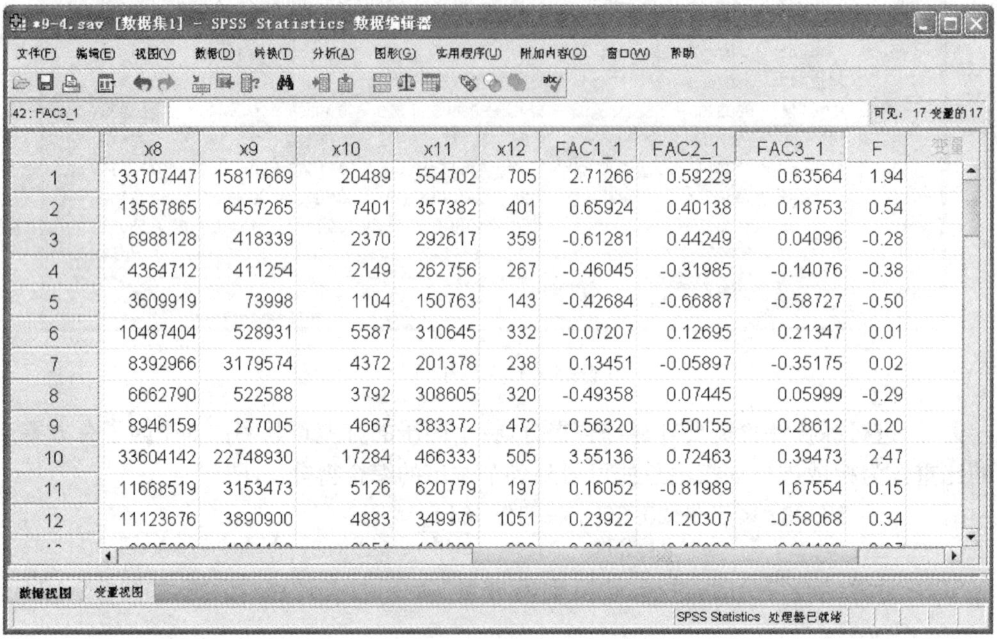

图 8-2-13　综合得分

表 8-2-10 输出的是成分（因子）得分协方差矩阵，可以看出，不同因子之间的协方差矩阵为 0，3 个因子变量之间是不相关的。

表 8-2-10　成分得分协方差矩阵

成分	1	2	3
1	1.000	0.000	0.000
2	0.000	1.000	0.000
3	0.000	0.000	1.000

提取方法：主成分分析法。
旋转法：具有 Kaiser 标准化的正交旋转法。
构成得分。

本例各个城市在三个 f_1、f_2、f_3 公共因子上的得分和综合得分汇总如表 8-2-11 所示。

表 8-2-11　各个城市公共因子得分和综合排名

城市	f_1	f_2	f_3	f	综合排名
北京	2.71266	0.59229	0.63564	2.71266	2
天津	0.65924	0.40138	0.18753	0.65924	6
石家庄	−0.61281	0.44249	0.04096	−0.61281	20
太原	−0.46045	−0.31985	−0.14076	−0.46045	24
呼和浩特	−0.42684	−0.66887	−0.58727	−0.42684	30
沈阳	−0.07207	0.12695	0.21347	−0.07207	13
大连	0.13451	−0.05897	−0.35175	0.13451	12
长春	−0.49358	0.07445	0.05999	−0.49358	21
哈尔滨	−0.56320	0.50155	0.28612	−0.56320	17
上海	3.55136	0.72463	0.39473	3.55136	1
南京	0.16052	−0.81989	1.67554	0.16052	8
杭州	0.23922	1.20307	−0.58068	0.23922	7
宁波	0.33319	−0.10088	−0.84133	0.33319	11
合肥	−0.50366	−0.37742	−0.10019	−0.50366	26
福州	−0.35311	−0.16665	−0.29807	−0.35311	22
厦门	−0.03063	−0.93892	−1.04394	−0.03063	25
南昌	−0.73656	−0.70038	1.07112	−0.73656	29
济南	−0.44135	−0.46943	1.38253	−0.44135	16
青岛	0.14954	0.11551	−0.00518	0.14954	10
郑州	−0.51339	−0.19016	0.84240	−0.51339	19
武汉	−0.41988	−0.44638	2.44589	−0.41988	14
长沙	−0.37339	−0.34280	0.71923	−0.37339	18
广州	1.17900	−0.56965	1.76006	1.17900	4
深圳	2.44508	−1.28195	−2.14600	2.44508	3
南宁	−0.57819	−0.17866	−0.42054	−0.57819	28
海口	−0.48595	−0.75001	−1.02747	−0.48595	34
重庆	−0.59596	4.77888	−0.50932	−0.59596	5
成都	−0.34276	0.96710	0.98657	−0.34276	9
贵阳	−0.65239	−0.45863	−0.35544	−0.65239	33
昆明	−0.40091	−0.01853	−0.53324	−0.40091	23
西安	−0.55800	0.19264	0.89713	−0.55800	15
兰州	−0.58947	−0.39846	−0.66327	−0.58947	32
西宁	−0.50072	−0.66251	−1.23161	−0.50072	35
银川	−0.59098	0.38943	−1.77969	−0.59098	31
乌鲁木齐	−0.26808	−0.59133	−0.98317	−0.26808	27

由表 8-2-11 可以看出，在城市规模和经济发展水平因子 f_1 上得分最高的城市依次为上海、北京、深圳、广州和天津等地处沿海的大城市，这些城市在规模和经济发展水平上远大于其他城市。而南昌、贵阳、石家庄、重庆和银川等大多数处于中西部城市，相对规模较小，经济发展水平较低，在公共因子 f_1 上的得分自然就比较低。健康水平因子 f_2 上得分最高的城市依次为重庆、杭州、成都、上海和北京等，这些城市的居民健康水平在全国比较好，而深圳、厦门、南京、南昌和海口等在公共因子 f_2 得分较低，需要改进。在教育成就因子 f_3 上得分最高的城市依次为武汉、广州、南京、济南和南昌等，这些城市的高等教育基本上都很发达，而深圳、银川、西宁、厦门和海口等城市的教育水平有待提高。综合得分最高的城市依次为上海、北京、深圳、广州和重庆，最低的城市依次为西宁、海口、贵阳、兰州和银川。

【实验总结】

1. 因子分析和主成分分析都依赖于原始变量，也只能反映原始变量的信息。所有原始变量的选择就显得很重要，一定要符合分析所要达到的目标，不能夹杂毫不相关的变量。另外变量之间越相关，因子模型的分析效果就越好。如果原有变量相互独立，不存在信息重叠，就很难把许多独立变量由少数综合变量概括。因此在因子分析之前，往往需要通过对变量之间相关性的分析来判断进行因子分析是否合适。

2. 主成分分析和因子分析都是多元统计分析的常用方法，二者的出发点是一致的，其目的都是为了降低变量的维数，即在有关信息损失最小的情况下，将多个变量指标转化为较少的几个指标。正因为如此，二者都在 SPSS 中降维、简化数据模块中的因子分析过程实现。

3. 因子分析提取的公因子比主成分分析提取的主成分更具有可解释性。主成分分析不考虑观察变量的度量误差，直接用观察变量的某种线性组合来表示一个综合变量；而因子分析的潜在变量则校正了观察量的度量误差，且它还进行因子旋转，使潜在因子的实际意义更明确，分析结论更真实。

4. 因子得分的均值为 0，标准差为 1，大小没有绝对的实际意义，而有相对大小意义，正值表示高于平均水平，负值表示低于平均水平，因此可以根据因子得分大小对样本进行排序。

5. 两者的 SPSS 操作都是通过"分析—降维—因子分析"过程实现，但主成分分析主要用"描述性统计、抽取、得分"对话框，而因子分析除了使用这些对话框外，还可使用"旋转"对话框进行因子旋转。

【实验作业】

8.2.1   2007 年中国省会城市和计划单列市主要经济指标：年底总人口数（万人）、地区生产总值（万元）、第一产业增加值（万元）、第二产业增加值（万元）、第三产业增加值（万元）、客运量（万人）、货运量（万吨）、地方财政预算收入（万元）、地方财政预算支出（万元）、固定资产投资总额（万元）、城乡居民储蓄年末余额（万元）、在岗职工平均工资（元）、年末邮政局数（万个）、年末固定电话用户数（万户）、社会商品零售总额（万元）、货物进出口总额（万元）、年末实有公共汽车运营车辆数（辆）、影剧院数（个）、普通高等学校在校学生数（人）、医院数

(个)、执业医生(人)、环境污染治理投资总额(万元)等。应用因子分析对省会城市和计划单列市的竞争力进行评价(基本数据见 8-5. sav。资料来源:杨维忠等,SPSS 统计分析与行业应用,清华大学出版社,2011)。

8.2.2　航空意外险是一种非强制险,其销售决定于客户的购买意愿,而购买意愿又取决于诸多因素。试分析(基本数据见 8-6. sav)

(1)应用因子分析法提炼公共因子、并对公共因子进行命名;

(2)建立感知风险与购买意愿的回归方程,并对模型拟合优度与变量参数进行检验。

表 8-2-12　感知风险与购买意愿量表与题项

变量		量表与题项
感知风险	财务风险	Q1:我可能会担心航空意外险的保费是否合理
		Q2:我可能会认为保险这项投资不理想
		Q3:我可能会担心航空意外险没有发挥作用而导致财务损失
		Q4:我可能会担心航空意外险的保障和我已经购买的保险的保障有重复,导致我的财产损失
	时间风险	Q5:购买航空意外险时,可能需要花费我很多时间
		Q6:我选择飞机出行是为了节约时间,购买航空意外险可能会很麻烦
		Q7:为购买航空意外险,可能会让我错过航班
		Q8:当意外发生后,进行保险索赔可能需要花费我很多时间
	社会风险	Q9:如果没有购买航空意外险,可能会损害我的形象
		Q10:如果购买航空意外险,可能会提升我的形象
		Q11:是否购买航空意外险可能代表着一个人的地位、形象
		Q12:购买的航空意外险没有发挥作用时,别人可能会嘲笑我
	功能风险	Q13:航空意外险的保险条款可能与实际不符
		Q14:航空意外险的产品性能的限制难以满足我的要求
		Q15:航空意外险可能难以对我达成保障
		Q16:航空意外险在索赔时可能会有很大的困难
	购买意愿	Q17:我认为航空意外险十分重要
		Q18:我很有可能会购买航空意外险
		Q19:航空意外险可能是我出行的必备品
		Q20:我可能会推荐我的朋友购买航空意外险

第 9 章

结构方程模型

本章学习目标

- 理解结构方程分析的基本思想与原理；
- 了解结构方程模型分析方法的优点；
- 熟悉结构方程模型中常用的概念；
- 掌握结构方程模型构建的步骤；
- 熟练掌握应用 SPSS 软件中的 AMOS 插件进行结构方程模拟的操作；
- 掌握实验结果的分析与利用；
- 了解结构方程模型在经济管理数据分析中的应用。

结构方程模型(Structure Equation Modeling，SEM)是应用线性方程系统表示观测变量与潜变量之间，以及潜变量之间关系的一种方法，其实质是一种广义的一般线性模型。与传统的线性回归模型不同，结构方程模型允许研究人员能够同时检验一批回归方程，而且这些回归方程在模型形式、变量设置、方程假设等方面也与传统回归迥然不同，因此，其适用范围也比传统回归分析更为多元化。

实验一　结构方程模型

【实验目的】

1. 明确结构方程分析有关的概念；
2. 熟练掌握结构方程模型构建的过程；
3. 能用 SPSS 软件中的 AMOS 插件进行结构方程模拟及检验；
4. 培养运用结构方程分析方法解决身边实际问题的能力。

【准备知识】

1. 结构方程模型中常用概念

(1)测量变量：也叫观察变量或显示变量，是直接可以测量的指标。

(2)潜变量：其测量是通过一个或几个可观察指标来间接完成的。

（3）外生潜在变量：他们的影响因素处于模型之外，也就是常说的自变量。

（4）内生潜在变量：由模型内变量作用所影响的变量（因变量）。

2.结构方程模型的应用范围

结构方程模型的主要应用范围有两个：其一是对难以直接观测到的潜变量提供一个可以观测和处理的方式，以便对该变量作进一步的研究；其二是研究不同变量之间可能存在的相关关系。如果所研究的变量都是可以直接观测得到的，结构方程模型所能检验的就是变量之间相关关系的显著性，这种关系通常也称为结构关系。如果在研究中所涉及的变量有部分为不可观测到的潜变量，此时必须首先完成该潜变量的构建，将其转化为可观测的变量后再对变量间可能的关系进行处理，在这一情况中，结构方程模型可以同时处理测量关系和结构关系。

3.结构方程模型的优点

（1）允许回归方程的自变量含有测量误差。在传统统计方法特别是计量模型中，自变量通常都是默认可直接观测的，不存在观测误差。但是对于管理学等社会科学领域的很多研究课题来说，模型所涉及的自变量常常不可观测，结构方程模型将这种测量误差纳入模型，能够加强模型对实际问题的解释性。

（2）可以同时处理多个因变量。在传统计量模型中，方程右边的因变量一般只有一个，但是在管理学等社会科学领域，因变量常常有多个，例如员工素质可以影响企业文化，也可以影响企业绩效，这样在结构方程模型中，允许同一模型中出现多个因变量，在模型拟合时对所有变量的信息都予以考虑，可以增强模型的有效性。

（3）可以在一个模型中同时处理因素的测量和因素之间的结构。传统的统计方法中，因素自身的测量和因素之间的结构关系往往是分开处理的——对因素先进行测量，评估概念的信度与效度，通过评估标准之后，才将测量资料用于进一步的分析。在结构方程模型中，则允许将因素测量与因素之间的结构关系纳入同一模型中同时予以拟合，这不仅可以检验因素测量的信度和效度，还可以将测量信度的概念整合到路径分析等统计推理中。

（4）允许更具弹性的模型设定。在传统建模技术中，模型的设定通常限制较多，例如，单一指标只能从属于一个因子，模型自变量之间不能有多重共线性等，结构方程模型既可以处理单一指标从属于多个因子的因子分析，也可以处理多阶的因子分析模型。在因素结构关系拟合上，也允许自变量之间存在多重共线性关系。

4.结构方程构建步骤

（1）模型假设。在进行模型估计之前，要先根据理论分析或以往研究成果来设定初始理论模型。

典型的结构方程模型如下：

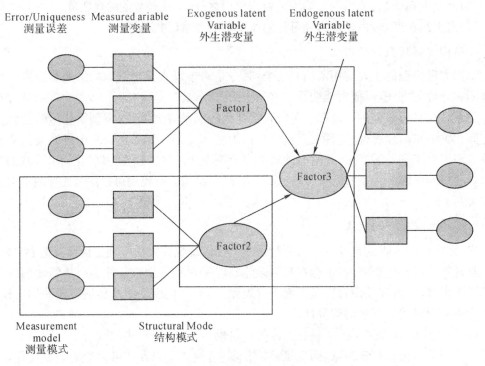

图 9-1-1 典型的结构方程模型

测量模式是指实际观察值与其背后的潜在特质间的关系;结构模式是指因素与因素间的关系,潜变量间的函数关系。

在结构方程模型的路径图中,各代码的含义见下表:

表 9-1-1 结构方程模型代码含义

名 称	图形	希腊字母	含义
潜变量	椭圆形	$\eta[\text{eta}]$、$\xi[\text{xi}]$	
显变量	矩形	X 变量、Y 变量	
误差项	(椭)圆形	δ 外生变量、ε 内生变量、ζ 潜变量	独特变量
因素负荷量	直线箭头	λ	显变量与潜变量之间关系,代表相依关系
结构关系	直线箭头	γ、β	潜变量间关系,代表系统关系
相互关系	曲线	φ	

(2)模型识别(Model identification)。确定所设定的模型是否能够对其估计求解,如果模型是可识别的,表示理论上模型中的每一个参数都可以估计出唯一的一个估计值。模型识别结果包括不能识别(Under-Identified)、适度识别(just-Identified)及过度识别(Over-Identified)三种。三种识别情况及解决方法如表 9-1-2 所示。

表 9-1-2　模型识别

项目	不能识别（Under-Identified）	适度识别（just-Identified）	过度（Over-Identified）
模型自由度	df<0	df＝0	df>0
原因	未知参数个数多于方程式个数	未知参数个数等于方程式个数	未知参数个数少于方程式个数
解情形	无限多解	唯一解	唯一解（注）
模式存在	不可	可	可
解决方法	指定参数的值，以减少未知参数	——	——

自由参数：未知并需要估计的参数。

固定参数：不自由的并固定于设定值的参数。如在测量模型中，或者将每个潜在变量标识的因子负荷之一设定为 1，或将该潜在变量的方差设定为 1；对于结构方程，一些通径系数应该被设定为 0，这意味着被设定为无影响作用。

限制参数，那些未知的，但被规定相等于另一个或另一项参数值的参数。

通过固定或限制一些参数，自由参数的数目就可以减少，原来不能识别的模型有可以变为可以识别模型。

（3）模型估计。最大似然法（maximum likelihood）和广义最小二乘法（generalized least square）

（4）模型评价。对模型的整体拟合效果和单一参数的估计值进行评价。如果模型拟合效果不佳，可以对模型进行修正来提高模型拟合效果。

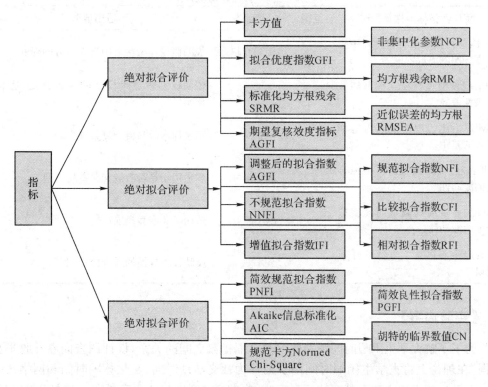

图 9-1-2　模型评价

表 9-1-3   卡方检验指标

卡方检验指标名称及性质	范围	判断值	适用情形
X^2 test 理论模型与观察模型的拟合度		P>0.5	说明模型解释力 卡方值越小越好
X^2/df（Wheaton et al.） 消除样本规模的影响		<2	不受模式复杂度影响 比值小于2,则可认为模型拟合较好

表 9-1-4   残差分析指标

残差分析指标名称及性质	范围	判断值	适用情形
RMR:未标准化假设模型整体残差		越小越好	了解残差特性
SRMR:标准化假设模型整体残差	0—1	<0.08	了解残差特性

表 9-1-5   评价指标名称

评价指标名称及性质	范围	判断值	适用情形
GFI:假设模型可以解释观察资料的比例	0—1	>0.9	说明模型的解释力
AGFI:考虑模型复杂度后的 GFI	0—1*	>0.9	不受模型复杂度影响
PGFI:考虑模型简约性	0—1	>0.5	说明模型简单程度
NFI:比较假设模型与独立模型的卡方差异	0—1	>0.9	说明模型较虚无模型的改善程度
NNFI:考虑模型复杂度后的 NFI	0—1*	>0.9	不受模型复杂度影响

表 9-1-6   替代性指标名称

替代性指标名称及性质	范围	判断值	适用情形
NCP:假设模型卡方值距离中央 卡方分配的离散程度		越接近0越好	说明假设模型接近中央性卡方的程度
CFI:假设模型与独立模型的非 中央性差异	0—1	>0.95	说明模型较虚无模型的改善程度,适合小样本
RMSEA:比较理论模式与饱和 模式的差距	0—1	<0.05	不受样本数与模型复杂度影响
AIC:经过简约调整的模型拟合 度的波动性		越小越好	均适用于是否有嵌套关系的模型
CAIC:经过简约调整的模型拟 合度的波动性		越小越好	适用于非嵌套模式比较
CN:产生不显著卡方值的样本 规模		>200	反映样本规模的适合性

【实验内容】

为了了解大学生闲暇时间消费状况与幸福指数之间的关系,设计调查问卷并收集相关数据,在理论上将大学生闲暇时间消费划分为社交活动时间、文化休闲时间和网络休闲时间。大学生的幸福指数由其个体满意度、就业准备满意度与社会满意度三个方面组成,具体调查题项如下：

1. 生活满意度（非常不满意为1分，非常满意为10分）

(1) 总体来说，你对目前大学生活现状的满意度如何_____分?

(2) 我对自己健康状况的满意度：_____分。

(3) 我对自己个性的满意度：_____分

(4) 您对您现在的人际关系的满意程度如何_____分?

(5) 您对当今的社会治安的满意程度如何_____分?

(6) 您对当今社会交通状况的满意程度如何_____分?

(7) 您对当今社会福利保障的满意程度如何_____分?

(8) 您对当今社会食品安全的满意程度如何_____分?

(9) 您对自己对就业的准备状况的满意度是：_____分?

(10) 您对自己就业前景的满意度是：_____分。

(11) 您对自己能力提高状况满意度为：_____分。

2. 闲暇时间消费状况

(1) 您对目前您的社交活动的满意程度如何_____分?

(2) 您对外出聚会的满意程度如何_____分?

(3) 您对社团活动的满意程度如何_____分?

(4) 您对社交网络的满意程度如何_____分?

(5) 您对户外活动的满意程度如何_____分?

(6) 请问您对与朋友相处的满意程度为_____分。

(7) 请问您对与家人共处的满意程度为_____分。

(8) 请问您对旅游的满意程度为_____分。

(9) 您对目前读书的效果满意度程度如何_____分?

(10) 您对目前您的网络休闲的满意程度如何_____分?

(11) 您对网上聊天的满意程度如何_____分?

(12) 您对网络购物的满意程度如何_____分?

(13) 您对网上观看影视节目的满意程度如何_____分?

(14) 您对玩网络游戏的满意程度如何_____分?

请对大学生闲暇时间消费与满意度之间构建结构方程模型。

【实验步骤】

结构方程分析由SPSS 17.0软件中的AMOS插件完成。下面以案例说明判别分析的基本操作步骤。

(1)准备工作。在SPSS 17.0软件中安装AMOS插件后，先调用SPSS 17.0软件，打开数据文件9-1.sav，通过选择"文件—打开"命令将数据调入SPSS 17.0的工作文件窗口。

(2)打开AMOS对话框

执行"分析"——AMOS命令，打开结构方程分析的主对话框。操作过程见图9-1-1。结构方程分析主对话框见图9-1-2。

图 9-1-1 AMOS 主界面打开过程

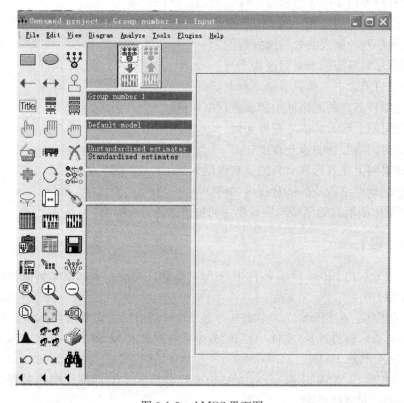

图 9-1-2 AMOS 界面图

AMOS 界面主要包括标题栏、主菜单栏、左侧的工具栏、中间的提示栏和右侧的绘图区。

(3)AMOS 界面简介——菜单栏的主要功能

File 菜单,在 File 按钮下拉的菜单之中,提供了文件存取的一系列选项,如图 9-1-3 所示。各选项功能简介如下:

• File 菜单

➢New 是在绘图区新建一个空白的路径图;

➢New with Template 是从 Templete 文件夹中导出 *.amt 文件;

➢Open 是打开一个已知位置的存储文件;

➢Retrieve Backup 是打开之前存储的备份文件;

➢Save 是存储正在编辑的路径图;

➢Save as 是把正在编辑的路径图存储至特定的位置并重新命名;

➢Data Files 是选择模型拟合所采用的数据文件;

➢Print 是打印正在编辑的路径图;

➢File Manager 是管理正在编辑的与文件相关的一系列文件;

➢Exit 是退出 AMOS 程序。

Exit 下面提供了连接到 AMOS 最近访问的几个路径图文件的快捷方式。单击该文件名即可打开相应的路径图文件。

注意:把路径图文件存储在某一特定位置后,在该文件夹中将会出现几个名字相同而后缀不同的存储文件,其中,*.amw 是所存储的路径图文件;*.bk1 和 *.bk2 是自动生成的备份文件,可以通过 Retrieve Backup 打开;*.AmosTNP、*.AmosTN、*.AmosP、*.amp 都是 AMOS 的文件管理文件,可以双击这些文件打开相应的存储文件。*.amo 是模型拟合之后出现的拟合结果文件。

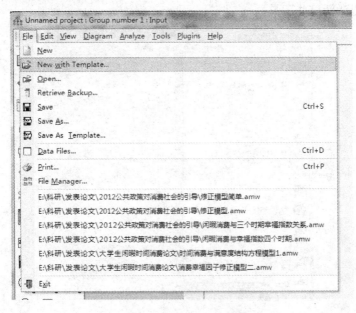

图 9-1-3　File 的下拉菜单

● Edit 按钮

在 Edit 下拉的菜单之中,提供了路径图编辑的相关工具,如图 9-1-4 所示。各选项的功能如下：

➢Undo 是撤销上一步的编辑动作；

➢Redo 是恢复所撤销的编辑动作；

➢Copy 是把选定的图形复制到剪贴板；

➢Select 是选定要编辑的图形,一次只能选择一个；

➢Select All 是选定绘图区所有的图形；

➢Deselect All 是取消对所有图形的选择；

➢Link 是把正在编辑的图形联系在一起,这些图形可以一起执行某些操作；

➢Move 是移动所选定的图形；

➢Duplicate 是复制所选定的图形；

➢Erase 是删除所选定的图形；

➢Move Parameter 是移动所设定的参数位置；

➢Reflect 是将所选定的图形作镜面对称；

➢Rotate 是旋转所选定的图形；

➢Shape of Object 是调整所选定的图形大小；

➢Space Horizontally 是水平调整选定的图形；

➢Space Vertically 是水平垂直调整选定的图形；

➢Drag Properties 用来设定正在编辑的图形的性质；

➢Fit to page 是使绘图区的图形与绘图区域大小相适应；

➢Touch up 是用来使图形相对协调美观。

为了方便绘图,这些编辑工具基本上在工具栏中都可以找到。使用者只需点击工具栏上的图标就可以激活这些工具。

图 9-1-4   Edit 的下拉菜单

• View/Set 按钮

在 View/Set 按钮下拉的菜单之中提供了模型设定的一些属性设置，如图 9-1-5 所示。各部分的功能简介如下：

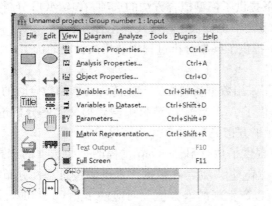

图 9-1-5　View/Set 的下拉菜单

Interface Properties 之下提供了一个菜单，用于设置路径图编辑界面的属性，如图 9-1-6 所示。

• Interface Properties

➢Language 标签下提供了文件界面语言的选择；

➢Typefaces 标签下提供了变量名字、参数值、图形标题的字体格式选择；

➢Pen Width 标签下提供了路径图绘制过程中线条和箭头的大小格式选择；

➢Misc 标签下提供了界面属性的一些细微之处的调整，例如，是否在绘图区设置带有方格的背景，图形过于密集而使用工具栏上的放大工具查看时的放大倍率等；

➢Page Layout 标签下提供了界面设置的一些选项，例如绘图区的上下和左右边距，绘图区是横向还是纵向等，使用者需要把路径图复制到另外的文档或其他文件中时，这里的调整特别重要；

➢Formats 标签下提供了参数格式的设置选项；

➢Colors 标签下提供了绘图时所涉及的线条颜色设置。

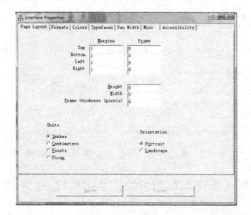

图 9-1-6　Interface Properties 菜单设置路径图编辑界面

Analysis Properties 之下提供了一个菜单,用于设置模型拟合过程中的一些选项,如图 9-1-7 所示。

- Analysis Properties

➤Estimation 标签下提供了模型拟合方法的选项,在 AMOS 分析中使用最多的是最大似然法,当然,在这一标签之下也提供了其他几种拟合方法;

➤Numerical 标签下提供了模型分析过程中迭代法设定的选项,因为模型的拟合实际上是用迭代法予以实现的;

➤Bias 标签下提供了采用数据资料协方差矩阵进行模型拟合时的一些设定选项;

➤Output 标签下提供了 AMOS 输出结果中需要提交哪些分析过程和结果的选项,例如标准化回归结果、多元平方相关系数、多元正态检验等;

➤Bootstrap 标签下提供了执行 Bootstrap 过程的一些选项的选择。Bootstrap 过程是一种代替最大似然法的拟合过程,通常在数据严重不满足正态性分布时可以采用这一迭代方法。Bootstrap 过程可以产生新的卡方值和对应的 p 值(p-value),用于判断所设定的模型是否能够显著地拟合非正态分布的数据资料;

➤Permutations 标签下提供了排列检验的一些设定。所谓排列检验是用于检验样本资料中的配对是否是一种随机配对;

➤Random 标签下提供了 Bootstrap 过程以及排列检验过程中需要用的随机数的生成方法;

➤Title 标签下提供了 AMOS 输出结果的标题编辑。

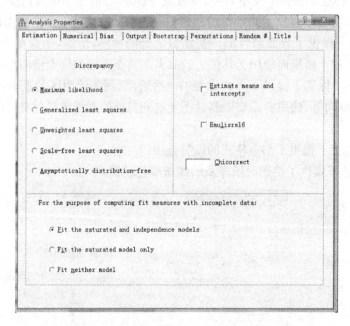

图 9-1-7　Analysis Propertie 菜单设置模型

Object Properties 提供了正在编辑的对象的基本属性,包括名称、格式、参数值等。如图 9-1-8 所示。

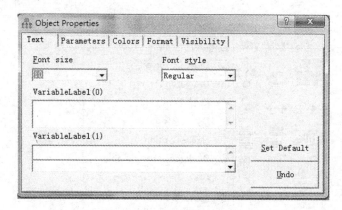

图 9-1-8　Object Properties 编辑对象的基本属性

- Object Properties
➢Variables in modes 提供了正在编辑的路径图中的变量列表；
➢Variables in Dataset 提供了用于拟合模型的数据资料中的变量列表；
➢Parameters 提供了正在编辑的路径图中的参数列表；
➢Matrix Representation 提供了矩阵形式的参数估计结果，这一输出形式需要稍为繁琐的手动设置；
➢Text Output 提供了文本形式的模型拟合结果；
➢Table Output 提供了列表形式的模型拟合结果；
➢Full Screen 是使 AMOS 程序界面全屏化，一旦全屏后，点击键盘上的 F11 键，恢复原来的视图模式。

- Diagram 按键
在 Diagram 的下拉菜单之中提供了绘制路径图的几个基本工具，如图 9-1-9 所示。各部分的功能简介如下：
➢Draw Observed 提供了在绘图区绘制观测变量的工具；
➢Draw Unobserved 提供了在绘图区绘制潜变量的工具；
➢Draw Path 提供了在绘图区绘制变量间单向路径的工具；
➢Draw Covariance 提供了在绘图区绘制双向的协方差关系的工具；
➢Figure Caption 提供了为正在编辑的路径图添加标题的工具；
➢Draw Indicator Variable 提供了在绘图区绘制潜变量和其对应的观测变量所构成的测量关系的工具；
➢Draw Unique Variable 提供了为特定的变量添加残差项的工具；
➢Zoom 是放大所选定的区域；
➢Zoom in 是放大整个绘图区；
➢Zoom out 是缩小整个绘图区；
➢Zoom Page 是回到初始的绘图区大小设定状态；
➢Scroll 按键可以用于拖曳整个绘图区，此时，所编辑的路径图随绘图区一起移动；
➢Loupe 提供了一个类似于放大镜的工具，可以放大一定范围的图案，同时保持其余不变；

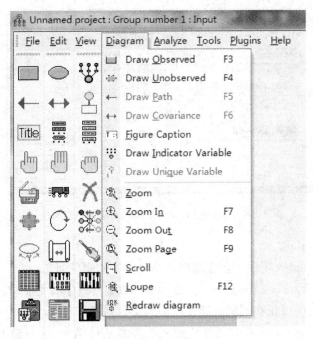

图 9-1-9　Diagram 下拉菜单

➤Redraw diagram 可以刷新所绘制的路径图。

● Analyze 按键

在 Analyze 按键下拉菜单中提供了模型拟合的几个选项，如图 9-1-10 所示，各选项的功能简介如下：

➤Calculate Estimates 用于路径图绘制完毕之后拟合该模型；

➤Stop Calculate Estimates 是在某些情况下由于模型设定或者其他问题导致拟合结果

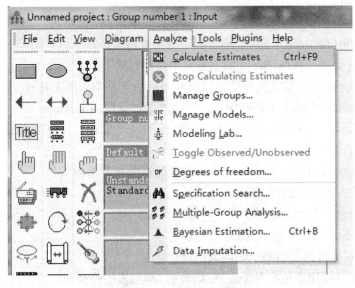

图 9-1-10　Analyze 下拉菜单

无法收敛,此时可用该键终止模型拟合;

>Manage Groups 通常用于多组样本分析;

>Manage Models 通常用于嵌套模型分析;

>Modeling Lab 按键可供使用者查看 AMOS 的一步步拟合过程,也就是数据资料的协方差矩阵如何经过一次一次的迭代最后达到最为接近理想的协方差矩阵的过程;

>Toggle Observed/Unobserved 提供了一个把路径图中的观测变量/潜变量迅速地变成潜变量/观测变量的工具;

>Degrees of freedom 提供了路径图自由度的计算结果。

这些选项都是关于模型拟合过程以及所需要的模型讨论输出结果的进一步设置。

● Tools 按键

在 Tools 按键下拉菜单中提供了路径图的格式设置以及工具栏的调整选项,如图 9-1-11 所示,各选项的功能简介如下:

>List Font 可以用于调整 AMOS 界面的字体格式;

>Smart 提供了一种调整路径图中的图形的便捷方法;

>Outline 可以把路径图中的参数名称大小等数值都暂时停止显示,仅在路径图中保留各个图形;

>Square 是将代表潜变量的图形设置为正圆形;

>Golden 则是将代表潜变量的图形设置为椭圆形;

>Seed Manager 用于定义或修改随机数种子;

>Write a Program 用于保存 syntax 版本的程序;

>Customize 重新定义工具栏。

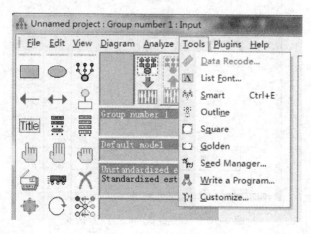

图 9-1-11 Tools 下拉菜单

● Plugins 按钮

在 Plugins 按键下拉菜单中提供了路径图的格式设置以及工具栏的调整选项,如图 9-1-11 所示,各选项的功能简介如下:

>Draw Covariances;

>Growth Curve Model;

➢Name Parameters 给参数命名,点击此选项后可以打开如图 9-1-12 的对话框,在该对话框中选择要定义的参数,包括 Covariances、Regression weights、Variances、Means、Intercepts 五种参数。显示在路径图中;

➢Name Unobserved Variables,直接定义所有潜变量和残差项,潜变量系统默认的名称为 $F1,F2\cdots$ 等,残差项系统默认名称为 $e1,e2,\cdots$ 等;

➢Resize observed Variables,重新定义观测变量方框的大小;

➢Standardized RMR

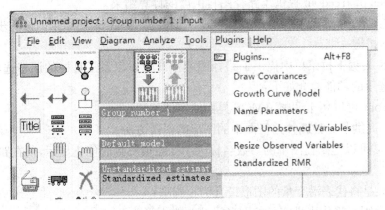

图 9-1-12 Plugins 下拉菜单

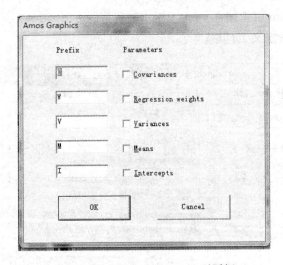

图 9-1-13 Name Parameters 对话框

● Help 按键

Help 按键提供了 AMOS 帮助文件的内容记忆 AMOS 版本信息等内容。

(4)AMOS 界面简介——提示栏的主要功能

在 AMOS 主界面的中间是提示栏,如图 9-1-14 所示。提示栏提示了此刻正在完成的分析工作的进展情况。如果结构方程模型分析中出现了问题,无法执行进一步的分析,也会在提示栏中反映出来。

提示栏上方的 ▓▓▓ 表明此时正在编辑路径图，一旦绘制好路径图，并且运行了 AMOS 予以拟合之后，右边的图标则有灰色变为红色，此时可以点击该红色图标查看带有参数拟合结果的路径图。

中间的 Group number1 和 Default Model 通常用于多组比较和嵌套模型比较时选择不同的拟合模型。

Unstandardized estimates 和 standardized estimates 提供了标准化和非标准化的参数拟合结果，在查看路径图拟合结果是可以选择。

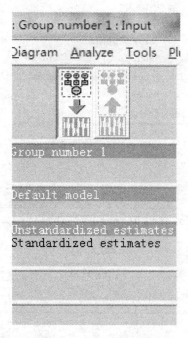

图 9-1-14　提示栏构成图

（5）AMOS 界面简介——工具栏的主要功能

AMOS 程序打开之后，会自动生成一个工具栏，工具栏里包含了在路径图绘制中最常用的工具，这些工具在主菜单栏都可以找到。也可以点击 Tools 主菜单栏中的用户自定义选项添加或者删除工具栏上的工具按钮。

（6）绘制路径图

路径图的绘制是 AMOS 执行结构方程模型的基础，也是 AMOS 进行模型设定的主要阶段，根据构建的理论结构方程模型在 AMOS 主界面右侧的绘图区绘制结构方程模型的路径图。

（7）定义潜变量和残差项名称

在绘制好的路径图中，可以手工为每个潜变量和残差项定义名称，方法是将光标放到要定义的潜变量椭圆形上，右击鼠标，会展开如图 9-1-15 所示的快捷菜单，选择 Object Properties 功能，打开如图 9-1-15 所示的对话框，在定义潜变量特性的对话框中，Variable name 下输入潜变量的名称，如本案例中定义第一个潜变量为"社交活动"。定义好后，点击右上角的关闭按钮。应用同样的方法可以定义所有的潜变量和残差项的名称。

同时可以执行 Plugins 主菜单中的 Name Unobserved Variables 命令,直接定义所有潜变量和残差项,潜变量系统默认的名称为 $F1$,$F2$···等,残差项系统默认名称为 $e1$,$e2$···等。

图 9-1-15　快捷菜单

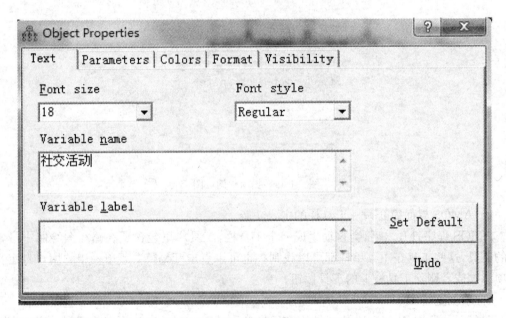

图 9-1-16　定义潜变量和残差项名称

(8)输入测量变量

绘制好路径图后,需要打开数据文件,将相应的测量变量的数据移入路径图中,具体操作如下:

① 打开数据文件,在 File 主菜单中,选择 Data files 命令,就可以打开如图 9-1-17 的对话框。点击 File Name 按钮,选择要进行分析的数据文件,选中后点击 OK。

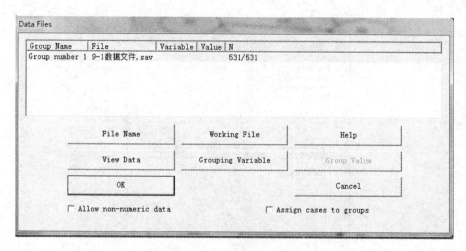

图 9-1-17 打开数据文件对话框

② 打开观测列表。可以点击工具栏中的 按钮，就可以打开如图 9-1-18 的对话框。拖动该对话框中的观测变量直接到路径图的相应位置即可。也可以通过执行 View 主菜单中的 Variables in Dataset 命令。

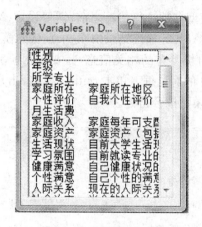

图 9-1-18 观测变量列表

(9)模型识别状况检验

路径图设立之后，可以查看该模型的自由度，这是模型可识别的必要条件，单击工具栏中按钮，如果工具栏中没有此按钮，可以在 Tools 主菜单下 Customizex 下将自由度工具添加到工具栏中。也可以在 Analyze 主菜单下选择 Degrees of freedom 命令。自由度出现在如图 9-1-19 所示的窗口中。

从该窗口中的数据可以看出，该模型中共有 163 个参数，自由参数 87 个。样本资料所能提供的数据点为 377 个，因此模型的自由度为 290，达到了模型可以识别的必要条件。

(10)运行 AMOS 程序进行结构方程模型参数拟合以及模型检验

绘制好路径图并输入相应的测量变量后，就可以运行 AMOS 程序进行结构方程模型参数拟合以及模型检验。具体操作可以通过点击工具栏中的按钮。也可以执行 Analyze 主菜单中的 Calculate Estimates 命令。

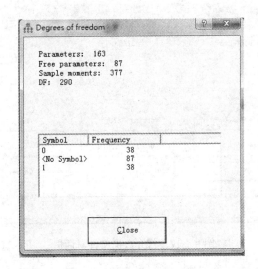

图 9-1-19   结构方程模型识别状况

注意,在进行模型拟合之前,建议保存建立好的路径图。

(11)模型拟合结果定义

在运行 AMOS 程序对模型参数进行估计之前,需要设定 AMOS 的输出结果内容以获得我们想要得到的结果。在 AMOS 输出结果中,除了默认的模型拟合结果等一些基本的信息,AMOS 还提供其他一些可供参考的相关信息,需要根据研究目的予以设定。单击工具栏中的按钮,打开如图 9-1-20 的对话框。单击 output 标签,出现如图 9-1-21 的对话框。在该对话框中定义需要输出的模型拟合指标。

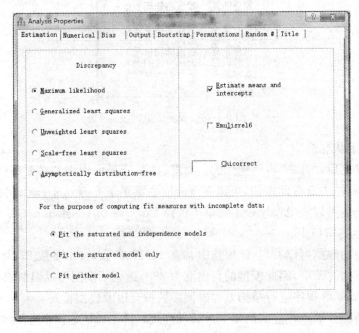

图 9-1-20   模型分析特性对话框

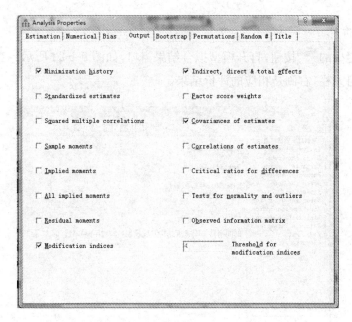

图 9-1-21 模型输出拟合指标选择

【实验结果与分析】

1. 模型拟合参数

当 AMOS 程序运行结束,提示栏中的按钮由灰色变成红色,点击红色按钮,在绘图区的路径图上显示出所计算出的所有参数。如图 9-1-22·所示。

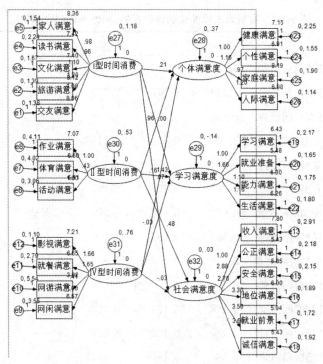

图 9-1-22 路径系数图

2. 模型评价

点击工具栏中的 按钮,打开模型拟合结果窗口,如图 9-1-23 所示。在模型评价结果窗口的左侧是目录栏,右侧是相应的评价结果。

图 9-1-23　模型评价窗口

(1) 模型估计参数

在模型评价窗口的左侧目录栏中选择 Estimates 目录,打开六个模型参数估计表。如表 9-1-7。显示了每一个负载的非标准化估计值、标准差、临界比率(估计值初一标准差的比率)、与参数检验值为 0 的零假设相联系的 p 值等。

表 9-1-7　变量间未标准化的路径系数(Regression Weights)

			Estimate	S. E.	C. R.	P	Label
学习满意度	←	Ⅰ型时间消费	0.003	0.067	0.038	0.970	par_18
个体满意度	←	Ⅰ型时间消费	0.214	0.077	2.775	0.006	par_19
社会满意度	←	Ⅰ型时间消费	0.068	0.035	1.940	0.052	par_20
学习满意度	←	Ⅱ型时间消费	1.426	0.323	4.411	* * *	par_21
个体满意度	←	Ⅱ型时间消费	0.961	0.232	4.138	* * *	par_22
社会满意度	←	Ⅱ型时间消费	0.482	0.177	2.723	0.006	par_23
社会满意度	←	Ⅳ型时间消费	−0.035	0.038	−0.919	0.358	par_24
学习满意度	←	Ⅳ型时间消费	−0.027	0.087	−0.306	0.760	par_25
个体满意度	←	Ⅳ型时间消费	0.159	0.098	1.623	0.105	par_26
交友满意	←	Ⅰ型时间消费	1.000				
旅游满意	←	Ⅰ型时间消费	1.204	0.137	8.794	* * *	par_1
文化满意	←	Ⅰ型时间消费	1.098	0.133	8.265	* * *	par_2
读书满意	←	Ⅰ型时间消费	0.960	0.134	7.177	* * *	par_3

续表

			Estimate	S. E.	C. R.	P	Label
活动满意	←	Ⅱ型时间消费	1.003	0.260	3.859	* * *	par_4
体育满意	←	Ⅱ型时间消费	0.433	0.212	2.045	0.041	par_5
网闲满意	←	Ⅳ型时间消费	1.000				
网游满意	←	Ⅳ型时间消费	0.413	0.222	1.859	0.063	par_6
就餐满意	←	Ⅳ型时间消费	1.653	0.333	4.967	* * *	par_7
影视满意	←	Ⅳ型时间消费	1.664	0.368	4.518	* * *	par_8
收入满意	←	社会满意度	1.000				
公正满意	←	社会满意度	2.884	0.927	3.113	0.002	par_9
安全满意	←	社会满意度	2.762	0.890	3.103	0.002	par_10
地位满意	←	社会满意度	3.304	1.047	3.157	0.002	par_11
学习满意	←	学习满意度	1.000				
就业准备	←	学习满意度	1.661	0.205	8.102	* * *	par_12
能力满意	←	学习满意度	1.103	0.155	7.127	* * *	par_13
生活满意	←	学习满意度	1.164	0.161	7.231	* * *	par_14
健康满意	←	个体满意度	1.000				
个性满意	←	个体满意度	1.160	0.173	6.693	* * *	par_15
家庭满意	←	个体满意度	0.966	0.160	6.028	* * *	par_16
人际满意	←	个体满意度	1.196	0.171	6.988	* * *	par_17
就业前景	←	社会满意度	3.558	1.120	3.176	0.001	par_27
诚信满意	←	社会满意度	3.596	1.135	3.170	0.002	par_28
作业满意	←	Ⅱ型时间消费	1.000				
家人满意	←	Ⅰ型时间消费	0.983	0.123	8.021	* * *	par_29

表 9-1-8 为各变量间标准化路径系数。显示了每一个负载的标准化估计值。

表 9-1-8　变量间标准化路径系数 (Standardized Regression Weights)

			Estimate
学习满意度	←	Ⅰ型时间消费	0.003
个体满意度	←	Ⅰ型时间消费	0.242
社会满意度	←	Ⅰ型时间消费	0.184
学习满意度	←	Ⅱ型时间消费	1.073
个体满意度	←	Ⅱ型时间消费	0.726
社会满意度	←	Ⅱ型时间消费	0.878

续表

			Estimate
社会满意度	←	IV型时间消费	−0.076
学习满意度	←	IV型时间消费	−0.024
个体满意度	←	IV型时间消费	0.144
交友满意	←	I型时间消费	0.679
旅游满意	←	I型时间消费	0.744
文化满意	←	I型时间消费	0.679
读书满意	←	I型时间消费	0.572
活动满意	←	II型时间消费	0.385
体育满意	←	II型时间消费	0.155
网闲满意	←	IV型时间消费	0.420
网游满意	←	IV型时间消费	0.151
就餐满意	←	IV型时间消费	0.654
影视满意	←	IV型时间消费	0.810
收入满意	←	社会满意度	0.228
公正满意	←	社会满意度	0.615
安全满意	←	社会满意度	0.601
地位满意	←	社会满意度	0.692
学习满意	←	学习满意度	0.548
就业准备	←	学习满意度	0.781
能力满意	←	学习满意度	0.628
生活满意	←	学习满意度	0.642
健康满意	←	个体满意度	0.541
个性满意	←	个体满意度	0.668
家庭满意	←	个体满意度	0.559
人际满意	←	个体满意度	0.733
就业前景	←	社会满意度	0.735
诚信满意	←	社会满意度	0.719
作业满意	←	II型时间消费	0.338
家人满意	←	I型时间消费	0.653

    表 9-1-9 为模型中残差项方差拟合结果。表中列出了各残差项方差拟合值、标准差、临界比率(估计值初—标准差的比率)、与参数检验值为 0 的零假设相联系的 *p* 值等。

表 9-1-9 模型中残差项方差拟合结果(Variances)

	Estimate	S. E.	C. R.	P	Label
e27	1.183	0.229	5.175	* * *	par_56
e30	0.529	0.214	2.467	0.014	par_57
e31	0.761	0.277	2.746	0.006	par_58
e28	0.366	0.111	3.299	* * *	par_59
e29	−0.141	0.071	−1.989	0.047	par_60
e32	0.030	0.021	1.453	0.146	par_61
e1	1.380	0.165	8.355	* * *	par_62
e2	1.387	0.188	7.392	* * *	par_63
e3	1.668	0.200	8.358	* * *	par_64
e4	2.243	0.241	9.305	* * *	par_65
e5	1.536	0.178	8.644	* * *	par_66
e6	3.063	0.297	10.323	* * *	par_67
e7	4.022	0.384	10.487	* * *	par_68
e8	4.111	0.396	10.376	* * *	par_69
e9	3.553	0.370	9.604	* * *	par_70
e10	5.536	0.531	10.426	* * *	par_71
e11	2.786	0.461	6.038	* * *	par_72
e12	1.103	0.394	2.798	0.005	par_73
e13	2.905	0.279	10.430	* * *	par_74
e14	2.181	0.227	9.587	* * *	par_75
e15	2.150	0.223	9.653	* * *	par_76
e16	1.893	0.208	9.098	* * *	par_77
e19	2.173	0.218	9.970	* * *	par_78
e20	1.652	0.204	8.110	* * *	par_79
e21	1.747	0.181	9.659	* * *	par_80
e22	1.803	0.188	9.583	* * *	par_81
e23	2.247	0.239	9.411	* * *	par_82
e24	1.550	0.186	8.322	* * *	par_83
e25	1.901	0.205	9.295	* * *	par_84
e26	1.144	0.156	7.331	* * *	par_85
e17	1.717	0.198	8.689	* * *	par_86
e18	1.920	0.217	8.853	* * *	par_87

（2）模型评价

模型评价结果如下列各表，对照模型评价取值范围和评价标准判断模型的优劣。表9-1-10　模型评价 CMIN 值。

表 9-1-10　模型评价 Baseline Comparisons 值

Model	NPAR	CMIN	DF	P	CMIN/DF
Default model	87	1003.469	290	0.000	3.460
Saturated model	377	0.000	0		
Independence model	52	2521.580	325	0.000	7.759

表 9-1-11　模型评价 NFI Deltal 值

Model	NFI Delta1	RFI rho1	IFI Delta2	TLI rho2	CFI
Default model	0.602	0.554	0.680	0.636	0.675
Saturated model	1.000		1.000		1.000
Independence model	0.000	0.000	0.000	0.000	0.000

表 9-1-12　模型评价 Parsimony-Adjusted Measures 值

Model	PRATIO	PNFI	PCFI
Default model	0.892	0.537	0.602
Saturated model	0.000	0.000	0.000
Independence model	1.000	0.000	0.000

表 9-1-13　模型评价 NCP 值

Model	NCP	LO 90	HI 90
Default model	713.469	620.836	813.681
Saturated model	0.000	0.000	0.000
Independence model	2196.580	2040.451	2360.118

表 9-1-14　模型评价 FMIN 值

Model	FMIN	F0	LO 90	HI 90
Default model	4.541	3.228	2.809	3.682
Saturated model	0.000	0.000	0.000	0.000
Independence model	11.410	9.939	9.233	10.679

表 9-1-15　模型评价 RMSEA 值

Model	RMSEA	LO 90	HI 90	PCLOSE
Default model	0.106	0.098	0.113	0.000
Independence model	0.175	0.169	0.181	0.000

表 9-1-16　模型评价 AIC 值

Model	AIC	BCC	BIC	CAIC
Default model	1177.469	1201.686		
Saturated model	754.000	858.938		
Independence model	2625.580	2640.054		

表 9-1-17　模型评价 ECVI 值

Model	ECVI	LO 90	HI 90	MECVI
Default model	5.328	4.909	5.781	5.437
Saturated model	3.412	3.412	3.412	3.887
Independence model	11.880	11.174	12.620	11.946

表 9-1-18　模型评价 HOELTER 值

Model	HOELTER 0.05	HOELTER 0.01
Default model	73	77
Independence model	33	34

3. 模型修正

理论模型经过参数估计与模型评价后,如果模型评价效果并不理想,可以对模型进行修正。修正时,可以逐项删除变量间路径系数没有达到显著水平的因果关系或相关关系。同时也可以通过 AMOS 程序提供的修正提示结果(见表 9-1-13)显示的信息进行修正。如果两个变量间的协方差非常大,则可以考虑在二者间是否分析一定的关系,此时,可以从理论上考察二者之间是否存在相关或因果关系,如果二者之间存在相关关系,则在两个变量之间加入一个双向箭头,如果是因果关系,则加入单向因果箭头。依次方法对模型进行修正。

表 9-1-19　模型各变量间协方差估计值(Covariances)

			M. I.	Par Change
e30	↔	e31	15.522	0.204
e27	↔	e31	57.074	0.620
e27	↔	e30	18.739	0.267
e32	↔	e28	4.421	−0.034
e18	↔	e28	19.426	−0.382
e18	↔	e32	6.561	0.068
e17	↔	e30	5.617	0.172
e17	↔	e27	7.176	−0.309
e17	↔	e28	7.342	0.224
e17	↔	e29	24.820	0.300

续表

			M. I.	Par Change
e17	↔	e32	31. 517	−0. 142
e25	↔	e18	4. 604	−0. 311
e25	↔	e17	4. 719	0. 300
e24	↔	e32	5. 540	−0. 061
e23	↔	e26	7. 691	−0. 351
e23	↔	e25	14. 200	0. 571
e21	↔	e28	4. 911	0. 175
e21	↔	e32	6. 132	−0. 063
e21	↔	e18	7. 734	−0. 379
e21	↔	e17	36. 016	0. 780
e21	↔	e24	10. 044	0. 396
e20	↔	e32	6. 919	0. 066
e20	↔	e17	19. 182	0. 579
e20	↔	e22	7. 789	−0. 363
e20	↔	e21	4. 084	0. 258
e19	↔	e28	4. 690	0. 189
e19	↔	e32	8. 711	−0. 083
e19	↔	e22	4. 329	0. 293
e16	↔	e31	6. 441	0. 252
e16	↔	e28	6. 449	0. 216
e16	↔	e26	4. 305	0. 249
e16	↔	e21	10. 723	−0. 439
e15	↔	e31	4. 395	−0. 217
e15	↔	e17	4. 197	−0. 295
e15	↔	e25	4. 742	−0. 322
e14	↔	e28	15. 461	−0. 352
e14	↔	e32	12. 345	0. 099
e14	↔	e18	40. 910	0. 978
e14	↔	e17	21. 832	−0. 680
e14	↔	e25	7. 089	−0. 398
e14	↔	e24	4. 412	−0. 295
e14	↔	e21	14. 102	−0. 530
e14	↔	e15	39. 357	0. 983
e13	↔	e27	34. 951	0. 821

			M. I.	Par Change
e13	↔	e28	7.742	0.278
e13	↔	e20	6.788	−0.419
e13	↔	e16	12.632	0.597
e12	↔	e27	12.741	0.425
e12	↔	e16	4.059	0.290
e12	↔	e15	4.677	−0.324
e12	↔	e14	5.179	−0.344
e12	↔	e13	4.289	0.349
e11	↔	e27	4.527	0.320
e11	↔	e29	4.069	−0.163
e11	↔	e32	5.470	0.082
e11	↔	e18	8.954	0.556
e11	↔	e14	10.665	0.626
e10	↔	e30	6.758	0.314
e10	↔	e13	4.884	−0.600
e9	↔	e30	19.536	0.438
e9	↔	e27	10.545	0.511
e9	↔	e29	4.346	0.176
e9	↔	e24	12.258	0.620
e9	↔	e10	12.851	1.103
e8	↔	e31	9.653	0.430
e8	↔	e27	18.810	0.718
e8	↔	e20	6.563	−0.490
e8	↔	e15	4.244	−0.430
e8	↔	e14	5.269	−0.484
e8	↔	e13	9.136	0.709
e8	↔	e12	5.702	0.480
e7	↔	e27	7.769	0.455
e7	↔	e29	9.405	−0.268
e7	↔	e21	4.153	−0.376
e7	↔	e20	4.611	−0.405
e6	↔	e31	33.812	0.697
e6	↔	e27	27.096	0.746
e6	↔	e29	4.229	−0.156

续表

			M. I.	Par Change
e6	↔	e26	5.634	0.343
e6	↔	e23	6.109	−0.459
e6	↔	e20	5.910	−0.401
e6	↔	e12	6.033	0.427
e6	↔	e9	5.880	0.558
e6	↔	e8	12.045	0.839
e6	↔	e7	31.987	1.347
e5	↔	e28	9.098	0.235
e5	↔	e25	17.940	0.551
e5	↔	e19	4.629	0.292
e5	↔	e13	6.101	0.380
e4	↔	e29	6.103	−0.169
e4	↔	e32	9.964	0.094
e4	↔	e21	11.922	−0.499
e4	↔	e13	4.937	0.402
e4	↔	e8	20.163	0.968
e4	↔	e7	5.276	0.487
e3	↔	e31	16.521	0.389
e3	↔	e24	4.856	0.284
e3	↔	e12	4.920	0.308
e3	↔	e7	17.093	0.787
e3	↔	e6	7.052	0.444
e2	↔	e8	4.996	−0.412
e2	↔	e6	6.267	0.399
e2	↔	e3	5.281	0.285
e1	↔	e31	6.472	0.222
e1	↔	e26	6.399	0.266

【实验总结】

1. 绘制路径图是进行结构方程分析的基础性工作,熟练掌握 AMOS 界面中的操作菜单和工具栏中的快捷工具是快速、准确绘制路径图的保证。

2. 结构方程模型的评价是一个关键性工作,由于评价指标非常多,因此,对多个评价指标要有侧重点地加以分析。

3. 模型修正要在理论分析的基础上,一切模型的建立都是建立在理论分析的基础上的,对模型的修正也要具有理论意义,不能单纯地依据修正提示的协方差结果随意加减路径关系。

【实验作业】

9.1.1 某公司调查企业员工的满意度状况,主要调查了工资满意度、奖金满意度和福利待遇满意度、工作挑战性满意度、工作难易程度满意度、工资趣味性满意度、职位晋升满意度、升迁机会满意度、职业生涯前景满意度、对领导风格满意度、对同事间关系满意度、对公司人际关系满意度等9个方面。对其工作绩效与离职倾向也进行了调查。请根据收集到的相关收集进行结构方程分析。基本数据见9-2.sav。

参考文献

[1] 冯力. 统计学实验. 大连:东北财经大学出版社,2008.

[2] 郝黎仁,樊元,郝哲欧,等. SPSS 实用统计分析. 北京:中国水利水电出版社,2003.

[3] 侯杰泰,温忠麟,成子娟. 结构方程模型及其应用。北京:教育科学出版社,2004.

[4] 赖国毅,陈超. SPSS 17.0 中文版常用功能与应用实例精解. 北京:电子工业出版社,2011.

[5] 李卫东. 应用多元统计分析. 北京:北京大学出版社,2008.

[6] 卢纹岱. SPSS for Windows 统计分析(第 3 版). 北京:电子工业出版社,2007.

[7] 马庆国. 管理统计. 北京:科学出版社,2006.

[8] 荣泰生. AMOS 研究方法. 重庆:重庆大学出版社,2009.

[9] 沈渊,董永茂. 市场调研与分析. 杭州:浙江人民出版社,2007.

[10] 吴明隆. SPSS 统计应用实务. 北京:科学出版社,2003.

[11] 徐艳秋,毛军,朱辉. SPSS 统计分析方法及应用实验教程. 北京:中国水利水电出版社,2011.

[12] 薛薇. SPSS 统计分析方法及应用. 北京:电子工业出版社,2009.

[13] 杨维忠,张甜. SPSS 统计分析与行业应用案例详解. 北京:清华大学出版社,2011.

[14] 宇传华. SPSS 与统计分析. 北京:电子工业出版社,2007.

[15] 袁卫,庞皓,曾五一,等. 统计学(第 2 版). 北京:高等教育出版社,2005.